Julian & Tracy Austwick
mit Ruth Kelly

Amber und ihr Esel

Von der lebensrettenden Kraft einer Freundschaft

Aus dem Englischen
von Maren Klostermann

W0057301

GOLDMANN

Die Originalausgabe erschien 2016 unter dem Titel
»Amber's Donkey. How a little girl and a donkey healed each other«
bei Ebury Press, an imprint of Ebury Publishing,
part of the Penguin Random House Group, London.

Fotos im Innenteil:
© The Donkey Sanctuary: Bildtafeln 1, 4, 5, 6, 8 (unten);
© Julian Austwick: Bildtafeln 2, 3, 7, 8 (oben)

Der Verlag weist ausdrücklich darauf hin, dass im Text enthaltene externe
Links nur bis zum Zeitpunkt der Buchveröffentlichung eingesehen werden
konnten. Auf spätere Veränderungen hat der Verlag keinerlei Einfluss. Eine
Haftung des Verlags ist daher ausgeschlossen.

Dieses Buch ist auch als E-Book erhältlich.

Verlagsgruppe Random House FSC® N001967

1. Auflage
Deutsche Erstveröffentlichung April 2016
Copyright © 2016 by Wilhelm Goldmann Verlag, München,
in der Verlagsgruppe Random House GmbH,
Neumarkter Str. 28, 81673 München
Umschlaggestaltung: UNO Werbeagentur, München,
in Anlehnung an die Gestaltung des englischen Originalmotivs
(Coverfoto: © Julian and Tracy Austwick;
Umschlagdesign: Two Associates; FinePic®, München)
Eselillustration im Innenteil: © istockphoto / ELIKA
Copyright © der Originalausgabe 2016 published by arrangement
with Julian Austwick, Tracy Austwick and Ruth Kelly
Dieses Werk wurde vermittelt durch die
Literarische Agentur Thomas Schlück GmbH, 30827 Garbsen.
Lektorat: Doreen Fröhlich
DF · Herstellung: Str.
Satz: DTP Service Apel, Hannover
Druck und Bindung: CPI books GmbH, Leck
Printed in Germany
ISBN: 978-3-442-15896-6
www.goldmann-verlag.de

Besuchen Sie den Goldmann Verlag im Netz:

Inhalt

Dem Tod überlassen

»Oh mein Gott.«

Sinead O'Connell, die Mitarbeiterin der Tierschutzorganisation *Donkey Sanctuary*, konnte nicht glauben, was sie sah.

Versteckt am anderen Ende des verwilderten Gartens stand ein Esel mit grauenhaften Verletzungen am Hals.

Er war hundert Meter von der Straße entfernt, aber Sinead konnte deutlich das Blut erkennen, das aus den tiefen Wunden sickerte. Das arme Tier taumelte, halb im Delirium vor Schmerz.

»Wir brauchen hier sofort die Gardaí – die irische Polizei«, gab sie per Funk an die Zentrale durch, um Verstärkung anzufordern.

Sie wusste, dass Tierschutzmitarbeiter, die misshandelte Esel retten wollen, ein privates Grundstück nur in Begleitung eines Polizeibeamten betreten durften, deshalb musste sie jetzt einfach ausharren, bis die Verstärkung eintraf. Es war ein bitterkalter Tag im Januar 2010. Sinead zog den Reißverschluss ihrer Fleecejacke hoch und wickelte sich den Schal fest um den Hals.

Dem armen Esel musste unglaublich kalt sein. Esel sind zwar sehr robuste Tiere, geschaffen für ein Leben im Freien, aber ein Blutverlust aus derartigen Wunden ließ die Körpertemperatur stark abfallen.

Es würde eine Weile dauern, bis die Polizei eintraf, denn Sinead saß hier mitten im Nirgendwo – in einem winzigen Nest auf dem Lande, etwa eine halbe Autostunde entfernt von der irischen Hafenstadt Galway. Die Eselhilfe hatte am Abend zuvor einen Hinweis aus der Bevölkerung erhalten. Die Anruferin – eine Frau, die ihren Namen nicht nennen wollte – hatte berichtet, dass der Esel an einen Pfahl angepflockt sei und sehr elend aussehe. Sinead konnte kein Seil erkennen, wahrscheinlich war es über Nacht entfernt worden.

Sie spürte, wie es ihr kalt über den Rücken lief, und es war nicht nur die Kälte, die ihr zusetzte – sie hasste es, zu Fällen wie diesem gerufen zu werden.

Die meisten der aus schlechter Haltung geretteten Esel – das sind fast 4500 – stammen aus Irland. Die Iren glauben, dass es Glück bringt, einen Esel auf ihrem Land zu haben, und so werden viele Esel angeschafft, die dann praktisch ihrem Schicksal überlassen werden und auf irgendjemandes Hinterhof »verrotten«.

Sinead warf einen Blick auf ihre Armbanduhr. Es war mittlerweile 14:53 Uhr. Sie blies sich in die Hände, um sie zu wärmen, und steckte sie dann unter die Achseln. Kurz darauf tauchte ein Polizeiwagen auf.

»Was liegt an?«, fragte der Polizist und kletterte aus seinem Geländewagen. Aus seinem Walkie-Talkie drang ein lautes, quäkendes Stimmengewirr. Er stellte es leise, um sich auf die anstehende Aufgabe zu konzentrieren.

Sinead musste nichts erklären, sondern nur auf den Esel deuten.

Angewidert schüttelte der Polizist den Kopf. Er war ein junger Kerl, Mitte bis Ende zwanzig, mit einem draufgängerischen Grinsen.

»Na, mal sehen, was die zu ihrer Verteidigung zu sagen haben«, verkündete er und steuerte die Haustür an. Sinead wusste aus Erfahrung, dass man nie vorhersagen konnte, wie solche Situationen verliefen. Manche Besitzer rechtfertigten oder entschuldigten sich, andere reagierten so aggressiv, dass man Verstärkung brauchte.

Von der Haustür blätterte die Farbe ab. Eine Klingel gab es nicht, also verlegte sich der Polizist auf mehrmaliges lautes Klopfen. Sie traten beide einen Schritt zurück und wappneten sich.

»Ja?« Eine Frau mittleren Alters öffnete die Tür, ließ aber die Kette vor, sodass nur eine Hälfte ihres Gesichts zu sehen war.

»Ist das Ihr Esel da draußen im Garten?«, fragte der Polizist.

»Ja«, antwortete die Frau in abwehrendem Ton.

»Wir haben Grund zu der Annahme, dass er misshandelt wurde und möchten uns das gern einmal genauer ansehen. Dürfen wir hereinkommen?«, fragte der Beamte höflich, aber bestimmt.

Die Frau starrte sie einen Moment lang an. Ohne ein Wort zu sagen, schloss sie die Tür und riss sie dann weit auf, nachdem sie die Kette gelöst hatte.

Der Geruch traf Sinead wie ein Keulenschlag. Es miefte nach schmutzigen Abfalleimern oder unabgewaschenem Geschirr – nach faulenden Essensresten auf jeden Fall –, und abgestandener Zigarettenrauch mischte sich auch darunter. Der Geruch kam in Wellen. Bei jedem zweiten oder dritten Atemzug wurde Sinead von einer üblen Duftschwade getroffen. Schützend hielt sie eine Hand über die Nase, als sie in den Flur trat.

»Wir wussten nicht, dass es ihm so schlecht ging. Wir haben versucht, ihm zu helfen …«, brabbelte die Frau in ihrem breiten regionalen Akzent.

Bei genauerem Hinsehen schätzte Sinead sie auf Mitte vierzig. Sie trug einen wadenlangen grünen Kordrock, der an der Taille sehr eng saß und sich dann über ihrem Bauch bauschte. In den Rock hatte sie eine cremefarbene Bluse gesteckt, und darüber trug sie eine dicke dunkelblaue Strickjacke. Das grau melierte Haar war fettig und hing ihr strähnig auf die Schultern herunter.

Sie führte ihre ungebetenen Besucher durchs Haus und in den Garten. Sinead sah, dass das Anwesen genauso vernachlässigt war wie der Esel. Die Wände waren von Flutwellen aufsteigender Feuchtigkeit gezeichnet, und auch von der Decke blätterte die Farbe. Die Möbel im Stil der Siebzigerjahre waren mit einer dicken Staubschicht und Essenskrümeln bedeckt. Überall standen Aschenbecher herum und quollen über vor Kippen. Sinead war noch nie so froh gewesen, wieder in die Kälte hinaustreten zu können.

Als sie den Esel, zu dessen Rettung sie gekommen war, aus der Nähe sah, fiel ihr als Erstes seine beeindruckende Größe auf. Er war viel größer als der Durchschnittsesel – eher wie ein kleines Pferd. Abgesehen von seinem weißen Maul und Unterbauch war er dunkelbraun. Anders als bei einigen anderen Rettungsaktionen musste sie sich hier keine Sorgen machen, dass er weglaufen würde – er konnte sich kaum auf den Beinen halten. Unsicher und taumelnd wie ein neugeborenes Fohlen stand er im kalten Wintermatsch.

»Oh mein Gott!«, sagte sie zum zweiten Mal an diesem Tag und schlug die Hand vor den Mund.

Die Verletzungen waren noch viel schlimmer, als sie von der Straße aus vermutet hatte. Drei breite, tiefe Wunden zogen sich um Hals und Kehle. Das Fell um die Wunden herum sah aus, als wäre es weggeätzt worden. Der Esel musste unvorstellbare Schmerzen haben.

»Das scheint entzündet zu sein. Er braucht sofort Antibiotika.« Sinead drehte sich zu dem Polizisten und der Frau um. Die Besitzerin drückte sich an der Tür herum, bereit, sich auf der Stelle in ihre Höhle zurückzuziehen.

»Wie konnten Sie das zulassen?«, fragte Sinead anklagend.

Die Frau legte die Stirn in fächerförmige Falten, suchte nach Ausflüchten.

»Er hatte dieses Seil um den Hals, und wir haben erst gemerkt, wie schlimm es ist, als mein Partner es gestern Abend abgenommen hat«, erklärte sie in Panik. »Das Seil muss wohl in den Hals eingewachsen sein.«

»Ganz richtig. Genau das ist geschehen«, blaffte Sinead. Allem Anschein nach hatten die Besitzer das Seil in den fünf Jahren, die der Esel ihren Angaben zufolge bei ihnen war, kein einziges Mal gelockert. Als das Tier größer geworden war, war das Seil in die Haut eingewachsen. Wie eine Garotte. Es sah aus, als fehlten nur noch wenige Millimeter, um eine Arterie zu durchtrennen.

»Er braucht dringend medizinische Hilfe, wir müssen ihn wegbringen. Sofort.« Sinead ging mit den offiziellen Formularen für die Verzichtserklärung auf die Frau zu.

»Was ist das?«, fragte sie und blätterte durch das Schriftstück.

»Das ist eine offizielle Erklärung, mit der Sie gestehen, den Esel misshandelt zu haben, und alle Besitzrechte auf uns übertragen«, erklärte Sinead und hielt ihr einen Stift hin.

Die Frau erstarrte wie ein Kaninchen, das vom Scheinwerferlicht erfasst wird.

Sinead kannte das alles nur zu gut. »Sie haben nichts zu befürchten, das hat keine strafrechtlichen Konsequenzen für Sie. Wir wollen diesen Esel einfach nur so schnell wie möglich in Sicherheit bringen«. Obwohl das *Donkey Sanctuary* durchaus mit der RSPCA zusammenarbeitet – der *Royal Society for the Prevention of Cruelty to Animals,* einem britischen Tierschutzverein –, um Tierquäler vor Gericht zu bringen, hat der Schutz der Esel oberste Priorität. Die Organisation verzichtet auf eine strafrechtliche Verfolgung, wenn dadurch das Leben eines Esels gerettet werden kann.

Sinead wedelte mit dem Stift.

»Okay«, gab die Frau klein bei und unterschrieb das Formular.

Sinead stieß einen tiefen Seufzer aus. Die erste Hürde war genommen. Die nächste bestand nun darin, den kranken Esel in Sicherheit zu bringen. Sie erklärte dem Polizeibeamten, dass sie in Kürze mit dem Anhänger wieder da sein würde.

Sie war nur zwanzig Minuten fort gewesen, doch bei ihrer Rückkehr war der Dritte Weltkrieg ausgebrochen. Der Besitzer war in der Zwischenzeit nach Hause gekommen und schäumte vor Wut, weil man ihm den Esel wegnehmen wollte.

»Wer zum Teufel glauben Sie, dass Sie sind?! Was fällt Ihnen ein, einfach auf mein Grundstück zu kommen und sich *meinen* Esel zu nehmen?!«, tobte er und deutete mit dem Finger auf Sinead.

»Sie müssen sich beruhigen, Sir«, schritt der Polizeibeamte ein.

»Sag du mir nicht, was ich zu tun habe, Bübchen!«, brüllte er.

Der Mann war ebenfalls mittleren Alters, unrasiert und hatte eine Narbe, die vom Haaransatz bis zum Augenwinkel verlief. Er trug einen rötlichen Pullover mit V-Ausschnitt, der Löcher an den Bündchen hatte, und abgewetzte Timberland-Stiefel.

»Sie müssen sich beruhigen. Sofort«, wiederholte der Polizist und hob beschwichtigend die Hand.

»Oder was?«, erwiderte der Hausbesitzer provozierend.

»Oder wir könnten gezwungen sein, Sie festzunehmen, Sir«, drohte der Beamte.

Die Drohung schien zu wirken. Nachdem der Mann sich einen Moment abgewandt hatte, um sich abzuregen, drehte er sich wieder um, offenbar gefasster und bereit, für sein Verhalten geradezustehen.

»Also, was wollen Sie von mir?«, fragte er.

Sinead ergriff das Wort. »Ihr Esel ist sehr krank. Wir wollen ihn mitnehmen und wieder gesund pflegen. Wir möchten sowohl Ihnen als auch dem Esel helfen«, versuchte sie es mit dem butterweichen vorsichtig-taktvollen Ansatz.

Schuldbewusst schüttelte der Mann den Kopf. »Ich wollte ihm nicht schaden. Ich habe sogar das Seil abgenommen und versucht, die Wunden mit *Jeyes Fluid* zu reinigen.«

Sinead schnappte entsetzt nach Luft.

Jeyes Fluid ist ein extrem starkes Desinfektionsmittel für den Einsatz im Außenbereich. Man benutzt es, um Terrassen, Abflussrohre oder Gartenmöbel zu reinigen. Einige Farmer setzen es zur Desinfektion von Arealen ein, auf denen Nutzvieh gehalten wurde. Zur Behandlung von offenen Wunden bei Tieren ist es definitiv *nicht* geeignet.

»Es muss sich angefühlt haben wie ätzende Säure«, flüsterte sie fast tonlos. Sie schauderte bei dem Gedanken an die Qual des armen Esels.

»Ich habe nur versucht, ihm zu helfen«, erklärte der Besitzer.

Auch das hatte Sinead nur allzu oft gehört. Ein Großteil der Grausamkeiten, die sie im Laufe der Jahre erlebt hatte, geschah nicht aus Bösartigkeit, sondern aus Dummheit. Doch aus welchen Gründen auch immer – sie hatte mehr als genug davon gesehen.

Der Polizeibeamte stand mit verschränkten Armen wie der

Türsteher eines Nachtclubs im hinteren Teil des Raums, während Sinead den Mann überredete, seinen Namen neben den seiner Frau auf die Verzichtserklärung zu setzen.

»Ich hab nur versucht zu helfen«, wiederholte er. Seine Frau versteckte sich beschämt im Dunkeln.

»Hat er schon einmal ein Halfter getragen?« Sinead ignorierte seine Ausflüchte. Sie war mehr daran interessiert, wie sie den Esel in den Anhänger bekam.

»Jepp, hat er«, antwortete der Mann.

Es kann eine Weile dauern, bis ein Esel sich an das Gefühl eines Halfters, das über die Ohren und über den Nasenrücken gestreift wird, gewöhnt hat, und manche rebellieren dagegen, indem sie bocken oder treten.

Doch dieser arme Esel war so neben der Spur, dass er keinerlei Widerstand leistete. Es war, als hätte er seinen Lebenswillen verloren und würde nur noch darauf warten, diese Erde verlassen zu können. Er sah Sinead durch seine langen Wimpern an, die durch die Kälte von einer Schicht Raureif überzogen waren. Der Anblick war herzzerreißend.

Die Besitzer hielten sich im Hintergrund, während Sinead das verletzte Tier sanft durch den Garten und auf den Anhänger führte. Ein paar Mal geriet er ins Straucheln und stolperte über seine eigenen Beine.

»Gleich haben wir's geschafft, geh weiter«, flüsterte sie ihm zu.

Diese hundert Meter waren vermutlich die weiteste Strecke, die er in seinem ganzen erbarmungswürdigen Leben je zurückgelegt hatte.

Sinead band ihn im Anhänger fest und machte sich bereit, um zur Zentrale der Eselhilfe in Liscarroll aufzubrechen.

»Kommt er wieder in Ordnung?«, fragte der Polizist zum Abschied.

»Ich weiß es nicht«, gestand Sinead seufzend. Sie schaute sich noch einmal zu den Besitzern um, aber die waren im Haus verschwunden. Der Vorhang bewegte sich – sie spürte die Blicke, die sie beobachteten.

»Sie fahren jetzt besser los«, sagte der Polizist und klopfte leicht auf den Van.

Die Fahrt Richtung Süden ins County Cork dauerte zwei Stunden. Viel Zeit zum Nachdenken für Sinead. Als sie zwischen den Radiosendern hin- und herschaltete, drifteten ihre Gedanken ab. In den fünfzehn Jahren, die sie als Tierschützerin arbeitete, hatte sie viele schlimme Dinge gesehen. Esel, denen man die Augen ausgestochen hatte, die fast verhungert waren, die schwerste Verletzungen oder sogar Brandwunden hatten. Manchmal verfolgten die Bilder sie im Schlaf – das Abschalten war schwer.

Sie betete zu Gott, dass sie diesen Esel noch rechtzeitig gefunden hatte und dass die Wunden keine Sepsis – keine Blutvergiftung – ausgelöst hatten. Wenn doch, standen seine Chancen sehr, sehr schlecht.

Als sie auf den Parkplatz der Eselhilfe rollte, war es stockdunkel, und die Temperatur war tief unter den Gefrierpunkt gefallen. Der Bewegungsmelder auf dem Hof sprang an, und irgendwo aus dem Nichts tauchte das Team auf.

»Wie schlimm ist es?« Die Tierärztin eilte herbei, um einen Blick auf den Esel zu werfen.

»Ziemlich schlimm.« Sinead schüttelte den Kopf. Nach der langen Fahrt und dem Gefühlsaufruhr sah sie alles nur noch verschwommen.

Das Eselasyl bietet Hunderten von geretteten Eseln eine sichere Zuflucht. Es liegt idyllisch in der hügeligen Landschaft etwas außerhalb des Ortes Liscarroll und ist eine von vielen

Zufluchtsstätten, die die Tierschutzorganisation *The Donkey Sanctuary* auf der ganzen Welt eingerichtet hat. Seit Dr. Elisabeth Svendsen die Organisation im Jahr 1969 gründete, hat sie über 18.000 Esel und Mulis gerettet, und zurzeit leben in Europa 4725 Tiere auf den Höfen der Organisation.

Viele dieser Esel wurden ausgesetzt oder irgendwo auf einem Feld zurückgelassen, nachdem sie jahrelang für ihre Besitzer Torf geschleppt, einen Wagen gezogen oder auf andere Art gearbeitet hatten.

Esel sind genauso schmerzempfindlich wie jedes andere Tier, aber sie zeigen nicht, dass sie leiden, und werden deshalb häufig misshandelt. Da sie nicht so auf Schmerz reagieren, wie man es von einem Tier normalerweise erwartet, werden sie immer härter geschunden, häufig bis an die Grenze der Belastbarkeit. Das ist wahrscheinlich der Grund, warum Esel so traurig auf uns wirken – oft haben sie tatsächlich ein hartes Los gehabt.

Die Tierärzte hatten den Fall jetzt übernommen, und Sinead musste loslassen – sie hatte alles getan, was sie konnte. Das Schicksal des Esels lag nun in der Hand der Veterinäre und des Teams, und sie konnte nur hoffen, dass der Esel seinen Lebenswillen wiederfand und nicht kampflos aufgab.

Im Eselasyl gibt es einen speziellen Quarantänebereich, in dem man die Verletzungen der geretteten Esel behandelt und sie auf Krankheiten untersucht. Speziell ausgebildete Tierarzthelferinnen nehmen dort die neu eingetroffenen Esel in Empfang. Zu diesen Fachkräften gehörte auch Tina Buckley, die an diesem Abend Dienst hatte. Tina arbeitete seit ihrem achtzehnten Lebensjahr für die Eselhilfe und war inzwischen wie Sinead seit fünfzehn Jahren dabei. Auch sie hatte in dieser Zeit schon so manche grauenvolle Verletzung gesehen.

»Was ist mit dem hier passiert?«, fragte sie die Tierärztin, während sie sich für den Untersuchungsraum fertig machte. Sie zog sich ihren Overall über und verrieb Desinfektionsmittel zwischen den Fingern. Es war alles so wie in einem Krankenhaus, nur dass es sich bei ihrem Patienten um einen Esel handelte.

Die Tierärztin antwortete nicht, aber gleich darauf konnte Tina sich selbst ein Bild machen.

»Oh mein Gott!«, keuchte sie, als ihr der Geruch von faulendem Fleisch entgegenschlug. »Was haben sie dir angetan?« Unwillkürlich schreckte sie entsetzt zurück.

Sue, die Tierärztin, gab ihm als Erstes mehrere Spritzen mit Antibiotika – um die Wunde herum, in den Rumpf und direkt in die Vene. Der Esel zuckte nicht einmal, als die Nadel seine Haut durchdrang. Stattdessen ließ er den Kopf hängen, als ob er nicht mehr die Kraft hätte, ihn hochzuhalten. Seine Atmung war laut und angestrengt.

»Man kann immer noch das Seil sehen.« Tina deutete auf die blauen Fäden, die sich durch die Wunden zogen.

»Großer Gott, das muss ihm bei jeder Bewegung höllische Schmerzen bereitet haben.« Sue stellte sich vor, wie das Seil immer tiefer und tiefer ins Fleisch geschnitten hatte.

Tina ging in die Hocke, um sich die Wunden an seiner Kehle genauer anzusehen. Ihrem geschulten Auge war sofort klar, wie nah dieser Esel dem Tod gewesen war.

»Noch etwas länger, und es hätte eine Arterie verletzt.« Sie sah zur Tierärztin hoch.

Sue schüttelte angewidert den Kopf. Sie sagte Tina, dass ihnen jetzt eine scheußliche Aufgabe bevorstand – sie mussten die Wunden säubern, indem sie das gesamte tote Fleisch wegschnitten.

Der Esel erhielt ein leichtes Sedativum, um die heftigsten Schmerzen zu lindern, dann fingen sie an zu schneiden. Trotz seiner Verletzungen wirkte er sanftmütig. Viele Esel mit derart schlimmen Verletzungen hätten ihr letztes bisschen Kraft genutzt, um zu beißen und zu treten.

»Er ist ein sanfter Riese«, sagte Tina und streichelte seine Nase.

Es war eine mühsame Prozedur, bei der sie zunächst das Fell abscheren und dann die Haut wegschneiden mussten, bis sie anfing zu bluten. Durch diese Maßnahme sollte frisches Blut in die Wunden gelangen und die Infektion herausspülen. Sie konnten jeweils nur eine kleine Stelle behandeln und würden die Prozedur am nächsten Tag fortsetzen müssen – falls es einen nächsten Tag gab.

»Diese Bluttests werden zeigen, ob er eine Sepsis hat«, sagte Sue und brachte die Teströhrchen für eine mikroskopische Untersuchung weg.

Tina kannte sich inzwischen aus. Die Quarantänestation bot Platz für dreißig Esel und war immer voll ausgelastet, weil es so viele Notfälle gab. Es war ähnlich wie auf einer Krankenhausstation, auf der zu wenig Betten frei sind. Die Esel wurden häufig auf Bauernhöfen »geparkt«, während sie auf einen freien Platz warteten. Auch wenn viele dieser Esel tatsächlich durchkamen und sich irgendwann zu den anderen auf den nahegelegenen Weiden gesellen konnten, gab es doch auch immer wieder Fälle, in denen die Verletzungen so schwer waren, dass sie nicht einmal die erste Nacht überlebten.

Während sie die Wunden des Esels verband, schickte Tina ein kleines Stoßgebet für ihren neuen Freund gen Himmel und hoffte inständig, dass er es schaffen möge.

Sie konnte nicht genau sagen, warum, aber irgendwie hatte sie das Gefühl, dass er etwas Besonderes an sich hatte. Etwas, das ihn von den anderen unterschied.

Zwei auf einen Schlag

Good Hope Hospital Birmingham, März 2010

Julian und Tracy Austwick lachten nervös, als die Ärztin, die die Sonografie durchführte, das Gel auf Tracys Bauch drückte.

»Uuuh!« Tracy zuckte zusammen, als der kalte Ultraschallscanner ihre Haut berührte. Für das Paar war es die erste Ultraschalluntersuchung in der zwölften Schwangerschaftswoche, und sie waren beide aufgeregt und ein bisschen bange.

»Da ist der Herzschlag«, erklärte die Ärztin, während sie den Scanner durch das Gel schob.

Julian und Tracy lächelten sich liebevoll an.

»Und da ist der zweite Herzschlag.«

»Was?«, schrie Tracy ungläubig.

»Ja, Sie bekommen Zwillinge«, lachte die Ärztin.

»Du meine Güte!« In gespieltem Entsetzen verbarg Tracy das Gesicht in den Händen.

Das Paar debattierte kurz die Frage, wessen Gene dafür verantwortlich waren.

»Dein Großvater ist doch ein Zwilling, oder?«, fragte Julian.

»Ja, das stimmt.« Tracy nickte, immer noch überwältigt von der Neuigkeit.

»Meine ganze Familie hat mich damit aufgezogen, dass es vielleicht Zwillinge werden, aber ich hab's nicht ernst genommen«, erklärte sie lachend.

Auf der gesamten Heimfahrt konnte Julian sich kaum wieder einkriegen. »Zwillinge – das heißt, Job erfolgreich erledigt! Mit einem Schlag eine ganze Familie«, scherzte er.

Einige Straßen später traf sie die Erkenntnis, dass sie nun auch alles in zweifacher Ausführung brauchten!

Die nächsten Tage verbrachten sie damit, die unglaubliche Neuigkeit zu feiern und Freunden und Familienangehörigen davon zu berichten. Julian und Tracy taten all die Dinge, die angehende Eltern tun – dachten sich zum Beispiel Namen aus. Sie hatten keinen Hinweis auf das Geschlecht, aber Julian war fest davon überzeugt, dass sie einen Jungen und ein Mädchen bekommen würden. Als glühender Science-Fiction-Fan wollte er sie Luke und Leah nennen, nach seinen *Star-Wars*-Helden.

»Nur über meine Leiche«, würgte Tracy den Vorschlag ab. »Unsere Kinder werden auf gar keinen Fall nach deinem Lieblingsfilm benannt.« Das war das Ende der Diskussion. Tracy hatte für gewöhnlich das letzte Wort.

Von da ab verlief die Schwangerschaft wie ein Traum. Die Ultraschalluntersuchung in der zwanzigsten Woche ergab, dass es sich bei den Zwillingen um Mädchen handelte. Nach der anfänglichen Enttäuschung darüber, dass er keine Miniaturausgabe von Luke Skywalker haben würde, machte Julian sich daran, das Zimmer der Mädchen vorzubereiten, während Tracy weiterhin ihrem Putzjob nachging.

Als sie sich eines Morgens für die Arbeit fertig machte, bemerkte sie, dass irgendetwas ein bisschen merkwürdig war.

»Iiih, aus mir tropft Wasser«, schrie sie, als sie vom Bett ins Badezimmer schlurfte.

»Das ist bestimmt harmlos, Schatz, die Mädchen tanzen wahrscheinlich nur gerade auf deiner Blase herum«, krächzte Julian schlaftrunken und rollte sich auf die andere Seite.

Schließlich hatten sie bis zum erwarteten Geburtstermin noch einen langen Weg vor sich – noch vier Monate. Tracy gehörte nicht zu den Frauen, die ein großes Theater machen. Sie hatte keine Schmerzen, also schob sie einfach eine Monatsbinde in ihren Slip und machte sich an ihr Tagwerk.

Gegen Mittag floss immer noch Wasser. Tracy rief die Hebamme an, einfach um auf Nummer sicher zu gehen.

»Sie müssen sofort ins Krankenhaus – da stimmt was nicht«, befahl die Hebamme.

»Was?« Tracy runzelte ungläubig die Stirn. Sie hielt das alles für einen Sturm im Wasserglas. Nachdem sie Julian telefonisch informiert hatte, machte sie sich daher erst einmal auf den Weg in die Stadt, um ihre geplanten Besorgungen zu erledigen. Sie brachte etwas Geld auf die Bank und kaufte Fußbodenreiniger in einem Billigladen, bevor sie seelenruhig in die Entbindungsstation des Birminghamer Krankenhauses Good Hope spazierte.

Sie beschrieb die Symptome, während der Arzt sie untersuchte, und dachte dabei an die eine Million andere Dinge, die sie bis zum Abend noch erledigen musste.

»Ich möchte dazu noch eine zweite Meinung einholen«, unterbrach sie der Arzt in ihren Gedanken. »Ich hole schnell eine Kollegin.«

Tracy verschränkte schützend die Arme vor der Brust – das hatte sie nicht erwartet. Eine weitere Ärztin tauchte auf und untersuchte sie. Tracy studierte den Gesichtsausdruck der beiden – langsam bekam sie ein mulmiges Gefühl.

Die Ärztin presste das Klemmbrett gegen ihre Brust. »Es tut mir sehr leid, aber Ihre Fruchtblase ist geplatzt«, verkündete sie.

Tracy setzte sich kerzengerade auf. Jetzt hörte sie aufmerksam zu.

»Wir brauchen sofort einen Krankenwagen für Sie.« Die Ärztin gab den Schwestern ein Zeichen, dass sie sich der Patientin annehmen sollten.

»Was?« Tracys Kopf schnellte von links nach rechts, während die Schwestern sich um sie drängten.

»Wenn die Wehen jetzt einsetzen, werden die Babys sterben. Wir können hier nichts für Sie tun. Wir müssen Sie rüber ins Zentralkrankenhaus, ins Heartlands, bringen. Dort verfügt man über die notwendige Ausstattung für Reanimationsmaßnahmen.«

Tracy stand völlig unter Schock. Wehen? Reanimation? Die Wörter wirbelten in ihrem Kopf herum.

»Aber ich habe keine Wehen, das Wasser ist nicht herausgeschossen ...« Tracy weigerte sich, den Tatsachen ins Auge zu sehen, während man sie in höchster Eile durch die Flure rollte.

Julian traf ein, als Tracy gerade in den Krankenwagen gehoben wurde.

»Was ist los?«, fragte er in Panik.

»Meine Fruchtblase ist geplatzt. Fahr uns hinterher. Ins Heartlands«, rief Tracy durch die sich schließenden Türen des Krankenwagens.

WUMM!

Julian blieb allein mit seinen Gedanken zurück und beschwor lauter Worst-Case-Szenarien herauf, während er dem zuckenden Blaulicht folgte. Gut, dass der Krankenwagen vorausfuhr, denn er hatte keine Ahnung, wo das Heartlands lag, obwohl sie seit vier Jahren in Birmingham lebten. Er hatte es nie wissen müssen – bis jetzt.

Kurz nachdem Julian eingetroffen war, stürmte auch Tracys Schwester Debbie auf die Station. Die zweiundvierzigjährige Debs war zehn Jahre älter als Tracy und eine Art Ersatzmutter gewesen, als Tracy aufwuchs. Sie schlüpfte schnell in die Rolle der fürsorglichen Beschützerin und belagerte die Ärzte mit Fragen.

Um Tracys Bett herrschte Verwirrung. Nachdem sich jedermanns Befürchtungen auf etwa 150 Meilen die Stunde hochgedreht hatten, waren sie jetzt wieder ausgebremst, standen quasi an der Ampel, warteten auf Antworten. Die Ärzte machten hektische Ausfallschritte, um sich gegenseitig vorzulassen, wie schlechte Tänzer, während Tracy auf ihrem Bett lag und sich eigentlich völlig in Ordnung fühlte.

Es war mal hü, mal hott.

Julian versuchte, die Stimmung aufzuheitern. »Hier ist kein Fernseher. Da können wir heute Abend gar nicht *Britain's Got Talent* sehen«, scherzte er. Es war seine Art, mit der Situation umzugehen.

»Mensch, sei doch still.« Tracy schüttelte in gutmütiger Geniertheit den Kopf.

Während die Stunden zäh dahinkrochen, fingen Julian und Tracy an sich zu fragen, ob die Ärzte möglicherweise überreagiert hatten. Tracy war überzeugt, dass sie keine Wehen bekam, weil sie keinerlei Kontraktionen spürte.

»Ich muss hier raus«, murmelte sie, fühlte sich klaustrophobisch auf einer Station voller Mütter mit ihren schreienden Säuglingen.

»Beruhig dich, Liebes«, tröstete Julian. Im selben Moment tauchte eine Schwester mit einem Rollstuhl auf. Tracy sollte zu einer Ultraschalluntersuchung gebracht werden.

Julian trottete hinterher, während sie ihren Weg durch endlose Korridore machten, die sich durch den Unterbauch des riesigen Krankenhauses schlängelten.

»Warten Sie hier, bis Ihr Name aufgerufen wird«, erklärte die Schwester und war dann im Nu wieder verschwunden.

Julian und Tracy waren ziemlich durcheinander. Sie waren bisher nur einmal zusammen im Krankenhaus gewesen – als man Tracy einen Weisheitszahn gezogen hatte. Jetzt saßen sie in einem Wartesaal voller Fremder. Julian ertappte sich dabei, wie er die anderen Anwesenden musterte.

Das Paar uns gegenüber sieht richtiggehend panisch aus. Ein paar Frauen sind allein hier. Es muss schrecklich sein, so etwas allein durchzumachen, dachte er.

»Tracy Austwick«, schnitt eine barsche Stimme durch seine Gedanken. Ein Mann Anfang vierzig winkte sie zu sich in den Ultraschall-Untersuchungsraum. Julian dachte spontan, dass der Ultraschalldiagnostiker in seiner Freizeit bestimmt surfen ging, weil er dreiviertellange Shorts unter seinem Arztkittel trug und strubbeliges sonnengebleichtes Haar hatte.

»Komm, Liebes, das wird schon«, sagte Julian tröstend, als Tracy sich auf die Liege legte.

Es war dieselbe Prozedur wie beim letzten Mal – das Gel auf dem Bauch, der kalte Scanner, der hin und her glitt –, nur dass es dieses Mal kein Lächeln oder Lachen gab.

»Oh-oh.« Der Ultraschalldiagnostiker verzog das Gesicht.

Julian und Tracy sahen sich an.

»Hmmm«, fuhr er fort wie ein Mechaniker, der einen Motor unter der Kühlerhaube inspiziert.

»Was stimmt denn nicht?«, fragte Tracy. Bis zu diesem Moment hatte sie nicht wirklich akzeptiert, dass ihre Babys in Gefahr sein könnten.

»Eine der Fruchtblasen ist in Ordnung, aber die andere ist leider geplatzt«, stellte er sachlich fest. »Im Moment ist noch genügend Fruchtwasser vorhanden, damit dieses Baby überleben kann. Aber die Flüssigkeit reicht nicht aus, um ein Wachstum zu gewährleisten. Es besteht die Gefahr, dass ihre Arme und Beine sich nicht richtig ausbilden können und sie behindert sein wird«, erklärte er.

»Behindert?« Das Wort schnitt Tracy ins Herz.

Plötzlich wurde alles sehr real für Julian und Tracy.

»Je länger Sie die beiden in sich tragen, desto besser. Sie müssen sich das wie einen Backofen vorstellen: Je länger sie drinbleiben, desto größer die Überlebenschance.«

Tracy konnte nichts sagen, der Schock verschlug ihr die Sprache. Julian hingegen bombardierte den Arzt mit Fragen. Er brauchte Antworten.

»Okay, wir verstehen, aber was ist mit dem anderen Baby? Wenn Tracy Wehen bekommt, kann dann das andere Kind irgendwie im Bauch bleiben?«, fragte er.

»Nein, tut mir leid. Sobald die Kontraktionen anfangen, müssen beide Babys raus.«

»Also würden beide nicht überleben?« Julians Stimme zitterte.

Der Ultraschalldiagnostiker wandte sich an Tracy und sagte: »Es tut mir sehr leid. Wenn wir während der Wehen nichts tun können, um sie zu retten, werden wir sie auf Ihre Brust legen.«

Tracy schloss die Augen. Sie fühlte sich, als würde sie diese mögliche Zukunft im Hier und Jetzt erleben. Der Gedanke, dass ihre beiden Babys hilflos auf ihr lagen, war unerträglich.

»Julian, ich brauche frische Luft. Ich muss hier raus«, flehte sie.

Sie sagten kein Wort zueinander, als sie den Raum verließen. Julian merkte, wie ihm die Tränen kamen, aber er wischte sie schnell wieder ab. Tracy war immer die Stärkere von ihnen beiden gewesen, die ihre Gefühle nie zeigte. In diesem Moment wollte er derjenige sein, der für sie stark war.

Sie hatten beide den Gedanken zugelassen, dass sie die Mädchen vielleicht verlieren würden, aber keiner wollte es aussprechen. Sie leugneten das Offensichtliche, auch wenn es wie ein Elefant im Raum stand.

»Was passiert jetzt?«, fragte Julian die Schwester, die darauf wartete, sie wieder einzusammeln.

»Ich fürchte, Mrs. Austwick wird im Krankenhaus bleiben müssen, für den Fall, dass die Wehen einsetzen.«

Ihre Hoffnung auf frische Luft wurde zerschlagen. Tracy warf Julian einen flehenden Blick zu.

»Nein, Liebes, ich weiß, du findest Krankenhäuser grässlich, aber es ist am besten so.« Er drückte ihre Hand.

Julian hasste es, Tracy allein zu lassen. Sie hatten keine Nacht getrennt verbracht, seit sie sich vor sieben Jahren bei der Arbeit in einem Lokal in Stratford-upon-Avon kennengelernt hatten. Hinter der Theke hatten sie sich als eingespieltes Team praktisch immer auf der Pelle gesessen, und die damals entstandene Nähe war bis heute geblieben.

Julian konnte seine Gedanken nicht abstellen, als er an diesem Abend allein im Bett lag. Er beschloss, eine App auf sein Handy zu laden, die die prozentuale Überlebenschance der Zwillinge berechnete. *24. Woche*, tippte er ein.

Ihm blieb fast das Herz stehen.

Eine Überlebenschance von zwanzig Prozent. *Oh Gott.* Es war alles vorbei.

Als er Tracy am nächsten Morgen im Heartlands Hospital besuchte, tat er sein Bestes, um seine Traurigkeit vor ihr zu verbergen. Sie wirkte ohnehin schon gestresst, nachdem sie einen Rüffel von den Schwestern bekommen hatte, weil sie herumgelaufen war.

»Ich darf überhaupt nichts, um ja nicht die Wehen auszulösen. Ich muss hier einfach tatenlos rumliegen«, schimpfte Tracy mit zusammengebissenen Zähnen.

Tracy wusste nicht, wie man still sitzt. Sie war daran gewöhnt, entweder ihr eigenes Haus oder die Häuser anderer Leute zu putzen. Jetzt wurde sie in Watte gepackt, und es machte sie wahnsinnig.

Julian und Debbie leisteten ihr abwechselnd Gesellschaft. Die Schwestern kamen jeden Morgen und jeden Abend herein, um zu kontrollieren, wie viel Fruchtwasser abgegangen war. Inzwischen hatte Julian seine eigene Routine entwickelt – er überprüfte morgens und abends seine App. Die Tage krochen dahin, und der Prozentsatz stieg langsam an.

Am Ende der Woche lag er bei dreißig Prozent. Julian wollte Tracy die frohe Botschaft verkünden, aber es klang, als hätte sie bereits eine gute Nachricht erhalten. Er hörte seine Frau lauthals lachen, als er den Krankenhausflur entlangkam. Als er das Zimmer betrat, krümmten sich Debbie und Tracy in einem hysterischen Kicheranfall.

»Was ist denn hier los?«, fragte er verwirrt.

Es war ein heißer Maitag im Jahr 2010, und die Fenster standen weit offen.

»Komm und hör dir das an.« Debbie winkte ihn zu sich herüber.

Julian musste seine Ohren nicht anstrengen; er konnte es von der Tür aus hören.

»Arrrrrrrhh!«, kam der schrille Schrei einer gebärenden Frau.

Tracys Zimmer lag direkt über dem Kreißsaal, aus dem lautes Geschrei und Gezeter heraufdrang.

»Uuuh, du Scheißkerl!«, brüllte die angehende Mutter ihren Partner an.

Die drei brachen in schallendes Gelächter aus.

Es lenkte sie von ihren eigenen Problemen ab.

»Ich krieg hier drinnen noch 'n Koller«, kicherte Tracy und wischte sich die Lachtränen aus den Augen.

Ihre Gebete wurden erhört, als der Arzt bestätigte, dass alles in Ordnung zu sein schien und Tracy entlassen werden könne.

Zurück in der Geborgenheit des eigenen Zuhauses ließ sich leicht vergessen, dass irgendetwas nicht stimmte. Die Tage flogen dahin, der Prozentsatz stieg steil nach oben, und die Ultraschalluntersuchungen ergaben keine Veränderungen. Also machten Tracy und Julian weiter, als ob nichts geschehen wäre.

Deshalb konnte Julian es nicht wirklich glauben, als Tracy ihn am 16. Juni mitten in der Nacht weckte.

»Ich fühl mich nicht besonders gut«, stöhnte sie um ein Uhr morgens.

Sie hatte einen brennenden Schmerz im Unterleib gespürt.

»Schlaf einfach weiter, Liebes, jetzt passiert es nicht«, murmelte Julian.

Aber irgendetwas stimmte nicht. Tracy setzte sich auf und schaltete die Nachttischlampe an.

»Doch, Schatz, irgendwas passiert gerade.« Sie hielt sich den Bauch und krümmte sich vor Schmerz. »Auuuh!«

Schlagartig brach die Realität wieder über sie herein.

Julian sprang aus dem Bett und half Tracy ins Auto. Es war mitten in der Nacht, und Tracy würde nie das ohrenbetäubende Quietschen vergessen, mit dem ihr Wagen sich in der Auffahrt ihrer ruhigen Sackgasse in Sutton Coldfield in Bewegung setzte. Der Keilriemen hatte sich gelöst, es klang wie Fingernägel auf einer Tafel.

»Arrrrgh!«, schrie Tracy vor Schmerz, als die nächste Wehe einsetzte.

»Quiiiietsch«, jaulte das Auto, als sie an der Ampel anhielten. Es war schrecklich.

»Mach, dass das aufhört!«, schrie Tracy.

Dieses Mal versuchte Julian nicht, vernünftig mit seiner Frau zu reden. Er drückte stattdessen einfach das Gaspedal durch. Tracy lachte hysterisch – vor Schmerzen und wegen der absurden Komik des Ganzen –, als sie im Heartlands Hospital eintrafen. Eilig wurden sie in den Kreißsaal gebracht, wo Tracy von der Hebamme in Empfang genommen wurde.

»Das Lachen wird Ihnen gleich vergehen«, sagte sie barsch.

Julian und Tracy sahen einander an wie ausgeschimpfte Schulkinder.

Ihre ganze Ehe hindurch hatten die beiden immer versucht, auch den dunkelsten Momenten etwas Heiteres abzugewinnen. Sie verdrängten ihre schlimmsten Befürchtungen, bis der Arzt eintraf und sie gezwungen waren, sich der vernichtenden Wahrheit zu stellen – ihre Babys kamen vierzehn Wochen zu früh, und es war unwahrscheinlich, dass sie überleben würden.

»Wir haben zwei Brutkästen frei. Wenn wir also irgendetwas tun können, ist für alles gesorgt«, sagte der Arzt und lächelte mitfühlend.

Wenn wir irgendetwas tun können ..., wiederholte Julian innerlich.

»Weil Sie Zwillinge bekommen, werden Sie von allem das Doppelte brauchen. Also keine Panik, wenn der Raum in einem Moment ganz leer und im nächsten wieder voller Menschen ist.«

Der Arzt wollte Tracy beruhigen, aber seine Worte trieben sie nur noch weiter an den Rand der Verzweiflung.

»Wenn wir nichts tun können, werden wir sie Ihnen auf die Brust legen, und Sie können sie im Arm halten, bevor sie gehen müssen.«

Da war es wieder – dieses Bild. Tracy konnte es nicht ertragen, daran zu denken.

Die letzten beiden Wochen waren ein bisschen wie ein Traum gewesen, in dem sie hoffen konnten, dass die Schwangerschaft ganz normal verlaufen würde. Jetzt war der Traum ausgeträumt.

Tracy war erst in der 26. Schwangerschaftswoche – 14 Wochen zu früh. Einer der Zwillinge hatte das gesamte Fruchtwasser verloren, von daher bestand das hohe Risiko, dass dieses Baby behindert sein würde. Sie hatten es Hope, *Hoffnung*, genannt, weil jeder gesagt hatte: »Ich hoffe, es kommt gesund zur Welt.« Sie wussten nicht, wie sie das andere Mädchen nennen sollten. Oder vielleicht mochten sie sich auch einfach noch nicht zu sehr binden.

Julian wollte stark sein für Tracy. Er konnte im Moment an nichts anderes denken als daran, wie es sich auf sie auswirken würde, wenn die Kinder tot geboren wurden.

Er musste dem Arzt noch einmal die Frage stellen.

»Könnten wir das Baby, dem es gut geht, nicht noch drin lassen?« Für Julian war es schwer zu begreifen, dass einer der Zwillinge wahrscheinlich den Tod des anderen mit sich brachte.

»Nein, ich fürchte, das können wir nicht«, seufzte der Arzt, und obwohl Julian die Antwort bereits gekannt hatte, wurde ihm das Herz noch ein bisschen schwerer.

Es war jetzt mittlerweile sieben Uhr morgens. Tracy erhielt etwas Lachgas und Sauerstoff. Immer wenn Julian vor Müdigkeit die Augen zufielen, rüttelte Tracys lautes Stöhnen ihn wieder wach.

Debbie war im Krankenhaus eingetroffen und erbot sich, ein paar Sandwiches zu holen. Tracy stieß ein weiteres Stöhnen aus, und das Essen wurde verschoben, weil die Zwillinge jetzt jeden Moment kommen konnten.

Die beiden klebten an Tracys Seite, bis dann um 15:30 Uhr der große Augenblick da war.

»Wie wär's mit Pressen?« Die Hebamme wischte Tracy die Stirn ab.

»Ja!«, schrie Tracy.

Innerhalb von dreißig Sekunden waren nicht nur zwei Brutkästen, sondern auch fünfzehn Ärzte und Schwestern da, die um Tracys Bett herumschwirrten.

Das ist echt erstaunlich, dachte Julian. *Ich habe einmal geblinzelt, und wie durch Zauberhand sind sie aufgetaucht.*

Der einzige Gedanke, der Tracy zwischen den Schmerzen und dem Pressen in den Kopf schoss, war, dass man ihr gleich die Babys auf die Brust legen würde.

Julian legte die Kamera beiseite, weil er nicht einfangen wollte, was gleich geschehen würde. Er dachte jetzt nur noch an seine Frau und wie sie das Ganze verkraften würde.

Für Julian ließ sich die Geburt nur mit dem Auftauchen eines Aliens vergleichen. Hopes Kopf wirkte verlängert, und ihr winziger Körper war ganz schwarz, als ob sie verletzt wäre. Schlimmer noch, sie bewegte sich nicht.

Das war's. Sie ist tot. Julian schüttelte den Kopf.

Die Ärzte brachten das Baby schnell weg, und Julian war sich sicher, dass er es nie wiedersehen würde.

Er drückte Tracys Hand, um ihr zu sagen, dass er sie liebte und stolz auf sie war. Tracy war kaum bei Bewusstsein, schwer atmend versuchte sie, sich für die zweite Runde zu rüsten.

Doch der Zwilling, dem sie noch keinen Namen gegeben hatten, wollte einfach nicht kommen. Die Kleine fühlte sich wohl in Mamas Bauch.

»Wir müssen Ihre Fruchtblase zum Platzen bringen«, verkündete der Arzt.

Also machten sie sich an die Arbeit, und dann schoss plötzlich ein großer Schwall Flüssigkeit heraus. Julian fielen fast die Augen aus dem Kopf, so etwas hatte er noch nicht gesehen.

»Arrrrgh!«, schrie Tracy und presste mit aller Kraft.

Doch sosehr sie sich auch bemühte, die kleine Maus wollte einfach nicht heraus.

Was für ein Jammer, sie ist so glücklich da drin, dachte Julian.

»Los, Tracy, Sie müssen weitermachen«, befahl die Hebamme.

»Ich bin zu müde, ich kann nicht.« Tracy warf gequält den Kopf hin und her.

Julian schritt ein. »Du musst dich anstrengen, oder der böse Mann da drüben wird dich in den OP bringen«, drohte er.

»Halt einfach die Klappe, ja?«, fauchte Tracy, aber es funktionierte.

Auf keinen Fall werde ich das eine Kind durch eine natürliche Geburt und das andere durch Kaiserschnitt bekommen, dachte Tracy.

»Arrrrrgh!«, schrie Tracy voller Zorn.

Das Baby erschien in einem Schwall von Blut und Schleim.

Sie sah viel besser aus als Hope. Sie hatte immerhin schon mal die richtige Form und Farbe – aber ihr schlaffer Körper schien völlig leblos.

Ungläubig beobachtete Julian, wie ein indisch aussehender Arzt ein Gerät, das einem Strohhalm ähnelte, in den winzigen Mund des Babys schob und hineinpustete. Ihre Brust hob sich, senkte sich dann wieder, und der Arzt versuchte es erneut. Julian erwartete nicht, dass noch Leben in der Kleinen steckte, aber er konnte es trotzdem nicht ertragen, den Arzt scheitern zu sehen.

Der Anblick war quälend, und er musste wegsehen.

Im nächsten Moment rollten die Schwestern sie im Inkubator nach draußen. Plötzlich dämmerte Julian, dass es zwanzig Minuten her war, seit sie Hope weggebracht hatten – vielleicht war es ihnen doch gelungen, sie wiederzubeleben?

Die dramatischen Ereignisse hatten Julian so gefangen genommen, dass er die Worte des Arztes vergessen hatte. Tracy hingegen hatte das furchtbare Bild, dass man ihr die leblosen Babys auf die Brust legen würde, nie aus ihrem Kopf vertreiben können. Julian sah zu seiner Frau, die trotz ihrer Erschöpfung lächelte – sie wusste, dass ihre Babys lebten, weil man sie ihr nicht auf die Brust gelegt hatte.

Der Arzt kam auf sie zu. Julian hatte Tracys Hand die ganze Zeit über nicht losgelassen. Jetzt wappnete er sich für die schlimme Nachricht.

»Beide Mädchen mussten reanimiert werden«, setzte er an.

Julian drückte die Hand seiner Frau.

»Aber sie sind am Leben.«

»Oh, Gott sei Dank!« Julian atmete auf. Er hatte gar nicht gemerkt, dass er die ganze Zeit die Luft angehalten hatte.

Tracy lächelte noch immer; sie hatte es die ganze Zeit gewusst.

»Sie liegen jetzt in ihren Inkubatoren. Wenn alles gut geht, können Sie die beiden in ein paar Stunden sehen.«

Julian würde für immer im Gedächtnis bleiben, wie stark der Atem des Arztes nach Kaffee roch. *Wow, vielleicht lag es auch am Koffein, dass es mit der Wiederbelebung geklappt hat*, dachte er.

Gegen siebzehn Uhr gingen Debbie und Julian schließlich nach draußen, um ihr Sandwich zu essen.

»Ich sollte wohl mal ein paar Leute von dem Ereignis in Kenntnis setzen.« Die frische Luft versetzte Julian schlagartig zurück in die Normalität. Er schickte seinen Eltern, Tracys Eltern und Tracys Bruder eine SMS, und Debs informierte weitere Familienmitglieder.

Gegen achtzehn Uhr eiste Julian sich schließlich von Tracys Bettseite los, um die Zwillinge zu sehen. Er spürte, wie seine Hände nass vor Schweiß wurden, als er mit dem Fahrstuhl zum Inkubatorraum hinunterfuhr. Er hatte Angst, weil er nicht wusste, was ihn erwartete. Als er seine Mädchen zuletzt gesehen hatte, waren sie winzige leblose Körper gewesen. Würde Hope immer noch schwarz sein? Und deformiert?

Pling. Die Fahrstuhltür glitt auf.

Ich muss ein paar Fotos machen, um sie Tracy zu zeigen, dachte Julian, als er durch die steril riechenden Korridore ging. Tracy war total erschöpft. Julian bezweifelte, dass sie heute Nacht noch die Kraft haben würde, das Bett zu verlassen.

Julian wusste, dass er die Neonatalstation erreicht hatte, weil er die piependen Maschinen bis auf den Flur hören konnte.

Es war, als beträte er eine andere Welt.

In dem Raum standen sechs Inkubatoren. Überall waren Schläuche, jede Menge Pieptöne und Eltern, die sich über ihre Babys beugten und sich Tränen aus den Augen wischten.

Warme Luft schlug Julian entgegen, als er nach seinen Mädchen sah. Er erwartete, dass die Zwillinge nebeneinanderliegen würden, aber sie befanden sich an entgegengesetzten Seiten des Raums. Hope auf der linken und »Zwilling B« auf der rechten Seite.

Zögernd näherte er sich Hopes Inkubator.

Bitte sei in Ordnung, bitte sei in Ordnung, betete er.

Mit klopfendem Herzen blickte er in den Inkubator.

Oh Gott.

Hopes Körper war schwarz und blau. Überall steckten Schläuche in ihr. Das große grüne Beatmungsgerät, das Leben in ihren

34

Mund pumpte, verschlang das winzige Gesicht. Der rechte Fuß war nach innen eingedreht, als ob er gebrochen wäre.

»Machen Sie sich keine Sorgen. Es ist alles dran.« Hinter ihm war lautlos eine Schwester aufgetaucht. Es war, als hätte sie seine Gedanken gelesen.

»Schauen Sie, sie hat alle Finger und Zehen«, flüsterte sie und deutete darauf.

Julian schob seinen Zeigefinger sanft in Hopes Handfläche. Sie schloss ihre winzigen Finger darum. Ihre ganze Hand war so groß wie sein Fingernagel!

Dann ging er langsam auf die andere Seite zu »Zwilling B«. Sie sah viel besser proportioniert aus – wie ein perfektes kleines Baby, wenn auch mit knapp 709 Gramm in Miniaturausgabe.

Julian machte ein Foto und ein Video von den Zwillingen für Tracy.

Er warf einen Blick über die Schulter: *Darf ich das hier überhaupt?* Obwohl die beiden seine Kinder waren, machte er sich Sorgen, dass man ihn rüffeln könnte. Es war alles so merkwürdig, alles so beängstigend.

»Sie können auch mit ihnen sprechen, wissen Sie«, sagte die Krankenschwester und lächelte ihm aufmunternd zu. »Sagen Sie ihnen, dass Sie da sind. Das tut ihnen gut.«

»Oh ja, genau.« Julian nickte. Die beiden sahen so zerbrechlich aus; er hatte vergessen, dass sie richtige Babys waren.

»Hallo«, flüsterte er. Er wusste nicht wirklich, was er sagen sollte.

Julian spürte, wie ihm die Tränen kamen.

Was für ein Unglück, dachte er.

Obwohl sie am Leben und an einem Ort waren, wo sie hervorragend versorgt wurden, war er überzeugt, dass er nicht erleben würde, wie sie heranwuchsen.

Wenn er ehrlich war, rechnete er nicht damit, dass sie die Nacht überstanden.

Plötzlich war ihm unendlich traurig zumute. Er hasste es, ganz allein, ohne Tracy, hier zu sein. Die Tränen rannen ihm über die Wangen.

Er betete, dass Tracy die Chance haben würde, sie zu sehen, bevor es zu spät war.

Ein ungeschliffener Diamant

Devon, Juli 2010

»Wie wollen wir ihn nennen?«, fragte Lisa Spence den Rest der Truppe. Einen Moment später kam ihr der Name in den Sinn. »Shocks. Wir werden ihn Shocks nennen – nach dem schockierenden Zustand, in dem wir ihn gefunden haben«, entschied die Zweiunddreißigjährige.

Die übrigen Mitarbeiter im *Donkey Sanctuary* in Devon nickten zustimmend.

Shocks war gerade auf Woods Farm eingetroffen, zusammen mit einem Lastwagen voller Esel aus Irland. Das Eselasyl Woods Farm liegt ganz in der Nähe des Hauptasyls, das sich auf Slade House Farm bei Sidmouth befindet. *The Donkey Sanctuary* hat Woods Farm im Jahr 1989 von einem Farmer erworben, der dort Hühner, frei laufende Schweine und eine kleine Herde Milchkühe gehalten hatte. Wo sich früher die Hühnerställe befanden, steht heute der Heuschober. Die Farm, die über enorme achtzig Hektar Land verfügt, hat zahllosen Eseln Zuflucht gewährt und ist spezialisiert auf die Pflege von Tieren, die Hufrehe haben oder unter Schwierigkeiten mit dem Atmen, der Haut und der Ernährung leiden.

Shocks hatte sich im Laufe von sechs Monaten erstaunlich gut erholt. Er hatte mehrere Wochen gebraucht, um die Infektion abzuwehren, und gute drei Monate, um wieder zu Kräften zu kommen, aber er hatte es geschafft. Er konnte leider nicht länger in Liscarroll bleiben, weil das irische Eselasyl Platz für neue Notfälle brauchte, deshalb hatte man ihn über die Irische See gebracht, damit die Mitarbeiter von Woods Farm ihn weiter aufpäppeln konnten.

Er kam gemeinsam mit hundert anderen geretteten Eseln aus Irland auf eine Koppel. Die Mitarbeiter in Devon hielten die »irischen Jungs« gern zusammen, weil sie sich alle sehr ähnlich waren: jung, frech und ungezogen – typisch irische Kids eben.

Sie hofften, dass Shocks hier Freunde finden würde, weil es zum normalen Eselverhalten gehört, dass sie sich mit anderen zusammenschließen. Esel sind nicht gern allein.

Doch als Shocks am 16. Juli 2010 vom Lastwagen stieg, wollte er von Anfang an nur eines – für sich bleiben.

»Vielleicht liegt es daran, dass er sein ganzes Leben allein verbracht hat?«, überlegte Lisa, nachdem man sie über die Details der Rettung informiert hatte.

Sie beobachtete, wie einige der keckeren Langohren Tauziehen mit einem grünen Gummistiefel spielten. Shocks blieb in sicherer Entfernung auf der anderen Seite der Koppel, wie ein alter Mann, der fürchtet, über den Haufen gerannt zu werden. Er sah irgendwie verloren und traurig aus, als ob er etwas vermisste.

In der hellen Sommersonne waren die weißen Narben seiner verheilenden Wunden deutlich zu erkennen. Lisa machte sich Sorgen, dass die Narben weit tiefer reichten, als man sehen konnte.

Sie war seit sechzehn Jahren als Eselpflegerin bei *The Donkey Sanctuary* tätig. Nachdem sie einmal angefangen hatte, mit den knuffigen Langohren zu arbeiten, erging es ihr wie vielen Mitarbeitern, die sich ein Leben ohne sie kaum noch vorstellen konnten.

Doch Lisas Aufgabe bestand nicht nur darin, sich um das Wohl der Esel zu kümmern; sie hatte ein einzigartiges Talent entwickelt – sie konnte das Potenzial eines Esels erkennen.

Alles in allem betreute die Organisation 2200 Esel in Devon, und Lisa oblag die Entscheidung, wer sich mit wem zusammen-tat, welcher Esel zu den wenigen Auserwählten gehörte, für die eine Patenschaft an finanzielle Förderer vergeben wurde, und natürlich, wer einen guten Reitesel für die sechs reittherapeuti-schen Zentren der Organisation abgeben würde.

Außerdem hatte Lisa die sehr befriedigende Aufgabe, dar-über zu entscheiden, ob ein Esel bereit war, in ein neues Zu-hause vermittelt zu werden. Wer einen Esel bei sich aufnehmen möchte, muss strenge Kriterien erfüllen. Zunächst einmal muss der neue Besitzer über mindestens 2000 Quadratmeter Land verfügen. Ein Teil davon muss einen festen Untergrund haben, weil Esel sehr durchlässige Hufe haben und bei feuchter Wit-terung eine Möglichkeit haben müssen, aus dem nassen Gras herauszugehen. Außerdem brauchen sie Zugang zu einem Un-terstand – anders als Pferde haben Esel kein wasserabweisendes Fell. Nicht zuletzt benötigen die »Pflegeeltern« einen robusten Zaun – Esel können sich als wahre Ausbrecherkönige erwei-sen!

Was Shocks betraf, so schien auf Anhieb klar zu sein, dass er für keine der oben aufgezählten Aufgaben geeignet war. Viele Mitarbeiter hatten sich zugeraunt, dass Shocks – so traurig es war – ein hoffnungsloser Fall sei.

Lisa war davon nicht überzeugt. Obwohl sie ihm selten direkt in die Augen sehen konnte, weil er einen Großteil des Tages mit gesenktem Kopf verbrachte oder ins Leere starrte, überraschte sie ihn mitunter und fing seinen Blick ein. Es dauerte immer nur den Bruchteil einer Sekunde, aber dann entdeckte sie gelegentlich ein Funkeln in seinen Augen. Es war ein Zeichen für seinen Lebenswillen, für den Wunsch weiterzukämpfen.

Als der Hufschmied kam, bewies Shocks, dass er durchaus eine kämpferische Seite hatte. Seine Hufe hatten sich nach Jahren der Vernachlässigung schon etwas erholt, brauchten aber immer noch viel Pflege. Die irische Eselrettung hatte Lisa darüber informiert, dass Shocks eine gewisse Abneigung gegen Männer hatte, und an diesem Morgen erhielt sie eine unmissverständliche Kostprobe davon.

Der Hufschmied hatte sich vor Shocks hingehockt und wollte gerade seine Arbeit an den viel zu langen Hufen beginnen, als Shocks' Körper sich plötzlich anspannte wie ein Drahtseil. Er stieg auf die Hinterbeine und kreiste mit den Vorderhufen gefährlich in der Luft. Der Hufschmied taumelte zurück und legte schützend die Hände über den Kopf.

»Ganz ruhig, Junge.« Lisa zog mit aller Kraft an Shocks' Halfter.

Obwohl sie nur knapp über einen Meter fünfzig groß war, war sie eine starke Frau, die wusste, wie man einen Esel in seine Schranken weist.

»Was ist denn in dich gefahren?« Sie versuchte, ihn zu beruhigen.

Seine Augen waren angstvoll geweitet, seine Nüstern blähten sich. Irgendetwas hatte ihn zu Tode erschreckt. Der Hufschmied ging etwas weiter auf Abstand, was zu helfen schien.

»Er mag keine Männer, so viel steht schon mal fest«, sagte Lisa und spannte den Arm an, um Shocks auf dem Boden zu halten.

Hier zeigten sich offenkundig die Folgen seiner schlimmen Erfahrungen. Warum sonst sollte er so schreckliche Angst haben, wenn ein Mann ihm nahekam?

Lisa drehte sich vor Wut der Magen um, wenn sie daran dachte, wie grausam man ihn behandelt haben musste.

Sie kam zu dem Schluss, dass die beste Behandlung für Schocks darin bestand, einfach in Ruhe gelassen zu werden. Sie erinnerte sich an einen Spruch, den sie einmal von einer Freundin gehört hatte: »Die Liebe ist wie ein Schmetterling. Je mehr du ihm nachjagst, desto schwerer ist er einzufangen. Doch wenn du deine Aufmerksamkeit auf andere Dinge richtest, kommt er angeflattert und lässt sich sanft auf deiner Schulter nieder.«

Sie fand, das galt für die meisten Dinge im Leben – einschließlich ihrer geliebten Esel.

Je mehr sie Shocks sich selbst überließ, desto mehr interessierte ihn, was Lisa machte. Sie teilte ihre Zeit zwischen all den verschiedenen Weiden und Koppeln auf, aber um zehn Uhr vormittags, gleich nach ihrer morgendlichen Tasse Tee, widmete sie sich immer den irischen Jungs.

Beladen mit Äpfeln und Möhren und manchmal mit Leckerlis wie Ingwerkeksen und Minzkringeln (den Lieblingsnaschis der Esel) ging sie auf die Weide, verteilte einige Streicheleinheiten unter den frechen Rackern oder kraulte sie ausgiebig hinter den Ohren. Es war nicht ungewöhnlich, dass ein Fanclub von mindestens zwanzig Eseln hinter ihr hertrottete, die alle um ihre Aufmerksamkeit wetteiferten.

Shocks gesellte sich natürlich nicht dazu, aber nach einigen Wochen bemerkte Lisa, dass er das Treiben mit sehnsüchtigem Blick verfolgte – so als würde er gern mitmachen, wüsste aber nicht genau, wie.

Es ging auf Weihnachten zu, als Lisa ein kleines Wunder erlebte. Sie stand auf der Weide und wurde wie üblich von allen Seiten bedrängt. Für einen Moment nahm sie die Brille ab, weil die Gläser durch ihren warmen Atem in der eiskalten Luft beschlagen waren. Als sie sich umdrehte, stand Shocks ganz ruhig in ihrer Nähe – mit gesenkten Lidern, so als wäre er zu schüchtern, um sie anzusehen.

»Hallo, mein Junge«, lächelte sie. Lisa schob die Hand in ihre Fleecejacke und zog einen Ingwernusskeks heraus.

»Hier hast du was Feines«, sagte sie und streckte die Handfläche aus.

Shocks' Augen leuchteten auf. Er musterte das Leckerli einen Moment lang, als fragte er sich, ob es sicher sei, es zu nehmen oder nicht.

Lisa wartete geduldig, bis Shocks all seinen Mut zusammennahm und ein paar Schritte näher kam. Er spitzte das Maul und saugte den Keks in einem einzigen Rutsch auf.

Kichernd wischte Lisa sich die Hand an der Hose ab.

Endlich, dachte sie. Es war das Zeichen, auf das sie gewartet hatte.

Sobald sie einen Augenblick Zeit fand, griff Lisa zum Telefon und wählte die Nummer des eselgestützten Therapiezentrums in Birmingham.

Sie musste mit Amber Brennan sprechen, einer der Hauptreitlehrerinnen an dem Zentrum, das Reittherapie für Kinder mit besonderem Förderbedarf anbot.

Sie waren seit Jahren befreundet, und Lisa wusste, Shocks war genau das, was Amber suchte – ein großer, kräftiger Esel, den zu zähmen aber auch eine gewisse Herausforderung darstellte.

Die Tatsache, dass Shocks gefallen wollte, dass er sich mit ihr anfreunden wollte, war für Lisa Beweis genug, dass er das Potenzial hatte, um ein Reitesel zu werden. Und in den vielen Jahren, die sie als »Talentsucherin« tätig war, hatte sie sich bisher noch nie geirrt.

Als Amber von Shocks hörte, war ihre Neugier geweckt. Sie

betreute einundzwanzig Esel auf dem Hof in Birmingham; fünfzehn davon waren fertig ausgebildete Reitesel. Sie war immer auf der Suche nach einem neuen Mitglied für ihr Team, aber nur wenige schafften den Sprung. Von daher war es schon eine große Ehre für Shocks, in die engere Wahl genommen zu werden – auch wenn er nichts davon wusste.

Amber fuhr nach Devon, sobald sie sich freimachen konnte. Ein Besuch auf der Woods Farm war immer ein Vergnügen für die Mittdreißigerin, weil der Hof so schön gelegen war – inmitten weiter Felder in der traumhaften Hügellandschaft von Devon.

»Hallo!« Amber winkte Lisa fröhlich zu, als sie auf den Parkplatz fuhr.

Es war eine Weile her, seit die Freundinnen sich zuletzt gesehen hatten. Mit ihrer Körpergröße von 1,73 Meter überragte Amber Lisa um ein gutes Stück. Ihr elfenhaftes, pflaumenfarbenes Haar war kurz geschnitten, mit Seitenscheitel und schrägem Pony.

Lisa stemmte die Hände in die Hüften und blinzelte im hellen Sonnenschein.

»Ich habe den perfekten Esel für dich.« Lisa kam gleich zur Sache, als Amber aus dem Auto gestiegen war. »Ich weiß ja, dass du Herausforderungen liebst«, neckte sie ihre Freundin.

Amber lachte lauthals los. Sie hatte eine offene, ungezwungene Art und war bei allen Kindern, die sie im Therapiezentrum unterrichtete, äußerst beliebt.

Lisa und Amber beschritten den Weg zu der großen Koppel, auf der alle irischen Esel zusammen gehalten wurden. Die beiden lehnten sich über den Zaun und schauten über das grasbedeckte Feld. Shocks fiel sofort ins Auge, weil er ganz allein in der Ecke stand.

»Das da ist Shocks«, sagte Lisa und deutete auf den Einzelgänger.

Ambers Herz schmolz.

»Den will ich«, waren ihre ersten Worte.

Lisa grinste. Sie hatte gewusst, dass Amber ihn mögen würde.

»Er ist ein echt solider, großer Klotz. Ein richtiger Pfundskerl, oder?«, fragte sie in ihrem weichen Devon-Akzent.

»Er ist perfekt.« Amber konnte die Augen nicht von Shocks lassen.

Die Tatsache, dass Shocks ein Loner war, machte ihn paradoxerweise perfekt für die anstehende Aufgabe. Wenn er viele Freunde in Devon gefunden hätte, hätte Lisa ihn nicht gehen lassen dürfen, weil Esel in einen Schockzustand geraten können, wenn sie von ihren besten Freunden getrennt werden. Der offizielle Begriff für diesen lebensbedrohlichen Zustand ist Hyperlipidämie. Bei den Mitarbeitern der Eselhilfe läuft die Krankheit allerdings eher unter dem Ausdruck »an gebrochenem Herzen sterben«.

»Du weißt, das wird dich Extraarbeit kosten. Ich glaube nicht, dass hier schnelle Erfolge zu erwarten sind«, sagte Lisa warnend zu Amber.

Amber lächelte wissend. Es mochte einige Zeit dauern, aber sie hatte ein gutes Gefühl bei dieser Sache.

Shocks war ein aufgehender Stern.

Im Galopp zur Genesung

Heartlands Hospital, Birmingham, Juni 2010

»Na, wie soll Zwilling B denn nun heißen?«, scherzte die Schwester, als Tracy nach ihren Babys sah.

Die Frage war zu einer Art Running Gag im Krankenhaus geworden, weil seit der Geburt bereits mehrere Wochen vergangen waren und »Zwilling B« im End-Inkubator noch immer keinen Namen hatte.

Die Wahrheit war, dass Tracy nie gedacht hätte, dass sie es bis hierher schaffen würde. Hope hatte inzwischen eine normale rosa Farbe angenommen, und Zwilling B entwickelte sich im Raketentempo. Tracy spähte in den Brutkasten, bereit, sich inspirieren zu lassen.

Zwilling B schlief unter einer blauen Lampe, die vor Gelbsucht schützen sollte. Darunter leiden viele Neugeborene – ihre Haut wird gelb, wenn ein Stoff namens Bilirubin sich schneller aufbaut, als ihr Körper ihn aufspalten kann. Die Kleine war in etwas eingewickelt, das aussah wie Kaugummipapier und sie warm halten sollte – wie ein tolles kleines Geschenk. Eine winzige Augenmaske schützte sie vor dem hellen Licht.

Um sie herum erscholl ein Chor von Pieptönen: ein Piepton für den Herzschlag, ein weiterer für den Sauerstoffgehalt im Blut, für den Blutdruck, die Temperatur, die Atmungsrate. Tracy konnte bei dem Lärm nicht denken.

»Möchten Sie sie auf den Arm nehmen?«, fragte die Schwester und wühlte sich durch das Spaghettigewirr der Kabel und Schläuche, die Tracys Tochter mit einigen der Geräte verbanden.

Tracy formte die Arme zur Hängematte für ihr Mädchen. Sie war klein, verströmte aber eine solche Wärme, dass Tracy sich fühlte wie bei einem heißen Bad.

Ihre Augen füllten sich mit Tränen.

Du warst noch nicht bereit zu kommen, du solltest noch gar nicht hier sein, dachte sie, während sie auf das Beatmungsgerät starrte, das immer noch Leben in ihre Tochter pumpte.

Sie schaute einen Moment lang auf den Laminatboden, um die Tränen wegzublinzeln. Tracy wollte keine Tränen auf ihr Baby regnen lassen. Sie durfte sich nicht von ihren Gefühlen überwältigen lassen, andernfalls würde der starke Schutzwall, den sie aufgebaut hatte, in sich zusammenbrechen.

Ein Wort tanzte ihr auf den Lippen.

»Amber«, flüsterte sie. Es fühlte sich richtig an. »Hallo, Amber.« Sie beugte sich herunter und begrüßte den neuen Namen mit einem Kuss.

»Warum Amber?«, fragte die Schwester. Die Betreuung auf der Neonatalstation war so intensiv, dass man das Gefühl hatte, die Schwestern hätten auch im Hinterkopf Augen.

»Weil ich glaube, dass sie nach ihrer Mutter kommt und auch so rotes Haar kriegt wie ich.« Tracy schaute unter ihrem rotbraunen Pony hoch.

»Hope und Amber: Das klingt gut zusammen.«

Tracy strahlte.

Julian fand den Namen toll, und zum ersten Mal seit Wochen hatten sie das Gefühl, dass die dunklen Wolken sich lichteten.

Tracy war am Tag nach der Geburt in ihr kleines Dreizimmerhäuschen zurückgekehrt. Sie fühlte sich einfach mehr wie

ein Mensch, wenn sie sich in ihren eigenen vier Wänden aufhielt und nachts neben Julian lag, als wenn sie im Krankenhaus
schlief.

Bald verlief jeder Tag nach dem gleichen Muster.

Julian fuhr direkt nach der Arbeit ins Krankenhaus. Zuerst
drückte er den Summer am Eingang zur Neonatalstation. Die
Tür führte in einen kleinen Raum, der von oben bis unten mit
Schließfächern gefüllt war. Julian zog sein schmutziges Zeug
aus, das voller Staub vom Teppichverlegen war, wechselte die
Kleidung und legte eine der schützenden Plastikschürzen dar-
über. Häufig war Tracy bereits da, hing an einer der Pumpen, die
Muttermilch für die Babys absaugten.

Als Nächstes kam das knirschende Geräusch des Handgel-
Gerätes. Julian verabscheute dieses Geräusch aus tiefstem Herzen. Es ging ihm durch und durch, wie das unangenehme Krat-
zen von Fingernägeln auf einer Kreidetafel. Aus irgendeinem
Grund ertappte er sich jedes Mal dabei, wie er wieder nach oben
auf das Schild blickte, auf dem Schritt für Schritt erklärt wurde,
wie man sich die Hände zu waschen hatte – obwohl er es schon
zig Mal gemacht hatte.

Dann setzte Julian sich zu dem einen Mädchen, Tracy zum
anderen.

»Alles okay? Was ist über Nacht passiert?«, waren die ersten
Fragen, die sie täglich stellten. Die Schwestern spulten dann regelmäßig eine Liste mit Details herunter – vom Windelwechseln
bis hin zum Waschen der Babys.

Es war ein bisschen wie bei *Täglich grüßt das Murmeltier*, aber
Julian und Tracy fanden die gleichbleibende Routine auf seltsame Weise tröstlich.

Solange es keine Abweichungen vom gewohnten Muster gab,
war alles in Ordnung, was das Wohl der Zwillinge betraf. Julian

und Tracy taten ihr Bestes, um keine Erwartungen zu haben. Jeder Tag mit Hope und Amber war ein Geschenk.

Sie wollten nicht über ernste Themen wie die Zukunft reden, weil einfach zu ungewiss war, ob ihre Geschichte ein glückliches Ende nehmen würde. Stattdessen fanden sie Trost in der kleinen Gemeinschaft, die sich auf der Neonatalstation entwickelte. Das Pflegepersonal wurde ebenso wie die anderen Eltern zu einem Kreis vertrauter Freunde, die immer ein offenes Ohr hatten und für einen Erfahrungsaustausch bereitstanden. Das Wissen, nicht allein zu sein, hatte eine therapeutische Wirkung auf Julian und Tracy.

Auch wenn sie sich nicht mit den anderen Eltern unterhielten, war es beruhigend, sie jeden Tag zu sehen. Manchmal wechselten sie nur einen Blick oder nickten sich einfach zu, aber es reichte aus, um den Schmerz und die Angst, die innerlich an ihnen nagten, zu lindern.

Ein Mann war immer da, seit Hope und Amber auf die Station gekommen waren. Sie hatten noch kein einziges Wort mit ihm geredet – er wirkte häufig, als wäre er Welten entfernt. Julian zog den Schluss, dass er bestimmt ein Moslem war, weil er stundenlang am Inkubator saß und arabische Gebete murmelte. Manchmal weinte er, was ein herzzerreißender Anblick war.

So wie in jeder Gemeinschaft hatten alle ein Auge aufeinander. Wenn Julian oder Tracy auf die Neonatalstation kamen und sahen, dass eines der anderen Kinder nicht mehr da war, fuhr ihnen der Schreck in die Glieder.

»Was ist passiert?«, flüsterte Tracy in Julians Ohr, als sie eines Morgens einen leeren Inkubator sah. Ihr Magen verkrampfte sich bei dem Gedanken, dass ein kleines Leben ausgehaucht war. Auch wenn ihre Hauptsorge Hope und Amber galt, saßen sie hier alle in einem Boot.

»Warte hier.« Julian ging los, um Nachforschungen anzustellen.

Er fühlte sich nicht wohl dabei, die Schwestern zu fragen, ob das Baby gestorben war, deshalb schlüpfte er aus dem Raum, um die Weißwandtafel zu überprüfen. Über dem Schreibtisch der Schwestern hing eine Liste mit den Namen aller Babys. Während er die Liste überflog, wünschte er sich inständig, dass Baby Josephine noch am Leben war.

Erleichterung. Da stand ihr Name, man hatte sie nur verlegt.

Die Neugeborenen wurden durch ein System von drei Stationen geschleust, wenn es ihnen allmählich besser ging. Die Intensivstation für Früh- und Neugeborene war die Startlinie, dann folgte die Intensivüberwachungsstation. Am Ende stand die Übergangspflegestation, auf die das Baby kam, bevor es nach Hause durfte. Diese Station gab den Eltern die Möglichkeit, sich selbst um die Babys zu kümmern, sie zu füttern und ihnen die Windeln zu wechseln und sich doch gleichzeitig jederzeit an das Pflegepersonal wenden zu können. Von der Entfernung her waren es nur ein paar Meter bis zum Ziel, aber was die Entwicklung des Säuglings betraf, war es ein Quantensprung.

Julian und Tracy konnten es kaum glauben, als die Ärzte verkündeten, dass Amber bereit sei, auf die nächste Station zu wechseln – sie ließ ihre Schwester Hope hinter sich. Mit den Fortschritten der beiden war es wie bei einem Autorennen: Die Zwillinge lagen Kopf an Kopf, dann gewann die eine einen kleinen Vorsprung, bis die andere die Führung übernahm. Es ergab Sinn, dass es sich dabei um Amber handelte. Schließlich hatten die Komplikationen während der Schwangerschaft in erster Linie Hope betroffen.

Man würde Amber das Beatmungsgerät abnehmen und sie

an ein sogenanntes CPAP-Gerät anschließen. Ein weiterer rätselhafter Begriff für die Austwicks. In den letzten Wochen hatten sie sich durch medizinische Fachbegriffe regelrecht erschlagen gefühlt.

»Das CPAP-Gerät hilft Amber beim Atmen«, erklärte die Schwester. »Luft strömt durch eine Maske herein, bläst die Lunge Ihres Babys behutsam auf und hilft, sie offen zu halten.«

Julian und Tracy sahen einander verwirrt an.

Die Schwester lächelte ermutigend. »Das ist eine positive Entwicklung«, sagte sie.

Julian und Tracy folgten Ambers Inkubator, der in den anliegenden Raum geschoben wurde.

»Da kommst du auch bald hin«, flüsterte Tracy, als sie an Hopes Inkubator vorbeigingen.

Doch ihre Hoffnungen wurden ebenso schnell zerschlagen, wie sie geweckt worden waren. Ambers Auszug aus der Intensivstation währte nicht einmal einen Tag. Und sie kehrte nie wieder auf die Übergangspflegestation zurück.

Die Ärzte mussten Julian und Tracy gar nicht sagen, dass etwas nicht stimmte – sie hörten jedes Mal, wenn ihr Baby ein- und ausatmete, ein schreckliches Pfeifen.

»Man nennt es Stridor«, erklärte der Arzt das Geräusch.

Jedes Problem beim Atmen bedeutete, dass Amber wieder an das Beatmungsgerät, wieder auf die Intensivstation musste. Julian und Tracy waren erleichtert, dass ihr Baby noch lebte, und hofften, dass es sich schnell erholen würde. Aber die Probleme fingen gerade erst an.

Am folgenden Tag hielt Tracy gerade die kleine Hope im Arm, als die Maschinen ganz plötzlich Alarm schlugen.

Piep! Piep! Piep!

Ein halbes Dutzend Schwestern eilte herbei, baute eine

menschliche Wand vor Ambers Inkubator auf. Tracy wusste nicht, was sie tun sollte.

»Was ist los?«, fragte sie und versuchte, Hope zurückzulegen.

Eine andere Mutter im Raum sah in blankem Entsetzen zu ihnen herüber, als ob es um ihre eigene Tochter ginge.

Zum Glück verstummte der Alarm so plötzlich, wie er angeschlagen hatte. Eine rumänische Assistenzärztin namens Irena hatte eine harmlose Erklärung für das Drama.

»Amber hat das Beatmungsgerät herausgezogen, das tun Säuglinge ständig«, sagte sie beruhigend zu Tracy. Wie sich herausstellte, hatte Amber ihre Schläuche schon wiederholt herausgezogen. Aus irgendeinem Grund war es schwierig, das Beatmungsgerät wieder anzuschließen, aber Irena hatte die Sache glücklicherweise in den Griff bekommen.

»Es ist, als würde man auf einem Pulverfass leben«, sagte Tracy später am Tag gegenüber Julian. »Sobald du denkst, dass du aus dem Gröbsten raus bist, kommst du vom Regen …«

»… in die Traufe«, beendete Julian Tracys Satz. Es war eine Angewohnheit der beiden, den Gedanken des jeweils anderen zu Ende zu führen.

Tracy fiel das Einschlafen an diesem Abend schwerer als sonst. Sie hatte das Gefühl, dass die Zeichen auf Sturm standen. Unruhig warf sie sich im Bett hin und her. Sie starrte auf die Leuchtziffern des Weckers neben ihrem Bett, und ihre Anspannung wuchs von Minute zu Minute.

Das Telefon schrillte. Es war zwei Uhr morgens.

Tracy war zu Tode erschrocken. Julian saß kerzengerade im Bett.

Sie erkannten die Nummer. Es war dieselbe, die sie jeden Morgen als Erstes wählten, um zu hören, ob alles in Ordnung war.

»Hallo?«, fragte Julian zaghaft.

»Hi, hier ist Jess von der Neonatalstation.«

Julian rutschte das Herz in die Hose. Aus dem Tiefschlaf gerissen, war er jetzt von einer Nanosekunde zur anderen hellwach. *Das können nur schlechte Nachrichten sein.*

»Amber hat sich das Beatmungsgerät wieder abgezogen, und wir haben Schwierigkeiten, den Schlauch wieder einzuführen«, sagte sie.

Er konnte die Besorgnis in ihrer Stimme hören.

»Wir versuchen, Irena zu erreichen, damit sie uns hilft.« Eine lange Pause. »Aber es sieht nicht gut aus. Vielleicht sollten Sie beide ins Krankenhaus kommen.«

»Ins Krankenhaus kommen«, wiederholte Julian. Er wusste, was das in Wahrheit bedeutete. Es war eine freundliche Umschreibung für: Es ist vorbei.

»Oh Gott, *nein*.« Tracy schlug die Hände vor den Mund.

Julian legte den Hörer auf, und beide warfen sich hastig die ersten Kleidungsstücke über, die ihnen in die Finger kamen.

Jeder Tag in den letzten sechs Wochen war eine Mischung aus Hochs und Tiefs gewesen, aber im Allgemeinen hatten sie gedacht: *Den Zwillingen geht es gut, es besteht eine Chance.* Dieser Augenblick änderte alles. Er zog ihnen den Boden unter den Füßen weg.

Sie sprangen praktisch in einem Satz die Treppe herunter, um so schnell wie möglich zu Amber zu kommen. Beide sagten sie kein Wort, als wüssten sie, dass das Reden es nur noch schlimmer machen würde. Die Wahrheit war, dass ihr Baby sterben würde, wenn die rumänische Assistenzärztin nicht rechtzeitig eintraf.

Sie fuhren gerade aus der Auffahrt, als das Klingeln von Julians Handy die Totenstille durchbrach.

»Hi, hier ist noch mal Jess.«

Julians Fuß lag wie ein Stein auf dem Bremspedal, während er auf die schlimme Nachricht wartete.

»Ich wollte Sie nur wissen lassen, dass Irena das Beatmungsgerät wieder angeschlossen hat.«

Julian stieß einen Seufzer der Erleichterung aus.

»Kein Grund mehr zur Panik. Wollen Sie trotzdem noch kommen?«, fragte sie.

Tracy hörte jedes Wort des Gesprächs durch die Stille der Nacht. Sie nickte heftig, um Julian zu bedeuten, dass sie ihr Baby unbedingt sehen wollte.

Amber schlief tief und fest, als sie eintrafen, und schien völlig unberührt von der ganzen Aufregung um sie.

»Du hast uns einen ganz schönen Schrecken eingejagt«, flüsterte Julian. Er blickte über den Inkubator zu Tracy, deren Hände zitterten. Die Adrenalinausschüttung hatte ihren Körper noch immer fest im Griff.

»Ist Irena da?«, erkundigte sich Julian nach der Ärztin, die seinem Mädchen das Leben gerettet hatte. Sie wollten ihr von ganzem Herzen danken, aber sie war gleich wieder ins Bett gegangen. Die Menschlichkeit, das Engagement, mit dem die Mitarbeiter sich für die Rettung der Säuglinge einsetzten, erfüllte die Austwicks mit Demut.

Obwohl jetzt wieder alles in Ordnung war, hatten Julian und Tracy Angst, ihre beiden Töchter zu verlassen. Der Schreck saß tief.

Und zwar so tief, dass keine echte Feierstimmung in ihnen aufkommen wollte, als Hope auf die Überwachungsstation umziehen durfte. Jetzt war *sie* es, die ihre Schwester hinter sich ließ, aber Julian und Tracy konnten nicht aufhören, an die zahllosen »Was, wenn …?«-Szenarien zu denken.

»Warum passiert das uns?«, fragte Tracy immer wieder.

Julian hatte – bis jetzt – nicht mit seinem Schicksal gehadert, denn was ihn anging, war es nun mal so, dass auch schlimme Dinge passierten – er war einfach dankbar für jeden Tag gewesen, den die Zwillinge erlebten.

Er fand es leichter, nicht über belastende Themen zu sprechen, und versuchte, eine heitere Stimmung zu bewahren. Wenn Tracy ein Problem hatte, war Julian immer bemüht, etwas Positives zu entdecken. Wenn es eine App für Optimismus gäbe, wäre sie bei Julian jeden Tag um ein paar Prozent angestiegen.

Doch der Schrecken mit Ambers Beatmungsgerät hatte einen Riss in Julians Rüstung hinterlassen. Er wusste es nur einfach nicht, bis er eines Nachmittags an einem Auftrag in Rugby arbeitete.

Er hatte seinen Job für diesen Tag erledigt und packte gerade sein Werkzeug in den Van. Da klingelte sein Handy – Tracy rief an.

»Was ist los?«, fragte er. Bei jedem Anruf dachte er sofort, dass es sich um einen Notfall handeln könnte.

»Alles in Ordnung«, beruhigte sie ihn. Sie plauderten ein bisschen, und dann rückte Tracy mit der Nachricht heraus. »Heute mussten wir alle den Raum verlassen …«, setzte sie an.

Julian wusste, dass etwas Schlimmes passiert sein musste, weil die Schwestern die Eltern nur zum Gehen aufforderten, wenn es ernst war.

»Du kennst doch diesen Mann, der immer betet …«

»Ja.« Julians Magen verkrampfte sich, er wusste sofort, von wem sie sprach. Von dem Vater, der von Anfang an mit ihnen auf der Station gewesen war.

»Sein Baby ist gestorben.«

Julian spürte eine Welle der Traurigkeit in sich aufsteigen. Er hatte in den letzten beiden Monaten kaum ein Wort mit diesem Mann gewechselt, dennoch hatten sie so vieles miteinander geteilt.

Aus irgendeinem Grund brachte ihn die Nachricht völlig aus der Fassung. Die ganzen Gefühle, die sich in den letzten Wochen angestaut hatten, stürmten auf ihn ein.

Julian brach am Straßenrand in Tränen aus.

Der Vater und sein Kind taten ihm unendlich leid.

Das hätte auch uns treffen können, musste er immer wieder denken. *Das hätte auch uns treffen können.*

Er schluchzte.

Freude und Verzweiflung

Birmingham, September 2010

»Was ist das?« Julian deutete auf eine winzige Glasfigurine auf Tracys Nachttisch. Sie war kaum daumengroß, sodass man sie um ein Haar übersah.

»Das ist ein Engel.« Tracy erklärte, dass sie ihn von ihrer Freundin Claire bekommen hatte, damit er über die Familie wachte und sie beschützte.

Weder Julian noch Tracy waren religiös. Doch es liegt wohl in der Natur des Menschen, dass er an etwas glauben möchte, wenn etwas Schlimmes geschieht. Oft wird man ein bisschen abergläubisch und hält sich an bestimmte Rituale, die eine Wendung zum Besseren bewirken sollen.

Julian achtete fortan sorgsam darauf, den Engel nicht von seinem Thron zu stoßen. Wenn er sich zufällig auf Tracys Seite des Schlafzimmers aufhielt, behielt er den Engel immer im Auge.

Das ist wirklich albern, schalt er sich selbst. Trotzdem – seit der Engel dort stand, war bei den Mädchen alles gut gelaufen, und sie waren jetzt schon – wie durch ein kleines Wunder – drei Monate alt. Hope stand kurz davor, auf die letzte Station verlegt zu werden, und bei Amber hatte es keine weiteren Notfälle gegeben.

Claire war eine von vielen Freunden und Freundinnen, die immer wieder nachfragten, wie es ihnen ging. Tracy und Julian fühlten sich ein bisschen schlecht, weil sie ihre Freunde vernachlässigten, aber seit der Geburt der Zwillinge hatten die Mädchen sie voll in Anspruch genommen. Die Eltern und Geschwister von Julian und Tracy lebten fast alle weiter entfernt. Tracys Eltern hatte es sogar bis an die spanische Costa Brava verschlagen. Debs war die Einzige, die nur ein paar Häuser weiter wohnte, und sie hatte die Zwillinge wann immer möglich besucht.

Debs war da, als Tracy zum ersten Mal die Känguru-Methode ausprobierte – eine Methode intensiven Hautkontakts, die die Bindung zwischen Eltern und Kind stärken soll.

»Das ist hinreißend«, kicherte Debbie, als Hope auf Tracys nackten Oberkörper geschnallt wurde – wie ein Kängurubaby im Beutel seiner Mama.

Tracy fühlte sich, als ob man sie in eine warme, kuschelige Wolldecke gehüllt hätte. Hopes kleiner Mund ging auf und zu, während sie eingelullt von der Wärme und dem Schnurren des mütterlichen Herzschlags allmählich einschlief.

Stich. Gewissensbiss.

Da war es wieder – dieses stechende Schuldgefühl, das ihr immer wieder zu schaffen machte. Tracy fühlte sich schuldig, weil sie diese Momente nicht auch mit Amber teilen konnte, weil ihre andere Tochter vier Räume entfernt lag, immer noch gefesselt an ein Beatmungsgerät.

»Ja, sie sieht zufrieden aus«, lächelte Tracy trotz ihrer Anspannung. Das Schuldgefühl war ein Geheimnis, über das sie nicht reden mochte.

Debbie hatte zu einem großen Teil die Mutterrolle in Tracys Leben übernommen. Zum einen, weil ihre Eltern im Ausland lebten, aber vor allem, weil Debs immer für Tracy da gewesen war, als sie klein waren. Ihre Mutter hatte ein Alkoholproblem, und die Kinder blieben oft sich selbst überlassen. Diese Erfahrung hatte dazu geführt, dass Tracy eine harte Schale entwickelt hatte: Es fiel ihr schwer, ihre Gefühle zu zeigen. Sie konnte unmöglich mit Debs über ihre Ängste sprechen.

Auf den ersten Blick hätte man die beiden nicht für Schwestern gehalten. Debbie hatte lange, dunkle Haare und einen südländischen Teint, während Tracy blass und sommersprossig war und rotes Haar hatte. Die Körpergröße verriet sie allerdings, weil sie beide etwas kleiner geraten waren: Tracy maß 1,51 Meter, und Debs war mit 1,54 Meter auch nicht viel größer.

Debbie strich sanft über Hopes Wange. Hope war jetzt drei Monate alt und fast doppelt so groß wie Amber.

»Wissen die Ärzte, warum Amber Probleme mit dem eigenständigen Atmen hat?«, fragte Debbie. Debs war viel direkter als Tracy.

Das Gespräch machte Tracy nervös. Seit Amber ihr Beatmungsgerät mitten in der Nacht herausgezogen hatte, stand diese Frage im Raum. Auf die Antwort mussten sie allerdings nicht mehr lange warten. Einige Tage später wurde Amber mit dem Krankenwagen ins Kinderkrankenhaus auf der anderen Seite von Birmingham gebracht.

»Sie hat einen Stridor, das heißt, sie macht pfeifende Atemgeräusche. Etwas blockiert ihre Luftwege. Das müssen wir näher untersuchen«, erklärte der Arzt.

Man wollte einen Ballon in Ambers Luftröhre einführen und versuchen, sie zu weiten.

Für Tracy und Julian bedeutete das weitere Untersuchungen, weitere medizinische Fachausdrücke, weitere Behandlungsverfahren, die sie verarbeiten mussten.

Sie warteten nervös im Heartlands auf die Rückkehr ihres Babys. Julian war zappelig wie ein Frosch, der zwischen Seerosenblättern hin und her springt – er konnte nicht still sitzen. Alle zwanzig Minuten ging er nach draußen zum Haupteingang und beobachtete die Ein- und Ausfahrt der Krankenwagen.

»Komm schon, Amber, sei in diesem Krankenwagen«, murmelte er leise. Die Ungewissheit machte ihn fertig.

Vier Stunden später kehrte Amber auf die Neonatologiestation zurück. Tracy und Julian wurden in den Familienraum nebenan geführt. Die Wände waren in einer käsigen Farbe gestrichen und mit Bildern von verwaschenen Küstenlandschaften dekoriert. Das Hin- und Herschieben der Stühle hatte Schleifspuren und abgeschrammte Stellen hinterlassen. Es sah alles ein bisschen abgenutzt aus, ganz so, wie Tracy und Julian sich fühlten.

Julian beugte sich auf seinem Stuhl nach vorn, als ob er näher an die Informationen herankommen wollte, die der Arzt für sie hatte, und dadurch vielleicht auch die fremden Begriffe besser verstehen würde.

»Wir haben die Luftröhre dilatiert«, erklärte der Arzt.

Tracy griff nach Julians Hand.

»Aber ich fürchte, wir waren nicht erfolgreich«, seufzte er.

Ambers Luftröhre hatte sich gleich nach der Ausweitung wieder zusammengezogen. Plötzlich ergab alles einen Sinn. Deshalb hatten die Schwestern solche Schwierigkeiten gehabt, das Beatmungsgerät wieder einzuführen – die Luftröhre war zu klein und zu eng.

Aber sie ist immer noch am Leben, dachte Julian. Egal, wie kaltherzig das klingen mochte, es war das Erste, was ihm in den Sinn kam – *sie ist immer noch am Leben, das ist die Hauptsache.*

»Und was jetzt?«, fragte Tracy.

Sie würden Ambers Atmung weiter überwachen müssen und dann je nach Befundlage neu entscheiden. Julian und Tracy hatten keine Ahnung, wo »nach Befundlage« hinführen konnte. Die vergangenen drei Monate waren für sie wie ein Blizzard an medizinischen Fachausdrücken gewesen, die größtenteils über ihren Horizont gingen.

Was sie jedoch wussten, war, dass Hope kurz davorstand, nach Hause entlassen zu werden, während Amber sich immer noch auf der Intensivstation befand. Tracy hatte die eine Tochter gestillt und die andere kaum einmal im Arm gehalten.

Doch was auch immer bisher geschehen war, war nichts im Vergleich zu dem, was sie erwartete. In der Nacht des 13. September 2010 sollte sich ihr Leben für immer verändern.

Julian und Tracy waren zu Hause, als der Anruf kam. Amber war mit Blaulicht ins Kinderkrankenhaus gebracht worden, weil die Ärzte sich große Sorgen wegen ihrer Atmung machten.

Also hieß es wieder einmal ins Auto, Fuß aufs Pedal und mit hundert Sachen durch die Stadt, um so schnell wie möglich an Ambers Seite zu sein.

Julian und Tracy wurden in einen weiteren weiß getünchten, steril riechenden Raum geführt.

»Nehmen Sie sich doch bitte einen Tee oder Kaffee«, sagte die Schwester und deutete auf den Tassen- und Untertellerturm in der Ecke. Tracy nahm die Filterkanne und goss sich einen Kaffee ein, der aussah, als brodelte er bereits seit Stunden vor sich hin. Wäre sie nicht ohnehin schon hellwach gewesen, hätte das Gebräu sie schlagartig wach gerüttelt.

Und wieder einmal ging es Stopp, Start, Stopp und wieder Start.

Ein Chirurg mit schwarz umrandeter Brille glitt in den Raum. Er sah aus, als wäre er rund um die Uhr auf den Beinen gewesen – das Wort *Stress* stand ihm quasi auf die Stirn geschrieben. Er sprach ruhig, aber bestimmt.

»Wir müssen Amber operieren«, erklärte er.

Julian und Tracy hörten angespannt zu.

»Ich sehe hier, dass man bei Amber eine Ballon-Dilatation der Luftröhre vorgenommen hat«, sagte er mit einem Blick auf seine Notizen. Er befeuchtete den Daumen und blätterte die Seite um.

»Äh, ja, das stimmt«, antworteten sie einstimmig in ihrem leichten Birminghamer Dialekt.

»Wir werden das erneut versuchen, aber wenn das nicht funktioniert, wird sie wohl mit einem Tracheostoma zurückkommen«, fuhr der Chirurg fort.

»Tracheostoma? Was ist das?«, fragten sie, überfordert vom medizinischen Jargon.

»Das ist ein künstlicher Luftweg.«

Was den Austwicks wiederum nicht das Geringste sagte.

»Aha, okay«, nickten sie.

Es ging alles so schnell, war alles so verwirrend. Der Arzt schlüpfte aus dem Raum, und Julian und Tracy blieben allein mit ihren Fragen zurück.

»Na ja, Amber lebt, und das ist alles, was zählt«, konstatierte Julian. Tracy nickte, sie wollte ihr Mädchen einfach nur gesund zurück.

Es wurde eine lange Nacht. Julian stützte den Kopf mit den Händen ab, während Tracy immer wieder aufstand, um sich Kaffee nachzuschenken. Die harten Stühle gruben sich in ihre Rücken, erinnerten sie daran, wie unbehaglich sie sich fühlten.

Tick Tick Tick machten die Zeiger der Uhr über der Tür.

Tracy hätte sie am liebsten angeschrien, dass sie still sein sollen. Stattdessen unterdrückte sie ihren Ärger, ihre Frustration und ihre Schuldgefühle.

Um 21 Uhr hatten sie noch immer nichts gehört. Es gab keine Übernachtungsmöglichkeit im Krankenhaus, deshalb bestand die Schwester darauf, dass sie nach Hause fuhren.

»Sie können hier nichts tun. Wir rufen Sie an, wenn wir mehr wissen.« Die Schwester begleitete sie zur Tür des Familienraums.

Sie folgten der Anweisung und fuhren nach Hause, aber sie taten beide kein Auge zu – wie auch? Julian saß aufrecht im Bett und blätterte durch seine riesige Comics-Sammlung, während Tracy zu einem Ball gerollt auf der Seite lag. Sie blickte auf den kleinen Engel, der auf sie heruntersah.

»Bitte mach, dass Amber okay ist«, betete sie im Stillen.

Draußen wurde der warme Schein der Laternen schließlich von einem herbstlichen Sonnenaufgang abgelöst. Tracy sprang aus dem Bett und wollte unbedingt los. So hatte sie sich schon die ganze Nacht gefühlt – wie ein Rennpferd, das auf den Startschuss wartet. Sie beschlossen, sich aufzuteilen: Julian würde mit dem Taxi ins Heartlands fahren, um bei Hope nach dem Rechten zu schauen, während Tracy ans andere Ende von Birmingham fahren würde, um sich nach Amber zu erkundigen. Sie hatten immer noch nichts vom Krankenhaus gehört. Tracy brach – einmal mehr – ins Ungewisse auf.

Debbie wartete bereits im Kinderkrankenhaus, als Tracy auf der Intensivstation eintraf.

»Bist du okay?«, fragte sie vorsichtig.

»Ja, alles in Ordnung«, log Tracy.

Debs zog die Augenbraue hoch, als ob sie sagen wollte: *Wirklich?*, hielt es aber für das Beste, ihre Schwester im Moment in Ruhe zu lassen.

Kurz darauf kamen die Ärzte, um mit ihnen zu sprechen – und sie hatten schlimme Nachrichten. Es war notwendig gewesen, Amber schnellstens in den OP zu bringen und eine Tracheotomie durchzuführen. Tracy hatte gewusst, dass diese Möglichkeit im Raum stand, aber sie hatte die ganze Nacht darum gebetet, dass ihrer Tochter die Operation erspart bleiben möge.

Tracy hatte keine Ahnung, was sie erwartete. Als sie den Korridor entlanggingen, griff sie nach Debbies Arm, als ahnte sie, dass ihnen etwas Furchtbares bevorstand.

»Es wird schon alles gut sein, oder?«, wandte sie sich flehentlich an ihre Schwester. Sie war ganz zittrig vor Aufregung.

»Ja, alles wird gut.« Jetzt war Debbie mit dem Lügen an der Reihe.

Sie wappneten sich beide für das, was sie erwartete. Die Schwestern führten sie durch die Doppeltüren in die Intensivstation.

Es war grauenvoll – ein Dschungel aus Maschinen, Kabeln, Piepstönen und hektisch herumlaufenden Schwestern. Tracy musste das alles ausblenden und mit einer Art Tunnelblick auf Ambers Bett zusteuern – anders konnte sie nicht damit umgehen. Als sie sich ihrem Baby näherte, schnappte sie entsetzt nach Luft.

Tracy wandte sich ab, bedeckte die Augen mit der Hand.

»Es ist okay.« Debbie zog sie zurück.

Ganz langsam drehte sie den Kopf um. Nahm einen Finger nach dem anderen von den Augen. Gewöhnte sich ganz langsam an den herzzerreißenden Anblick.

Amber war kaum wiederzuerkennen. Ihr Gesicht war geschwollen, mit blauen Flecken übersät und halb verdeckt von einem großen Schlauch, der aus ihrem Hals ragte. Blut und Eiter sickerten aus dem Loch, das man in ihre Luftröhre geschnitten hatte.

»Was um alles in der Welt haben sie mit dir gemacht?« Tracy brach in Tränen aus.

»Es wird alles gut, es wird alles gut«, versuchte Debbie, ihre Schwester zu beruhigen.

Aber Tracy war untröstlich.

Sie simste Julian, dass er sofort ins Kinderkrankenhaus kommen sollte.

Ist sie okay?, schrieb Julian zurück.

Ja. Man hat sie operiert. Es geht ihr gut, antwortete Tracy.

Kurze, knappe Antworten. Sie brauchte ihren Mann jetzt mehr denn je an ihrer Seite.

Die Vorschrift lautete, dass immer nur zwei Besucher in der Intensivstation sein durften, deshalb ging Debbie nach nebenan in den Warteraum, um Julian in Empfang zu nehmen. Ihr Gesicht sagte mehr als tausend Worte.

»Erschrick nicht allzu sehr«, sagte sie und nahm Julian in den Arm.

Erschrick nicht allzu sehr. Ihre Worte hatten den gegenteiligen Effekt: Jetzt befürchtete Julian das Schlimmste.

»Ich glaube, Tracy ist ein bisschen …« Debbie hielt einen Moment inne, auf der Suche nach den richtigen Worten. »… Tracy ist ein bisschen schockiert.«

Julian wusste, das war ein Codewort für »am Boden zerstört«. Er musste seine Kampfrüstung überwerfen und sich dafür wappnen, was ihn erwartete.

Jetzt war er es, der zittrig vor Aufregung den langen Flur zur Intensivstation entlangging.

»Grrrrrr«, das vertraute knirschende Geräusch des Gelspenders. Er verrieb die Flüssigkeit zwischen den Handflächen und drückte die Doppeltüren auf.

Das Erste, was Julian auffiel, war die Größe der Station. Er hatte sich an die familiäre Atmosphäre der Neonatologie im Heartlands mit ihren sechs Inkubatoren und den vertrauten Gesichtern des Pflegepersonals gewöhnt. Tracy hatte alles um sich herum ausgeblendet, als sie hereingekommen war, aber Julian sah sich um, suchte nach Antworten in seiner Umgebung.

Hier herrschte allerdings so viel Betrieb, dass keine einzige Antwort kam.

Es war herzzerreißend, all diese kranken Kinder zu sehen, darunter auch viele ältere, die hilflos und von oben bis unten mit Schläuchen gespickt in diesem einzigen Raum lagen. Er konnte Amber in diesem Meer kranker Kinder gar nicht entdecken. Schließlich erspähte er Tracy, die sich über Ambers Bettchen beugte. Tracy hatte ihn auch entdeckt und zwang sich mit zusammengepressten Lippen zu einem kleinen Lächeln.

»Hi, Liebes.« Er drückte ihre Schulter.

Es war gut, dass er über Tracy stand, weil er so die Tränen verbergen konnte, die ihm über die Wangen rollten.

Oh mein Gott, dachte er.

Das Geräusch war fast noch schlimmer als die Wunde. Ein furchtbares Röcheln, wie bei einem alten Mann, der sein Leben lang Kette geraucht hat und um Luft ringt – nur dass dieses Atemgeräusch von seinem Baby kam. Zusammen mit dem Ploppen des Beatmungsgeräts, das Luft in ihren Hals pumpte, war es einfach grauenvoll.

Ambers Augen waren geschlossen und sahen aus, als wären sie in ihr kleines geschwollenes Gesichtchen gefaltet.

Obwohl Julian den Ärzten dankbar war, dass sie Ambers Leben gerettet hatten, brach es ihm das Herz, sie so zu sehen.

»Ist sie in Ordnung?«, fragte er eine Schwester, die in der Nähe stand.

»Ja, die Operation war erfolgreich. Wir müssen jetzt nur warten, bis die Schwellung abklingt«, erklärte sie und überprüfte Ambers Messwerte.

Julian wollte um Tracys willen stark sein, doch am liebsten hätte er laut geschluchzt. Aber die Tränen kamen auch so. Bei den Worten der Schwester liefen sie still über sein Gesicht.

Er hatte keine Ahnung, wie es jetzt weiterging. Würde Amber für immer so bleiben? Würde sie überhaupt je in der Lage sein, das Krankenhaus zu verlassen? Julian fühlte sich von seinen Gefühlen so überwältigt, dass er nach draußen gehen und etwas frische Luft schöpfen musste.

Auf dem Weg dorthin fing Debbie ihn ab. Sie griff nach seinem Arm – Julian stand völlig neben sich.

»Alles in Ordnung mit dir?«, fragte sie teilnahmsvoll.

»Ich … ich … kann es nicht ertragen, sie so zu sehen«, sagte er und wischte sich die Tränen mit dem Hemdsärmel ab.

Der ganze Morgen war ein einziges Drama gewesen. Julian hatte nicht einmal die Möglichkeit gehabt, Tracy zu sagen, dass Hope das Krankenhaus endlich verlassen durfte. Wie konnten Freude und Verzweiflung nur so dicht beieinanderliegen? Eines ihrer Babys kam nach Hause, und das andere befand sich in diesem schrecklichen Zustand. Julian konnte es einfach nicht begreifen.

Er fuhr sich mit den Händen durchs Gesicht, versuchte den Kummer wegzureiben.

»Wir müssen so viel vorbereiten, bevor Hope nach Hause kommt.« Kopfschüttelnd ging er seine innere Checkliste durch.

»Ich kann hier bei Amber bleiben, während du dich um alles kümmerst«, erbot sich Debbie.

Es war eine Erleichterung, dass Debs da sein würde, um ein Auge auf Amber zu haben. Julian gab es nur ungern zu, aber er konnte den Gedanken, zurück in diesen Raum zu gehen, jetzt noch nicht ertragen. Amber so zu sehen hatte ihn wirklich schwer getroffen.

Vor Hopes Entlassung war es notwendig, dass Tracy die ganze Nacht bei ihr im Krankenhaus blieb, sie stillte und unter dem wachsamen Blick der Schwestern versorgte. Debbie blieb am anderen Ende der Stadt bei Amber, während Julian zu Hause hektisch das Zimmer vorbereitete und zwischendurch wiederholt zum Supermarkt flitzte, um Windeln und alles andere, was er beim letzten Einkaufsspurt vergessen hatte, zu holen.

Kurz nachdem die Austwicks erfahren hatten, dass sie Zwillinge bekommen würden, hatten sie zwei Kinderbetten für das Gästezimmer gekauft. Doch bei allem, was passiert war, waren sie nicht mehr dazu gekommen, alles fertig einzurichten. Im Moment war das Zimmer noch begraben unter ungeöffneten Kartons und verpackten Möbeln zum Selbstaufbauen.

Julian hockte sich auf den blauen Teppich und fing an, die Zellophanverpackung, die die Kommode umhüllte, aufzureißen. Es war seltsam befriedigend, sich in diese Unternehmung zu stürzen. Es lenkte ihn von der Frage ab, die ihm in Wahrheit auf der Seele brannte: *Wird Amber je in der Lage sein, nach Hause zu kommen?*

Als er fertig war, war es kurz nach Mitternacht. Julian rieb sich die müden Augen und erhob sich, um sein Werk zu begutachten. Der Raum sah schon viel wohnlicher aus, wirkte aber immer noch ziemlich steril – fast genauso wie die Krankenhausstationen, auf denen er die letzten drei Monate verbracht hatte. Er ging ins Elternschlafzimmer hinüber und zog eine Nachttischlampe aus dem Stecker.

Das ist ein bisschen einladender, dachte er und stellte die Lampe auf die Kommode. Durch das warme Lampenlicht sah es mehr wie ein Kinderzimmer aus. Julian kletterte ins Bett und versuchte, seine Gedanken bis zum nächsten Morgen, an dem er seine ganze Energie für den »großen Tag« – für Hopes Heimkehr – brauchen würde, auszuknipsen.

Am nächsten Morgen trafen sich Julian und Tracy im Heartlands. Abgesehen davon, dass seine Frau ein wenig erschöpft aussah – immerhin war sie die ganze Nacht auf gewesen, um Hope zu stillen –, wirkte sie auch nervös.

»Wie geht's dir?«, fragte er vorsichtig. Er wusste, dass Tracy es nicht mochte, wenn man sie umarmte oder ein großes Tamtam um sie machte.

»Mir geht's gut«, sagte sie mit gezwungenem Lächeln.

Sie hatten an diesem Morgen bereits mit den Schwestern im Kinderkrankenhaus telefoniert, die ihnen mitgeteilt hatten, dass Amber sich weiterhin gut erholte.

»Nach Amber schauen wir später«, versprach Julian in der Hoffnung, Tracys Sorgen dadurch zu beschwichtigen.

Tracy fädelte Hopes Arme und Beine sorgfältig in den weißen Strampelanzug und stülpte dann rosa Socken und rosa Schühchen mit aufgestickten Schmetterlingen über ihre Füße.

»Trace?« Julian versuchte, Tracys starren Blick zu durchbrechen.

»Ja, mir geht's gut. Das klingt gut«, wimmelte Tracy ihn ab. Sie wollte nicht *darüber* reden. Sie wollte nicht über die Tatsache sprechen, dass sie ein Baby zurückließ.

Es war ein sehr emotionaler Moment, als sie Hope aus ihrem Bettchen hoben und sie in den Autositz schnallten. Die Schwestern umringten sie und verabschiedeten sich von ihrer kleinen Freundin.

»Tschüss, Hope! Wir werden dich vermissen«, gurrten sie.

Sie waren wie eine Familie für Julian und Tracy gewesen – eine echte Stütze. Der Gedanke, dass sie sich ab jetzt alleine durchschlagen mussten, war schon ein bisschen beängstigend für das Paar. Es war eine seltsame Vorstellung, dass sie eigentlich erst jetzt anfingen, ganz normale Eltern zu sein – drei Monate nach der Geburt ihrer Kinder. Ganz zu schweigen von dem komischen Gedanken, dass sie eigentlich noch gar nicht auf der

Welt sein sollten – Hope kam eine Woche vor dem 15. September 2010, ihrem eigentlichen Geburtstermin, nach Hause.

Julian gab dem Outfit seines kleinen Mädchens den letzten Schliff und stülpte ihr eine weiße Pudelmütze mit Kaninchenohren über, um sie vor der frischen Herbstluft zu schützen.

Es dauerte insgesamt drei Stunden, bis alles für die Abfahrt vorbereitet war und sie Hope zum Auto trugen. Julian arretierte die Babyschale und überprüfte die Gurte doppelt und dreifach, um ganz sicherzugehen.

»In dem großen Autositz sieht sie winzig aus«, rief Tracy und renkte sich den Hals aus, um sich zu ihrem Baby umzusehen.

Sie fühlte sich plötzlich nervös – sie hatten Freunden und Verwandten die Heimkehr angekündigt, und für ihre Ankunft war eine Mini-Willkommensfeier geplant.

Außer Debbie hatte keiner Hope bisher sehen können, weil auf der Neonatalstation sehr strenge Besuchervorschriften herrschten. Von daher brannten natürlich alle darauf, sie kennenzulernen. Tracys Eltern waren extra in letzter Minute mit dem Flugzeug angereist.

»Mir graut davor«, seufzte Tracy, als sie sich anschnallte.

Julian versuchte, sie aufzuheitern. »Komm schon, Liebes, das wird nett. Ich weiß, es wäre viel besser, wenn Amber auch bei uns wäre. Trotzdem sollten wir diesen Moment feiern«, sagte er.

Sie fuhren schweigend nach Hause – nicht weil sie böse aufeinander waren, sondern weil Tracy sich im Abriegelungsmodus befand, in dem sie über gar nichts reden wollte. Wenn sie sich nicht gerade umdrehte, um nach Hope zu schauen, starrte sie aus dem Fenster.

Es war ein dunkler, wolkenverhangener Tag. Alle Häuser, an denen sie auf ihrer Fahrt in die Vorstadt vorbeikamen, wirkten grau und trostlos. Tracys Stimmung wurde trüber und trüber.

Als sie in ihre Auffahrt einbogen, hatte Tracy Herzklopfen. Das Außenlicht sprang an und erleuchtete ein großes Willkommensschild über der Tür.

Es tat weh – da war es wieder. Diesmal fühlte sich das Schuldgefühl allerdings eher wie ein stumpfes Messer und weniger wie ein scharfer Stich an.

Tracy sah die Schatten, die sich im Innern des Hauses bewegten und sich anschickten, in Jubel auszubrechen.

Sie schalt sich selbst, weil sie so miesepetrig war. Also setzte sie ein Lächeln auf und öffnete die Autotür.

»Oh, sie ist zauberhaft«, gurrte Kate, die Frau von Tracys Bruder, als sie durch das Autofenster sah.

»Bahn frei! Macht Platz!«, scherzte Julian, während sich das Gedränge an der Tür auflöste und die Gäste sich auf der Auffahrt verteilten.

Da waren Tracys Bruder Lee mit seiner Frau und ihren drei Kindern – dem elfjährigen Liam, dem achtjährigen Logan und der fünfjährigen Ellie. Debbie und ihr Ehemann Lee mit ihren Töchtern Natalie und Olivia. Ganz hinten in der Menschentraube standen Tracys Mum und Dad.

Alle hatten sich große Mühe gegeben. Verteilt über das ganze Wohnzimmer befanden sich Karten, Luftballons und Leckereien wie knusprige Kekse und Sandwiches. Es war aufregend, aber gleichzeitig ein bisschen schwierig, weil jeder Hope im Arm halten wollte und Julian und Tracy in höchster Alarmbereitschaft waren.

Julian machte sich sofort Sorgen, dass Hope sich eine Infektion einfangen könnte, und beobachtete beunruhigt, dass die anderen Kinder sie berührten. Er machte sich darauf gefasst, jeden Moment einzugreifen.

Dann wurde Hope an Tracys Mutter Irene weitergereicht.

Irene war klein wie Tracy und Debs und so braun gebrannt, wie man es bei jemandem, der unter südlicher Sonne lebt, erwarten würde.

»Hältst du das für eine gute Idee?«, flüsterte Julian in Tracys Ohr.

Irene hatte vor nicht allzu langer Zeit einen Schlaganfall erlitten und war noch ein bisschen wacklig auf den Beinen. Julian hatte Angst, dass sie Hope fallen lassen könnte.

»Alles in Ordnung.« Tracy schritt ein. Sie führte ihre Mutter zum Sofa und legte Hope dann vorsichtig in Irenes Armbeuge. Hope öffnete und schloss die Augen, zappelte ein bisschen und schlief wieder ein.

Tracy wünschte sich, sie könnte auch so entspannt sein.

Zack, da war es wieder, das Schuldgefühl, weil sie ihr anderes Baby zurückgelassen hatte, und traf sie mitten ins Herz.

So schön es war, Hope zu Hause zu haben, ihre Familie um sich versammelt zu wissen – Tracy konnte den Moment nicht genießen, solange Amber weiterhin im Krankenhaus bleiben musste.

Vor nur zwei Nächten hatte Amber diese schreckliche Operation hinter sich gebracht – der Gedanke an ihr hilfloses Baby mit dem großen grünen Schlauch, der aus seinem Hals ragte, war mehr, als Tracy ertragen konnte.

Nach außen hin setzte sie ein lächelndes Gesicht auf, aber innerlich fühlte sie sich, als ob sie nicht einmal im Raum wäre, als ob sie gar nicht da wäre. Eine Hälfte von ihr war immer noch im Krankenhaus an Ambers Bett.

Aus irgendeinem Grund schien alles düster. Draußen war es bewölkt, aber auch das Wohnzimmer wirkte viel dunkler, als es sollte. Tracy kämpfte mit all diesen widerstreitenden Gefühlen, aber sie wusste nicht, wie sie sie ausdrücken sollte.

Julian sah von der anderen Seite des Zimmers kurz zu ihr herüber. Sie tat so, als wäre alles in Ordnung, aber Julian kannte seine Frau gut genug, um zu wissen, dass es an der Zeit war, die Gäste zum Gehen zu bewegen.

»Es war ein sehr langer Tag. Ich hoffe, ihr seid nicht böse, aber wir müssen uns jetzt ein bisschen ausruhen«, nahm er die Situation in die Hand.

Nacheinander verabschiedeten sich alle von der kleinen Hope. Tracys Mum und Dad gingen als Letzte; sie waren für die Dauer ihres Aufenthalts am Ende der Straße, bei Debs, abgestiegen. Sobald der letzte Gast aus der Tür war, ließ Julian sich auf einen Stuhl plumpsen und stieß einen Seufzer der Erleichterung aus.

Tracy war im Wohnzimmer und breitete eine Wolldecke für Hope auf dem Teppich aus.

Auch wenn sie einander sehr nahestanden, war es doch schwierig, Tracy dazu zu bringen, über ihre Gefühle zu sprechen. Julian vermutete, dass Tracy dieselbe Taktik anwandte wie er – dass sie versuchte, nicht über die Probleme zu reden, um sie nicht noch schlimmer zu machen.

Er ging Tracy gegenüber in die Hocke und lächelte ihr aufmunternd zu. Hope zappelte hin und her wie ein Wurm am Haken.

Jetzt hatte Julian mit seinen Gefühlen zu kämpfen. Zum ersten Mal kam er sich vor wie ein richtiger Vater, weil sie jetzt in der Situation waren, in der »normale Eltern« waren, die gerade ihr Kind bekommen hatten – und der Gedanke war irgendwie beängstigend.

»Sie braucht eine neue Windel.« Tracy schnitt eine kleine Grimasse, wohl wissend, dass ihr die Ehre dieser Aufgabe zuteilwerden würde, auch wenn sie es gleichzeitig schön fand, dass sie endlich im eigenen Zuhause Verantwortung für ihre Tochter übernehmen konnte.

Bevor sie ins Bett gingen, rief Julian noch einmal im Krankenhaus an, um sich nach Amber zu erkundigen. Zu seiner Erleichterung erfuhr er, dass die Schwellung zurückgegangen war und sie sich gut an ihren neuen Atemweg gewöhnte.

Hope schlief in dieser Nacht in einem Moseskorb neben ihren Eltern. Tracy stand in regelmäßigen Abständen auf, um sie zu stillen und schlüpfte dann für ein paar Stunden Schlaf zurück unter die Decke.

Kurz nach fünf Uhr morgens machte Tracy auf dem Rückweg vom Bad einen Abstecher ins Kinderzimmer der Zwillinge. Die Morgendämmerung spendete genügend Licht, um den Raum zu erhellen.

Tracy starrte aus ihren müden Augen auf die beiden Kinderbettchen. Die Tränen, die sie den ganzen Tag zurückgehalten hatte, brachen sich Bahn.

»Ihr solltet beide hier sein«, flüsterte sie.

Sie fühlte sich, als fehlte ein Stück ihres Herzens.

Das ABC
der Krankenpflege

Birmingham, zehn Tage später

»Ich hab's«, sagte Tracy zuversichtlich.

Sie drehte Amber vorsichtig um, damit sie auf ihrer anderen Seite liegen konnte. Die Schwestern waren ein bisschen besorgt, dass Ambers Kopf sich verformen könnte, weil sie immer in derselben Position lag.

Julian hielt sich im Hintergrund und sah bewundernd zu: Seine Frau hatte die Situation voll im Griff. Jeden Tag überprüfte sie gewissenhaft, ob man Amber umgelagert hatte, und tat es gegebenenfalls selbst. Julian wusste nicht genau, was den Stimmungsumschwung bewirkt hatte, aber es war klar, dass Tracy die Situation bewältigen wollte. Wie immer es in ihrem Innern aussehen mochte, nach außen hin wirkte sie, als würde sie jede Herausforderung meistern.

Sie waren noch lange nicht über den Berg. Trotzdem schien es mit Amber alles in allem etwas besser zu laufen. Vor zehn Tagen war Hope nach Hause gekommen, und in dieser Zeit hatte man Amber die Verbände abgenommen, sie war aus der Intensivstation entlassen und in ein eigenes Zimmer auf einer Kinderstation verlegt worden.

Am Sonntag, dem 22. September, kam die ganze Familie – Julian, Tracy und Hope –, um sie zu besuchen.

»Guck mal, da ist Amber, deine Schwester«, strahlte Julian,

während er Hope aus dem Kinderwagen hob und sie neben Amber ins Bettchen legte.

Alles lief gut – bis Tracys Handy klingelte und die friedliche Stimmung störte.

»Hallo«, meldete sie sich schnell, um das Telefon zum Verstummen zu bringen.

Mit einem Mal wirkte Tracy ganz klein und verzagt, wie ein verletzter Vogel.

Julian wusste sofort, was los war. An ihrem Gesichtsausdruck hatte er sofort erkannt, dass es etwas mit ihrer Mutter zu tun hatte.

Tracy trat aus dem Zimmer auf den Flur, während die Schwestern und Julian rätselten, was geschehen war. Julian spitzte die Ohren.

»Wann? Was ist passiert?«, hörte er sie leise stammeln. Julian setzte die Puzzleteile zusammen – Tracys Mutter war gestorben.

Muss das gerade jetzt passieren?, dachte er. Auch wenn das vielleicht herzlos klang, konnte er doch im Moment nur an Tracy denken und dass sie ohnehin schon so viel durchgemacht hatte.

Julian war für seine Frau da, als sie ins Zimmer zurückkam. In einer einladenden Geste breitete er die Arme aus. Zuerst war sie steif wie ein Brett, aber die Wärme von Julians Umarmung löste sie allmählich aus der Erstarrung.

»Meine Mutter hatte wieder einen Schlaganfall. Sie ist tot«, wimmerte Tracy, immer noch unter Schock, immer noch mit der Nachricht ringend.

Obwohl Tracy ihrer Mutter nicht besonders nahestand, war sie doch trotzdem ihre Mutter, deren Tod ein heftiger Schlag für sie war.

»Das ist schrecklich«, sagte Julian. Seine Frau tat ihm unendlich leid.

Tracy schlüpfte erneut aus dem Zimmer, um ihre Schwester anzurufen. Julian verstand einige Schlüsselwörter wie »so hilflos« und »schuldig«. *Sich selbst die Schuld zu geben ist mal wieder typisch Tracy*, dachte Julian. Obwohl es schwierig gewesen war, mit ihrer Mutter auszukommen, warf Tracy sich vor, nicht genug für sie getan zu haben.

In den Tagen vor der Beerdigung bekam Julian nicht viel aus seiner Frau heraus. Sie wollte nicht über ihre Mutter sprechen. Zu keinem Zeitpunkt geriet sie so sehr aus der Fassung, dass sie ihren Gefühlen freien Lauf ließ.

Was Tracy betraf, so hatte sie einfach keine Zeit zum Trauern. Es gab so viele andere Dinge, um die sie sich Sorgen machen musste, denn Hope und Amber nahmen ihre Gedanken voll in Anspruch. Julian ging wieder zur Arbeit, um den wachsenden Berg von Rechnungen zu bekämpfen, und sie musste zu Hause die Stellung halten. Ihr Kopf war eine einzige riesige Checkliste, deren Abarbeitung sie den ganzen Tag in Atem hielt. Dass sie eine Tochter bei sich zu Hause hatte, während die andere sich am anderen Ende der Stadt befand, stellte zum Beispiel ein Problem dar. Tracy kanalisierte ihren Frust in eine aggressive Fahrweise.

»Fahr schon, du Idiot!«, brüllte sie dem Wagen vor sich zu, wenn sie zur Rushhour mal wieder im Stau feststeckte.

Der Verkehr mochte sich im Schneckentempo voranbewegen, aber ihr Leben raste so schnell voran, dass Tracy sich kaum an das Begräbnis ihrer Mutter erinnern konnte. Es fand in Coventry statt, und sie nahmen Hope mit. Tracy entsann sich, dass einige Kirchenlieder gesungen und einige Bibelstellen verlesen wurden, aber an weitere Einzelheiten konnte sie sich kaum erinnern. Julian behielt sie im Auge und warf ihr immer wieder einen besorgten Blick zu, aber nach außen hin war Tracy – wie immer – nichts anzumerken.

Tatsächlich ging es Tracy genauso wie an dem Tag, an dem Hope nach Hause gekommen war – sie hatte das Gefühl, nicht wirklich da zu sein. Ihr Körper war im Krematorium, aber ihre Gedanken waren bei Amber.

Beim Leichenschmaus nahm Tracy kurz ein paar Häppchen mit Schinken und Senf und verabschiedete sich dann.

»Wir müssen zurück ins Krankenhaus«, entschuldigte sie sich bei Debs, ihrem Bruder und ihrem Vater.

Die Rückfahrt nach Birmingham verlief in angespannter Atmosphäre.

»Das war ein schöner Gottesdienst«, brach Julian das Eis.

Keine Antwort. Tracy war eine Million Meilen entfernt.

»Bist du okay?«, hakte er nach.

»Ja!« Tracy beamte sich ins Auto zurück. Sie presste die Lippen aufeinander, als ob sie über ihre nächste Antwort nachdenken würde. »Ich bin völlig in Ordnung«, log sie.

Von der Sekunde an, in der sie auf den Parkplatz des Krankenhauses fuhren, schaltete Tracy auf Autopilot. Sie vergaß irgendwie, dass ihre Mutter gestorben war, weil sie sich auf Amber konzentrierte und auf die Hoffnung, dass es ihr bald besser gehen würde.

Die nächsten beiden Monate bedeuteten einen gewaltigen Lernprozess für die Austwicks. Julian und Tracy studierten jeden Handgriff und jede Bewegung der Krankenschwestern und versuchten sich einzuprägen, wie man mit Ambers Tracheostomie umgehen musste.

Was ist das? Julian sah verwirrt auf den langen Schlauch, den die Schwestern durch das Loch in Ambers Hals steckten. Es war ein Katheter – der an ein Absauggerät angeschlossen war, das den Schleim heraussaugte, der sich in Ambers Luftröhre verfangen hatte. Die Schwestern machten das ständig.

Und das? Stirnrunzelnd betrachtete Tracy das grüne Ding, das aussah wie ein Ballon und mehrmals am Tag an Ambers Tracheostoma angeschlossen wurde. Das war ein Vernebler, der das Sekret in Ambers Atemweg aufweichte.

»Ist das so, als würde man den Kopf über eine Schüssel mit heißem Wasser und Pfefferminzöl halten?«, fragte Tracy die Schwester.

»Ja, so könnte man das wohl beschreiben.« Die Schwester lächelte freundlich über ihre Naivität.

Und das war nur der Anfang. Dann war da dieser Schlauch, der sich durch Ambers Nasenloch und bis in ihren Magen schlängelte. Durch diese sogenannte nasogastrale oder Ernährungssonde wurde ihr Milchnahrung, angereichert mit Vitaminen und Mineralien, eingeflößt. Und dann gab es den Berg an Schmerzmitteln und Antibiotika, die die arme Amber einnehmen musste, um den Schmerz der Tracheostomie zu unterdrücken und sie vor einer Infektion zu schützen.

Zu ganz bestimmten Zeitpunkten mussten ganz bestimmte Dinge getan werden. Es war alles sehr verwirrend. Julian und Tracy hatten gerade begriffen, was auf der Neonatalstation zu tun war, und jetzt gab es für alles eine neue Verfahrensweise – die ganzen verschiedenen Geräte überhaupt auseinanderzuhalten war schon eine Wissenschaft für sich. Es war, als würde man neu gebootet und umprogrammiert.

Amber sollte schon in wenigen Tagen nach Hause kommen, und dann würden sie die Aufgaben übernehmen müssen, die jetzt von den Schwestern ausgeführt wurden. Julian und Tracy waren wie gelähmt bei dem Gedanken an die ganze Verantwortung, die dann auf ihren Schultern lasten würde.

So wie man ihnen die Sache erklärte, konnte einem aber auch wirklich angst und bange werden. Alles schien mit enormen

Risiken behaftet, und ihnen schwirrte der Kopf vor lauter Warnungen: »Vergessen Sie *nie*, sich die Hände zu waschen, bevor Sie den Katheter benutzen. Sie dürfen den Katheter nur haargenau sechs Zentimeter in Ambers Luftröhre einführen, denn wenn Sie ihn auch nur einen Millimeter weiterschieben, könnte er die Lunge verschließen. Bei Einführung des Katheters dürfen Sie *auf gar keinen Fall* absaugen; nur, wenn Sie ihn herausziehen. Sie dürfen *nie* länger als fünfzehn Sekunden absaugen.«

Und dann die Goldene Regel: »Führen Sie nie zweimal denselben Katheter in die Luftröhre ein.« Die gestresste Schwester führte es ihnen vor. Mit hochgezogenen Augenbrauen überprüfte sie, ob Tracy und Julian ihr auch aufmerksam zuhörten.

»Falls Sie erneut absaugen müssen, werfen Sie den Katheter in den Müll und nehmen sich einen neuen.«

»Okay, ja, alles klar.« Beide nickten gehorsam.

»Und wie oft am Tag müssen wir absaugen?«, stellte Julian die offenkundige Frage.

»Manchmal hundert Mal, manchmal fünf Mal pro Tag – je nachdem, ob irgendwelche Blockaden auftreten«, antwortete die Schwester.

»Hundert Mal«, wiederholten Julian und Tracy und sahen sich ungläubig an.

Die beiden fanden das Ganze sehr belastend und sehr beängstigend.

Eine weitere Regel ging ihnen nicht mehr aus dem Kopf. Sie löste bei Tracy ein ganz ähnliches Gefühl aus wie damals der Satz des Sonografie-Arztes, dass man ihr die Mädchen auf die Brust legen würde, wenn man nichts mehr für sie tun könnte.

»Sie haben nur ein Zeitfenster von zwanzig Minuten, um die Trachealkanüle zu wechseln, bevor das Loch sich verschließt«, sagte die Schwester warnend.

Julian und Tracy wechselten einen fassungslosen Blick.

Sie würden die Trachealkanüle einmal in der Woche austauschen müssen, und wenn sie es aus irgendeinem Grund nicht rechtzeitig schafften, war es aus und vorbei, Game over. Amber würde keine Luft mehr bekommen. Das war ein unglaubliches Risiko.

Als sie gerade dachten, dass es nicht schlimmer kommen könnte, wurden sie in das Zimmer des Chirurgen bestellt, um über Ambers Zukunft zu sprechen.

Mr. Kuo, der Hals-, Nasen- und Ohrenspezialist, begrüßte die Austwicks mit festem Händedruck und bedeutete ihnen, Platz zu nehmen. Julian studierte wie üblich die Umgebung.

Wie zu erwarten, war das Büro genauso steril wie das übrige Krankenhaus. Die Regale waren leer bis auf eine Sammlung von medizinischen Fachbüchern, die aneinanderlehnten wie Dominosteine. Der Schreibtisch war ebenfalls leer, abgesehen von einigen akkurat gestapelten Aktenmappen und einem silbernen Fotorahmen, der so aufgestellt war, dass nur der Arzt sehen konnte, wer etwas Besonderes für ihn war. Julian vermutete, dass sich Mr. Kuo fast nie in seinem Büro aufhielt, außer um sich eine dringend benötigte Koffeindröhnung zu gönnen. Die tief eingebrannten braunen Ränder auf dem Becher und Untersetzer verrieten ihn.

Obwohl sie über mehrere Krankenhausflure navigiert waren, lag das Büro offenbar ganz in der Nähe von Ambers Zimmer, denn durch die Jalousien sah man auch von hier aus das Ronald McDonald House auf der anderen Straßenseite.

Mr. Kuo, der chinesischer Abstammung war, schob die Brille auf die Stirn und rieb sich die Müdigkeit aus den Augen. Das Gespräch begann mit dem üblichen Kinderarztspruch, dass er sehr zufrieden mit Ambers Fortschritten sei. Tracy spürte, wie sich ihr Magen zu einem Ball zusammenkrampfte, während sie sich für das »Aber …« rüstete.

Bis jetzt hatten die Austwicks nur gewusst, dass Amber mit Hilfe dieser Kanüle, die unterhalb des Kehlkopfes aus ihrem Hals ragte, atmete. Sie hatten von einem Tag zum anderen gelebt und nicht über die Zukunft nachgedacht.

»Wir wissen einfach nicht, ob sie je in der Lage sein wird zu sprechen«, lautete Mr. Kuos herzzerreißende Prognose.

»Was meinen Sie damit?«, brach es aus Tracy heraus.

Wie der Arzt erklärte, bestand das Risiko, dass Ambers Kehlkopf zerstört war, und in diesem Fall würde auch ein Sprechventil, das man an die Trachealkanüle anschließen konnte, nicht helfen.

»Muss sie das Tracheostoma ihr ganzes Leben lang behalten?« Tracy drängte auf weitere Antworten.

Mr. Kuo, der die wachsende Anspannung spürte, lehnte sich in seinem Stuhl vor. Er räusperte sich und sagte: »Wir wissen es einfach nicht.«

Die kleine Amber müsse mindestens zehn Kilo wiegen, bevor man eine erneute Operation ihrer Luftröhre in Erwägung ziehen könne, erklärte Mr. Kuo. Da sie derzeit noch nicht einmal 1500 Gramm wog, kam eine Operation also vorerst nicht in Betracht. Außerdem seien die Chancen, dass man die Tracheotomie erfolgreich rückgängig machen könne, gering. Zu diesem Zeitpunkt hatte Tracy bereits gedanklich abgeschaltet.

»Wird sie schmecken können?«, fragte Julian.

Der Arzt verknotete die Hände wie zu einem Gebet. »Es tut mir leid, aber wir wissen es nicht«, sagte er kopfschüttelnd.

Tracys Magen ballte sich zur Faust. Der Gedanke, dass ihr kleines Mädchen stumm und mit diesem »Ding«, das aus ihrem Hals ragte, aufwachsen musste, war unerträglich.

Julians Gedanken gingen eher in die Richtung *Hauptsache, sie lebt,* aber für Tracy war dies der schlimmste Albtraum einer Mutter.

Stich. Da war es wieder, dieses ekelhafte Schuldgefühl. *Das ist alles meine Schuld,* dachte sie ungerechterweise und warf sich vor, für Ambers »schlechten Start ins Leben« verantwortlich zu sein. Tracy schwor sich auf der Stelle, alles in ihrer Macht Stehende zu tun, um ihr Baby wieder »in Ordnung zu bringen«. Im Stillen gab sie Amber das Versprechen, dass sie für ihre Heilung sorgen würde. Die Last, die sie sich dadurch gerade aufbürdete, würde natürlich irgendwann ihren Tribut fordern, aber fürs Erste war Tracy entschlossen, zur Supermum zu werden.

Sie bestand darauf, alles selbst in die Hand zu nehmen. In den letzten Stunden, bevor Amber das Krankenhaus verließ, wollte sie alles lernen – sogar, wie man die »nasogastrale Sonde« einführte.

»Oh nee, das ist einfach nicht mein Ding!« Julian versteckte sich hinter seinen Händen, während er zusah, wie Tracy den Schlauch durch Ambers Nase und bis in ihren Magen fädelte. Bevor sie die Milch zuführen konnte, musste Tracy überprüfen, ob der Schlauch richtig saß, indem sie eine Probe vom Mageninhalt nahm und den pH-Wert auf Lackmus-Papier überprüfte. Julian krauste entsetzt die Nase. Es war eine fiese Fummelarbeit, fast noch pfriemeliger als der Umgang mit der Trachealkanüle. Von daher war es doch wieder ein Segen, dass Tracy unbedingt den Bogen heraushaben wollte, ansonsten würden sie vermutlich den ganzen Tag und die ganze Nacht zwischen ihrem Zuhause und dem Krankenhaus hin- und herpendeln.

Es gab einen abschließenden Test, den sie beide bestehen mussten, bevor sie Amber mitnehmen durften: Sie mussten – zwei Mal – die Trachealkanüle wechseln. Damit kam Julian zurecht, weil kein »Schleimkram« im Spiel war. Das Loch in der Luftröhre war zu einem kleinen schwarzen Punkt verheilt. Vorsichtig steckte Julian die gebogene Plastikkanüle in das dunkle Loch und beobachtete dabei die ganze Zeit aufmerksam Ambers Gesichtsausdruck. Bei der leisesten Veränderung in ihrer Mimik erstarrte er.

»Machen Sie weiter. Es ist alles gut«, drängte die Schwester.

Es war ein seltsames Gefühl, aber Julian musste einen Moment lang quasi vergessen, dass Amber seine Tochter war, um die Aufgabe zu bewältigen. Er befestigte die Kanüle mit den Bändchen und gab Amber dann einen Kuss auf die Stirn.

»Das war gar nicht so schlecht«, sagte Julian mit stolzem Grinsen.

Die Schwester ließ ein schiefes Lächeln aufblitzen, als ob sie etwas wüsste, was ihm verborgen blieb.

Er ahnte nicht, dass diese Lektion, verglichen mit dem, was ihm noch bevorstand, wie eine leichte Sommerbrise gewesen war.

Am 12. November 2010, sechs Monate nach ihrer Geburt, wurde Amber aus dem Kinderkrankenhaus entlassen. Tracy konnte es kaum abwarten, sie nach Hause zu bringen und ihre beiden Mädels – endlich! – unter demselben Dach zu haben. Seit der Tracheotomie hatte die arme Trace ihre Tochter wegen der ganzen Schläuche, Tropfinfusionen und Drähte nicht mal mehr im Arm halten können. Die letzten drei Monate waren ihr wie eine Ewigkeit vorgekommen.

Die Vorbereitung auf die Heimfahrt war ein bisschen wie ein Rieseneinkauf im Supermarkt. Sie mussten ein halbes Dutzend Mal hin- und herrennen, um Kisten voller Katheter, Medikamente und Trachealkanülen im Kofferraum zu verstauen. Es reichte, um eine Apotheke zu eröffnen.

»Du meine Güte!«, stöhnte Tracy, als sie das Absauggerät hoch-hob. Der hellgelbe viereckige Kasten, der eigentlich ganz leicht ausgesehen hatte, wog stattliche acht Kilo! Wohin Amber von nun an auch ging, sie würde dieses Teil mitschleppen müssen.

»Steig ein, Liebes.« Julian nahm ihr das Gerät ab und packte es auf den Rücksitz des Autos. Von jetzt an würde einer von ih-nen immer auf der Rückbank bei Amber sitzen müssen, bewaff-net mit dem Absauggerät und den Kathetern, für den Fall, dass ihre Luftröhre blockierte. Tracy quetschte sich zwischen die bei-den Kindersitze – Amber rechts und Hope links.

»Schau mal, Hope, deine Schwester kommt nach Hause«, lä-chelte Tracy glücklich.

Es war fast Abendbrotzeit, als sie schließlich in ihre Auffahrt einbogen. Nach dem Drama um Hopes Heimkehr hatten sie be-schlossen, Amber unter dem Radar zu halten. Diesmal warteten ein ruhiges Haus und eine schöne Tasse Tee auf sie.

Julian schlug ein Lager im Wohnzimmer auf. Er breitete eine Wolldecke und Kissen für die Mädchen auf dem Boden aus und baute eine Festung aus Ausrüstungsgegenständen und Medika-menten um sie auf. Die Austwicks wollten den ersten Augen-blick alle gemeinsam genießen, aber schnell zeigte sich, dass es unmöglich war zu entspannen.

Sie konnten an nichts anderes denken als an Ambers Atmung.

Sobald sie auch nur die geringste Veränderung hörten, das leiseste Rasseln, packten sie einen Katheter aus und saugten ab. Sie sprangen bestimmt alle fünf Minuten hoch – voller Angst, dass Amber ersticken könnte.

Bis zur Schlafenszeit hatten Julian und Tracy die Luftröhre Gott weiß wie oft abgesaugt. Julian saß mit dem Rücken gegen das Sofa gelehnt auf dem Fußboden, während Tracy neben ihm lag und die Babys bewachte. Sie trauten sich nicht, nach oben zu gehen. Zu groß war ihre Angst, dass irgendetwas Ambers Luftröhre blockieren könnte.

»Wir schlafen heut einfach hier unten«, entschied Julian kurzerhand.

Schlaf blieb natürlich ein frommer Wunsch, weil sie die ganze Zeit kein Auge zutaten. Sobald ihre Augenlider schwer wurden und herunterklappten, schreckten sie durch ein winziges Geräusch, das Amber von sich gab, wieder hoch. Sie verbrachten die Nacht in einer Art Taumel zwischen Wachsein und Dösen.

Diese Nacht führte ihnen das ganze Ausmaß der vor ihnen liegenden Aufgabe drastisch vor Augen. Sie hatten sich im Krankenhaus so viele Notizen gemacht, dass sie nicht wirklich realisiert hatten, was es rein praktisch bedeutete, das Baby zu versorgen, was für eine enorme Verantwortung damit verbunden war.

Normale Alltagsdinge, die sie für selbstverständlich gehalten hatten, wurden jetzt zum Problem.

»Wann kann ich duschen? Wann kann ich aufs Klo gehen?«, fragte Julian sich am nächsten Tag. Wenn Julian oder Tracy allein mit Amber waren, konnten sie den Raum praktisch nicht verlassen. Man konnte nicht einfach nach oben gehen und sich die Zähne putzen, man konnte nicht in die Küche, um sich eine Tasse Tee zu kochen, denn wenn man Amber auch nur für einen Augenblick den Rücken kehrte, bestand die Möglichkeit, dass sie erstickte.

»Vielleicht sollten wir Ambers Bett heute Nacht in unser Schlafzimmer stellen. Hope könnten wir nebenan an das Babyfon anschließen«, schlug Tracy vor.

Julian nickte. Inzwischen war es Nachmittag, und er hätte jedem Vorschlag Tracys zugestimmt, denn nach einer Nacht und einem Tag mit ständigem Absaugen und null Schlaf war das Paar am Ende seiner Kräfte.

Beide legten sich hin, doch nach zehn Minuten fing alles wieder von vorn an.

»Ich mach's.« Tracy sprang aus dem Bett. Amber lag eh näher an ihrer Seite.

»Vielleicht übertreiben wir es mit dem Absaugen. Meinst du, wir sind vielleicht zu ängstlich?«, fragte Julian.

Tracy regte sich auf, so laut, dass Julian es hören musste. »Lieber einmal zu viel als einmal zu wenig«, entgegnete sie gereizt. Die Müdigkeit und Anspannung forderten allmählich ihren Tribut.

»Komm, lass mich das machen.« Julian versuchte, die Situation zu entschärfen.

Tracy winkte ab. Sie wollte Supermum sein.

Sie einigten sich auf einen »Schichtdienst« für die Nacht, damit sich erst Julian und dann Tracy für einige Stunden aufs Ohr hauen konnten. Das funktionierte natürlich nicht, weil das Geräusch des Absauggeräts so laut war, dass an Schlaf überhaupt nicht zu denken war.

Gegen sechs Uhr am nächsten Morgen, als Hope sich zu regen begann, waren Julian und Tracy mit ihrem Latein am Ende. Sie fühlten sich völlig gerädert vor Müdigkeit und Anstrengung. Es lag auf der Hand, dass es nicht funktionierte, Amber im Elternschlafzimmer zu lassen. Sie brauchten ihren Schlaf, um die Aufgabe zu meistern. Wenn sie so kaputt waren, würden sie nicht in der Lage sein, sich um Hope, geschweige denn um Amber zu kümmern. Sie brauchten eine andere Lösung.

»Okay, ich bin in einer Stunde zurück«, verkündete Julian.

»Wohin gehst du?« Tracy spürte Panik in sich aufsteigen.

»In einen Bettenladen«, sagte er, warf sich seine Jacke über und schnappte sich die Autoschlüssel vom Küchentisch. Verzweifelte Situationen erforderten verzweifelte Maßnahmen.

Es war das Einzige, was Julian einfiel – er wollte eine Einzelmatratze für das Kinderzimmer kaufen. Julian und Tracy mussten abwechselnd die Nachtschicht übernehmen. Er hasste es, getrennt von seiner Frau zu schlafen, aber hier ging's ums reine Überleben.

Da das Geld inzwischen immer knapper wurde, kaufte Julian das billigste Teil im örtlichen Bettenladen. Zum Glück wurde es noch am selben Tag geliefert, und Julian erbot sich freiwillig für die erste Nachtwache. Er würde eine Menge Kaffee und Streichhölzer brauchen, um die Augen offen zu halten, da das Ganze mittlerweile auf zweiundsiebzig Stunden ohne Schlaf hinauslief.

»Mach dir keine Sorgen, Liebes, ich mach das schon.« Julian nahm Tracy in den Arm und küsste sie. Dann gab er ihr einen sanften Schubs in Richtung Schlafzimmer, damit sie sich endlich ausruhen konnte.

»Ich weiß, was ich tue«, murmelte er vor sich hin. Julian grub einen Riesenschwung alter Comics aus und packte den Haufen neben die Bettchen der Zwillinge. Dann schaltete er die Nachttischlampe an und kuschelte sich unter eine Decke. Er versuchte sich vorzustellen, er wäre wieder ein kleiner Junge, der abends allein im Bett lag und lange aufblieb, um in seinen Comics zu schmökern.

Glücklicherweise trug die billige Matratze ihren Teil dazu bei, ihn wach zu halten. Jedes Mal, wenn er sich umdrehte, bohrte sich – *boing* – eine neue Sprungfeder in seine Seite oder – *boing* – in seinen Po. Durch das Alleinsein fühlte er sich außerdem weniger in Panik, was das Absaugen anging. Vielleicht hatten sie sich gegenseitig ein bisschen mit ihrer Angst angesteckt?

Zum Glück für die Austwicks erwies sich Hope als Traumbaby – sie schlief trotz des Höllenlärms des Absauggerätes seelenruhig durch.

Nebenan ließ der Seelenfrieden auf sich warten. Die Möglichkeit der Nachtruhe war ein kostbares Geschenk für Tracy, aber sosehr sie sich auch bemühte, sie konnte einfach nicht einschlafen. Das gedämpfte Mahlen des Absauggeräts versetzte sie immer wieder in Panik. *Geht es Amber gut? Wird Julian ohne mich zurechtkommen?*

Sie konnte die Kontrolle nicht loslassen. Sie musste da sein, die Situation im Griff haben, Supermum sein. Sie hatte es ihrer Tochter versprochen.

Halb bewusst, halb unbewusst wanderten ihre Augen immer wieder zu dem kleinen Engel auf ihrem Nachttisch, und sie fragte sich, ob sie ihn nicht ins Kinderzimmer stellen sollte.

»Ich brauche niemanden, der auf mich aufpasst«, flüsterte sie. »Du musst über meine beiden Mädchen wachen.«

Wenn man Julian und Tracy gefragt hätte, wie sie es geschafft haben, mit dem Schlafmangel und der Verantwortung für Amber fertigzuwerden, die sie mitunter hundert Mal in der Nacht absaugen mussten, hätten sie beide achselzuckend gesagt: »Wir haben es einfach getan. Wir hatten keine andere Wahl, als weiterzumachen. Für dein Kind tust du alles.«

Sie fanden beide ihren eigenen Rhythmus. Tracy fiel es leicht, während ihrer Schichten wach zu bleiben, weil das Adrenalin sie durchgehend unter Strom setzte. Ihre größte Angst war, dass Amber ihre nasogastrale Sonde herausziehen könnte, während sie gefüttert wurde. Amber liebte es, an dem Schlauch zu ziehen. Für ein kleines Baby, das anfängt die Welt zu erforschen, war das Ding auch einfach unwiderstehlich, weil es direkt auf der Wange lag und supergut zu erreichen war. Wenn Amber die Position des Schlauches auch nur ein klein wenig veränderte, würde er aus dem Magen und auf die Lunge rutschen. Wenn man nicht höllisch aufpasste, konnte sie in Milch ersticken.

Falls Tracy doch einmal einzuschlafen drohte, stand sie auf und erledigte kleine Arbeiten, faltete Kleidungsstücke zusammen oder machte das Zimmer sauber. Sie überprüfte, ob genügend Katheter da waren, und sorgte dafür, dass alle Medikamente ordentlich aufgereiht waren. Sie war schon immer der Typ gewesen, der sich die ganze Zeit mit irgendetwas beschäftigte.

Tracy sah natürlich auch immer nach Hope, um zu überprüfen, ob ihr anderes Baby noch friedlich schlief, bevor sie zu der schlecht gefederten Matratze zurückkehrte.

Eines Nachts, als sie nicht mehr die Kraft aufbringen konnte, um aufzustehen, steckte Tracy die Hand durch die Stäbe von Ambers Bettchen. Sanft legte sie ihre Finger auf Ambers winzige Brust, um sich zu vergewissern, dass sie sich hob und senkte.

Erleichterung – ihr Baby war noch am Leben.

Tracy hatte nie so richtig verstanden, was der Ausdruck »Klang der Stille« bedeuten sollte, bis sie erlebte, wie es war, mitten in der Nacht wach zu liegen, während alle Nachbarn und sogar ihr Ehemann tief und fest schliefen.

Sie fühlte sich so allein, dass sie auf ihren eigenen Herzschlag lauschte.

Tränen sammelten sich in ihren Augen. Sie hätte nie gedacht, dass eine Mutter sich so einsam fühlen könnte.

Die Narben bleiben

Sutton Park, Birmingham, Juli 2011

Ein gewaltiger Donnerschlag krachte vom Himmel.

Niemand im Therapiezentrum des *Donkey Sanctuary* in Birmingham hatte den Sturm vorausgesehen. Es war ein wunderschöner Sommertag im Juli 2011. Innerhalb von einer halben Stunde hatten sich dunkle Wolken zusammengezogen, und die Luft war schwül und drückend geworden.

»Gleich fängt's an zu gießen«, rief Andy Perry, der die Aufgabe hatte, sich um die Esel zu kümmern, über den Hof.

Verzweifelt versuchte er, alle einundzwanzig Esel in die Ställe zu treiben, bevor der Himmel seine Schleusen öffnete.

Noch schlimmer war, dass sie jeden Moment die Ankunft von Shocks erwarteten.

»Er hätte sich keinen schlechteren Augenblick aussuchen können«, sagte Andy mit einem Anflug von Panik.

Ein weiterer Donnerschlag grollte vom Himmel.

Die Esel waren unruhig – und die wenigen Mitarbeiter, die länger geblieben waren, um Shocks in Empfang zu nehmen, hatten alle Hände voll damit zu tun, den Langohren klarzumachen, was sie tun sollten. Zebedee, der einzige weiße Esel und der Anführer der Gang, tänzelte auf dem Hof herum.

»Komm her, du Frechdachs.« Andy griff nach Zebedees Halfter.

»Ich versuche, euch trocken zu halten«, sagte er und zog seinen dickköpfigen Freund in den Stall.

Der letzte Riegel wurde gerade noch rechtzeitig vorgeschoben. Die ersten Tropfen fielen, und dann fing es schlagartig an, wie aus Eimern zu schütten. Wie Gewehrkugeln schossen die Regentropfen vom Himmel.

Andy hielt sich seine Fleecejacke über den Kopf und rannte in die Reithalle, um sich unterzustellen. Mit ohrenbetäubender Kraft hämmerte der Sturm auf das Dach.

»Dieser neue Esel wird vor Angst wie gelähmt sein«, sagte Nick, ein weiterer Mitarbeiter der Eselhilfe, und wischte sich das Gesicht mit einem Handtuch trocken. Nick arbeitete seit etwas über zehn Jahren als »Mädchen für alles« in der Reitschule. Er gehörte zum Birmingham-Team, das aus sechzehn festen Mitarbeitern und dreißig ehrenamtlichen Helfern bestand. Diesen Tag hatte er damit verbracht, einen der kaputten Zäune zu reparieren.

Andy nickte. Ihm war klar, dass er nicht nur mit einem Gewitter fertigwerden musste, sondern auch mit der Tatsache, dass gleich ein schwer misshandelter Esel unter furchteinflößenden Umständen eintreffen würde. Amber Brennan hatte ihm von Shocks herzzerreißender Geschichte erzählt und ihm geschildert, wie er sich verhalten hatte, als sie ihn vor einem Jahr in Devon besucht hatte. Warnend hatte sie darauf hingewiesen, dass eine Herausforderung auf sie zukam.

Jetzt war sie da, um Shocks Umzug zu beaufsichtigen. »Wir müssen ihn so schnell wie möglich reinbringen«, sagte sie.

Alle nickten, wie Soldaten einer Spezialeinheit, die letzte Instruktionen erhalten, bevor sie in ein Kriegsgebiet einrücken. Tatsächlich mutete es da draußen kriegsmäßig an – eine Explosion aus Blitz und Donner und peitschender Regen aus der Horizontalen.

Das schrille Klingeln des Bürotelefons schnitt durch die Gewitterluft. Amber flitzte ins Büro und ging ran. Alle anderen spitzten die Ohren.

»Wo bist du?«, fragte Amber. Der Lkw-Fahrer, der Shocks transportierte, war am Apparat. »Sei vorsichtig, wenn du die Auffahrt runterkommst. Sie ist sehr eng und tückisch bei diesem Regen.« Sie rasselte Anweisungen herunter.

Mit besorgter Miene kam sie zurück. »Er ist gerade in den Park gefahren, wird bald hier sein«, sagte sie und kaute nervös an den Fingernägeln.

Der Kampfeinsatz rückte näher. Die Mitarbeiter pressten die Nasen gegen die Fensterscheiben und versuchten, im sintflutartigen Regen etwas zu erkennen.

Da war er: Zwei Scheinwerferstrahlen schnitten durch den Sturm. Andy, Amber, Nick und einige Freiwillige, die an diesem Tag da waren, machten sich startklar.

Das Wetter war wirklich scheußlich. Andy stopfte die Hände in die Taschen und zog den Kopf ein. Die Jacken, die die anderen schützend über den Köpfen hielten, flatterten wie Segel, die den Wind auf stürmischer See einfangen wollen. Andy und Amber wedelten wie wild mit beiden Armen und versuchten, den Fahrer den engen Weg hinunterzuleiten. Die Zweige der Bäume schlugen laut gegen das Dach des Lasters und versetzten den armen Shocks wahrscheinlich zusätzlich in Panik.

»Halt! Halt!«, rief Andy und hielt die Hände in die Luft. Der Fahrer musste rückwärts auf den Hof fahren, damit sie Shocks herauslassen konnten.

Ein weiterer Blitz erleuchtete den Himmel, dann hüllte die Dunkelheit sie wieder ein.

»Ich kann nicht das Geringste sehen«, rief der Lkw-Fahrer und streckte den Kopf aus dem Fenster.

Amber und Andy umschrieben Kreise mit den Händen.

»Fahr weiter«, bedeuteten sie ihm. Das Haar des Fahrers flatterte in alle Richtungen, während er mit dem Oberkörper aus dem Fenster hing und versuchte, den großen Lkw in die richtige Position zu steuern.

Schließlich kam der Laster quietschend zum Stehen, und das Team rannte los, um die Rampe herunterzulassen. Sie wussten, dass Shocks angebunden war, aber sie wussten nicht, in welchem Zustand er sich befand. Andy bereitete sich auf das Schlimmste vor.

Die Rampe krachte auf den Beton. Über ihren Köpfen zerriss ein weiterer Donnerschlag die Luft. Shocks stand im Schatten verborgen im hinteren Teil der Ladefläche.

»Ich gehe«, rief Andy laut, um den Lärm zu übertönen, und kletterte vorsichtig auf die Rampe.

Andy wusste alles, was man über Esel wissen kann. Seit seinem zwölften Lebensjahr hatte er auf Farmen mit den Langohren gearbeitet, und jetzt war er Ende zwanzig.

»Ganz ruhig, mein Junge.« Andy bewegte sich zentimeterweise vorwärts.

Shocks zitterte vor Angst, schlug den Schwanz hin und her und stampfte mit den Hufen.

»Alles gut, ruhig, mein Kleiner.« Andy arbeitete sich immer dichter heran.

Es war wie ein Tanz – Andy setzte einen Fuß nach vorn und Shocks einen Huf zurück. Glücklicherweise war er angebunden, sodass er nicht sehr weit kam.

Andy nahm seinen Mut zusammen und machte einen Schritt nach vorn, um nach dem Halfter zu greifen. Shocks versuchte, sich aufzubäumen, aber Andy zog ihn nach unten.

»Ruhig, ganz ruhig«, sagte er beschwichtigend.

Alle anderen standen aufgereiht am Ende der Rampe, bereit, jeden Moment einzugreifen.

Andy hakte den Führstrick ans Halfter und fing an, Shocks unter gutem Zureden aus dem Laster zu ziehen. Die Rampe war inzwischen pitschnass und gefährlich glatt und rutschig.

»Sei vorsichtig«, rief Amber.

Shocks Hufe rutschten in alle Richtungen. Ein weiterer Blitzschlag explodierte. Shocks schaltete auf stur. Er versuchte, auf der Rampe kehrtzumachen, aber seine Beine gaben unter ihm nach.

»Was glaubst du, wo's hingeht?« Nick griff nach dem Strick. Gemeinsam zogen die beiden Männer Shocks von der Rampe auf den Hof.

»Gott sei Dank«, rief Amber und führte sie in Sicherheit.

Nachdem Shocks einmal aus dem Lastwagen war, gab er den Kampf auf und folgte Andy in die Reithalle. Seine große purpurrote Decke war völlig durchnässt und musste sofort abgenommen werden.

»Ich glaube, er steht unter Schock«, meinte Andy besorgt. Er wusste aus Erfahrung, dass die meisten Esel sich als Erstes in den Sand schmeißen, wenn man ihnen die Decke abnimmt. Sie hätten sich ausgiebig gewälzt, um ihre Freiheit zu feiern.

Nicht so Shocks. Der Arme blieb wie angewurzelt stehen und zitterte wie Espenlaub.

Amber gesellte sich zu Andy auf den Reitplatz. Beide traten an die Balustrade zurück und versuchten, die Situation einzuschätzen.

Unter den hellen Neonröhren konnten sie Shocks jetzt genauer in Augenschein nehmen.

»Wow, was für ein Riese!«, rief Andy in seinem breiten Dudley-Dialekt.

Shocks war der größte Esel, den das Therapiezentrum je gesehen hatte. Er war fast so groß wie ein Pferd. Andy machte sich Sorgen wegen der Hufe – die waren auch ziemlich groß und konnten jede Menge Schaden anrichten, sollte er Angst bekommen und anfangen zu treten.

»Was sollen wir tun? Was meinst du?« Andy sah zu Amber.

»Könnte jemand eine neue Decke für ihn holen?«, rief Amber den anderen zu, die hinter dem Tor warteten. Ein freiwilliger Helfer lief hastig los, um eine zu besorgen.

»Als Erstes müssen wir ihn warm und trocken kriegen«, sagte sie und schüttelte sich das Wasser aus dem eigenen Haar.

Das war typisch für das Reitteam – die Kinder und die Esel standen immer an erster Stelle.

Mit der neuen Decke ging Andy langsam auf Shocks zu. Diesmal leistete Shocks keinerlei Widerstand, er blieb wie festgenagelt stehen, zitternd vor Angst und Kälte. Mit weit aufgerissenen Augen sah er Andy entgegen und spitzte die großen Ohren in seine Richtung – lauschte auf jeden Tritt.

»Braver Junge«, gurrte Andy, während er die Decke ganz langsam auf Shocks Rücken gleiten ließ, um ihn nicht zu erschrecken.

»Wir lassen ihn heut Nacht hier drin«, verkündete Amber, nachdem sie die Szene beobachtet hatte. Normalerweise stellte sie einen »Neuankömmling« mit einem anderen Esel in den Ställen zusammen, aber es war klar, dass Shocks nicht in der Verfassung war, sich irgendwo hinzubewegen.

»Mir macht es nichts aus, bei ihm zu bleiben«, erbot sich Andy, die Nachtschicht zu übernehmen. Er machte sich ernsthaft Sorgen um das arme Tier.

Nachdem die anderen gegangen waren, wickelte er sich selbst eine Decke um die Schultern und schlug sein Lager für die Nacht auf der Reitbahn auf.

Er konnte sehen, dass Shocks dankbar für die Gesellschaft war, denn er blieb ganz nah bei ihm stehen. Esel schlafen durchaus auch im Liegen, aber dafür war Shocks viel zu nervös. Es musste unglaublich verwirrend für das Tier gewesen sein, im sonnigen Devon in den Lastwagen zu steigen und dann 170 Meilen später im stürmischen Birmingham wieder aufzutauchen. Ganz zu schweigen von all den neuen Gerüchen, die total beunruhigend sein mussten.

Als ob Shocks Andys Gedanken gelesen hätte, zog er die Oberlippe hoch, um auf Eselmanier zu schnuppern.

»Du witterst die ganzen anderen Jungs, was?«, sprach Andy ihn in sanftem Ton an.

Shocks stieß einen gewaltigen Nieser aus, der seinen ganzen Kopf durchschüttelte.

Andy grinste. Er deutete das als Zustimmung.

Jetzt, wo sie aus dem Regen heraus waren, konnte er erkennen, dass sein neuer Freund viele unverwechselbare Merkmale hatte. Sein Gesicht war mit flaumigem Fell bedeckt, und die weiche weiße Schnauze zog sich herzförmig um die Nase. Besonders liebenswert fand Andy seinen »Mohikaner« – das Haarbüschel, das zwischen den Ohren hervorstand. Außerdem gab die Art, wie Shocks durch seine langen Wimpern hochsah, seinen Augen einen unglaublich seelenvollen Ausdruck.

Als Shocks den Kopf zu Boden senkte, spürte Andy, dass er schwer an seinem Schicksal zu tragen hatte. Er sah die Narben der Vergangenheit, die unter der Decke herausguckten.

»Wieso haben sie dich hierhergeschickt?« Andy schüttelte den Kopf, verwundert über die Entscheidung der Zentrale, ihren schlimmsten Fall von Vernachlässigung ins Therapiezentrum zu schicken.

Jede Woche kommen zweihundert behinderte Kinder ins

eselgestützte Therapiezentrum nach Birmingham, um die fünfzehn handverlesenen Esel zu reiten, die aufgrund ihres besonders sanftmütigen Wesens ausgewählt wurden. Für die heilenden Kräfte der Tiere liegen zahllose Nachweise vor. Esel, die aus schlechter Haltung gerettet wurden, eignen sich allerdings in der Regel nicht für Besucher oder Kinder, weil sie zu scheu, zu geschädigt sind – von daher wusste Andy nicht so genau, was er mit Shocks anfangen sollte.

»Du hattest es nicht leicht im Leben, was, Kumpel?«, flüsterte Andy. Er hatte diese spezielle Art, Kontakt zu den Eseln aufzunehmen – er konnte ihren Schmerz fast körperlich spüren.

Andy musste eingedöst sein – das Licht, das durch die großen Glasfenster strömte, und lautes Vogelgezwitscher weckten ihn auf. Shocks stand immer noch an haargenau der gleichen Stelle. Er hatte über den schlafenden Andy gewacht.

»Morgen, Shocks«, lächelte Andy, nahm die dick geränderte Brille ab und rieb sich den Schlaf aus den Augen. Andy plauderte immer mit den Eseln. Manchmal führte er lange – einseitige – Unterhaltungen mit ihnen. Es wirkte beruhigend auf die Esel, eine sanfte Stimme zu hören, wenn sie gestriegelt wurden. Wenn Andy zu Scherzen aufgelegt war, machte er gern Dialekte nach – sprach zum Beispiel mit den irischen Eseln mit irischem Akzent. Bei Shocks würde er das allerdings nie machen, weil er keine schmerzlichen Erinnerungen an die schrecklichen Erfahrungen in Irland wecken wollte.

»Hast du dich ordentlich ausgeschlafen?« Amber stürmte auf den Reitplatz.

»Hatte schon bessere Nächte«, sagte Andy, klopfte sich den Staub ab und rüstete sich für den bevorstehenden Tag. Wer im Sanctuary arbeitete, musste Frühaufsteher sein – kurz nach Sonnenaufgang werden die Esel zum Frühstück auf die Koppel gelassen. Frühstück bedeutet ein volles Heunetz, das sie in Nullkommanichts auseinandergezogen und verputzt haben. Sie schlingen es herunter, als hätten sie noch nie im Leben etwas zu fressen bekommen.

Das Sanctuary in Birmingham ist eines der sechs reittherapeutischen Zentren, die *The Donkey Sanctuary* in Großbritannien unterhält. Es ist das einzige, in dem ausschließlich männliche Esel untergebracht sind. Diese Entscheidung wurde von der Leiterin Sue Brennan, Ambers Mutter, getroffen, als das Zentrum im Jahr 1994 eröffnet wurde. Obwohl die Jungs alle kastriert waren, hätte die Einführung von Eselmädels sie zu sehr »abgelenkt« und zu schlechtem Betragen animiert. Warum ausschließlich Jungs und nicht Mädels? Sue fand, dass männliche Esel besser für die Aufgabe geeignet waren, aber das war eine ganz persönliche Meinung und nichts wissenschaftlich Untermauertes!

Nur männliche Tiere zu halten bedeutete, dass sich die Koppel in einen Schulhof verwandelte – da gab es die Jungs, die besonders beliebt, besonders vorwitzig oder besonders ungezogen waren, ebenso wie die, die von den anderen gemobbt wurden, und die ganz Stillen.

Shocks ließ sich in keine dieser Kategorien einordnen. Er war vom ersten Tag an ein Einzelgänger.

Wenn ein neuer Esel eintraf, stellte das Team ihn als Erstes der gesamten Herde vor. Allen, außer den »Chefs«.

Die drei Chefs waren King, Mackenzie und Zebedee. Man wusste, dass sie die Hackordnung anführten, weil sie morgens immer die Ersten am Heunetz waren – und auch die Ersten, die abends in ihre Ställe gingen.

Wenn Andy Äpfel und Möhren auf dem Hof auswarf, konnte man sicher sein, dass die drei Musketiere zuerst auf der Bildfläche erschienen. Außerdem hatten sie keine Hemmungen, die anderen in ihre Schranken zu weisen. »Das ist mein Futter«, sagten sie mit einem Tritt hier und einem Biss dort.

Sie waren die durchsetzungsfähigsten und selbstbewusstesten der Esel und hätten Shocks zweifellos eingeschüchtert. Das war das Letzte, was er nach seinen jahrelangen schlimmen Erfahrungen jetzt brauchte. Irgendwann würde Shocks die Anführer der Gang kennenlernen, aber ganz langsam, einen nach dem anderen.

Sobald Andy Shocks auf die Koppel ließ, nahm der Esel seine Hufe in die Hand und galoppierte schnurstracks in die entlegenste Ecke, die er finden konnte. Dort blieb er den Rest des Tages stehen – ganz für sich allein, an einen Holzpfosten des Unterstandes gelehnt, als ob es seine Krücke wäre.

»Wollen wir ihn nicht mit ein paar anderen Eseln zusammenführen?«, schlug Sara Gee, die Reitlehrerin, vor.

»Nein«, sagte Amber mit einem Blick über die Koppel. Shocks stand mit gesenktem Kopf da, die Augen halb geschlossen; er wollte eindeutig am liebsten unsichtbar bleiben.

»Wir sollten ihn in Ruhe lassen. Er muss erst mal ankommen«, beharrte Amber.

Natürlich gab es ein kleines Problem mit der Schlafenszeit. Shocks wollte mit keinem der anderen Esel zusammen sein, aber sie hatten nicht genug Platz, um ihm einen Stall für sich allein anzubieten.

»Vielleicht sollten wir ihn mit Jacko zusammenstecken«, meinte Andy.

Diesen Vorschlag machte er, weil Jacko ein ruhiger, sanftmütiger Esel war, der keiner Fliege etwas zuleide tun würde. Der perfekte Stallgefährte für den fragilen Shocks.

Man musste die Esel im Sanctuary nie darauf aufmerksam

machen, dass Schlafenszeit war – die Esel ließen das Team wissen, wann es so weit war. Punkt siebzehn Uhr fingen die vorlauteren Jungs, wie Tony, an zu schreien und taten damit kund: »Hey, kommt in die Gänge, Leute – ich will mein Heu und mein Bett!«

Das Geräusch, wenn Andy das Koppeltor öffnete, reichte aus, um alle umgehend dazu zu bringen, sich in Bewegung zu setzen. Die frechen Jungs galoppierten auf die Ställe zu, kniffen sich unterwegs spielerisch gegenseitig in den Hals und in die Beine.

Mehr noch, sie alle wussten genau, wohin sie gehen mussten, ohne dass man sie anleitete. Die Artigen wie Jacko und Rambo gingen ganz brav und ruhig ins Bett, während die Frechen wie Zebedee, Bob und Lob immer ihre Grenzen austesteten.

»Verschwinde da, Zebedee«, schalt Andy den weißen Esel, der sich in Mackenzies Stall schleichen wollte. Er war einfach gierig – versuchte irgendwo ein paar Extrahappen Heu zu stibitzen. Es war jeden Abend dasselbe Spiel, aber ohne diese kleinen Streiche wäre der Eselhof nicht das, was er war.

Andy warf einen Blick zurück auf die Koppel. Shocks stand immer noch da, presste sich gegen den Zaun.

»Ich hol ihn«, erbot sich Amber. Obwohl Andy die Nacht mit Shocks verbracht hatte, war ihm gleich aufgefallen, dass Shocks auf ihn und andere männliche Mitarbeiter nervöser reagierte als auf Frauen. Es war gut, wenn Amber ihn holte; sie hatte wahrscheinlich mehr Glück bei dem Versuch, den Führstrick in sein Halfter zu haken.

Shocks leistete keinen Widerstand, aber er trottete mit eingeklemmtem Schwanz hinter Amber her, wie ein geschlagener Hund. Er hatte die Ohren gespitzt, aber hielt den Kopf gesenkt. Es war, als wollte er nicht, dass irgendjemand ihn bemerkte – als hätte er sich am liebsten ganz still und leise in Luft aufgelöst.

»Tja, ich fürchte, du kannst heute Nacht nicht allein bleiben, mein Junge. Wir haben einen Freund für dich gefunden«, sagte Andy und hielt Jackos Stalltür für ihn auf.

Jacko, der ganz braunes Fell hatte und verglichen mit dem großen Shocks ein Zwerg war, sah von »seiner Seite« des Stalles hoch. Er hatte weiße Augenringe, wodurch er aussah, als trüge er eine Brille.

Jacko legte den Kopf schräg, als ob er sagen wollte: »Hallo, grüß dich.«

Shocks schlüpfte vorsichtig durch die Stalltür und positionierte sich in größtmöglicher Distanz zu Jacko.

»Er tut dir nichts, er ist wirklich lammfromm«, sagte Andy beruhigend.

Jacko zuckte nicht mit der Wimper, als sein neuer Kumpel Einzug hielt. Stattdessen streckte er gemächlich seine lange Zunge aus und probierte vom Mineralienleckstein, der von der Hinterwand herunterhing. Der Leckstein ist eine Art Lolly für Esel. Nur dass er keinen Zucker enthält, sondern voller gesunder Nährstoffe steckt.

Jacko war 2009 mit sechs Jahren ins Therapiezentrum gekommen. Er hatte zusammen mit einer Ziegenherde auf einer Farm in Kent gelebt, die er leider verlassen musste, als seine Besitzer zu gebrechlich wurden, um sich um ihn zu kümmern. Er war einer von den »ruhigen« Jungs und graste immer zusammen mit Rambo – seinem besten Freund.

Shocks zog die Oberlippe hoch, um den Geruch seines neuen Stallgefährten aufzunehmen, und wandte dann verlegen den Kopf ab, um in die Ecke zu starren.

»Ich glaube, er ist einfach nur schüchtern.« Amber lehnte sich über die Stalltür.

Hoffentlich hast du recht. Andy behielt seine Gedanken für sich. Er hatte noch nie einen Esel gesehen, der so einsam und distanziert, so lädiert von seiner Vergangenheit war wie Shocks.

Als Andy am nächsten Morgen einer ganz simplen Arbeit nachging, erhielten seine Befürchtungen neue Nahrung.

Er ließ die Esel wie üblich auf die Koppel. Jacko und Shocks waren die Letzten, die noch im Stall waren.

»Prima. Ihr habt es also geschafft, euch gestern Nacht nicht gegenseitig umzubringen!« Er grinste mit einem Blick über die Stalltür. Jacko streckte ihm bereits den Kopf unter die Nase und wartete voller Ungeduld darauf, nach draußen zu kommen und sich ausgiebig im Gras zu wälzen. Shocks sah aus, als hätte er sich die ganze Nacht nicht von der Stelle bewegt. Er starrte immer noch in die Ecke, wie ein ungezogenes Schulkind, das man für sein schlechtes Betragen bestraft hat.

»Zeit für ein bisschen frische Luft, mein Junge!« Andy öffnete die stabile Holztür. Es war ein weiterer herrlicher Sommertag. Der Tau schimmerte silbern auf dem Gras. *Für einen hungrigen Esel muss das ungeheuer saftig aussehen*, dachte Andy.

Shocks hatte jedoch keine Eile, zu seinem Frühstück zu gelangen. Er trottete hinterher, als Bob, Lob, Jacko, Christopher und die übrigen Jungs auf das Heu und die Möhren zustürzten.

Inzwischen schnappte Andy sich den Schlauch, um den Wassertrog aufzufüllen – die Esel spülten ihr Futter gern mit einem kräftigen Schluck herunter.

Doch sobald Andy den Schlauch anhob, raste Shocks wie von der Tarantel gestochen davon.

»Ich tu dir nichts«, rief Andy ihm nach. Es war zu spät, Shocks war quer über die Koppel gerannt. Andy sah, dass das arme Tier vor Angst zitterte.

»Was haben sie bloß mit dir gemacht?« Traurig und frustriert schüttelte Andy den Kopf.

Hinter sich hörte er knirschende Stiefel auf Kies, als Amber auftauchte.

»Lass ihn einfach in Ruhe, er wird sich schon berappeln«, meinte sie zuversichtlich. Die beiden lehnten sich über das Tor, das Kinn auf die Arme gestützt, und schauten über das Feld.

»Die Kinder sind im Anmarsch. Zeit, die Esel zu satteln«, erklärte Amber. Die Esel kommen abwechselnd in die Reithalle. Sie lieben die Gesellschaft der Kinder und empfinden es als großes Vergnügen, zum Dienst anzutreten. Heute Morgen waren Moses und Oscar dran.

Andy und das restliche Team folgten Ambers Anweisung – sie ließen Shocks in Ruhe. Es schien zu funktionieren.

Nachdem er mehrere Wochen lang tagein, tagaus dieselbe Routine durchgemacht hatte, verlor er ein bisschen von seiner Angst.

Anstatt ans andere Ende der Weide zu rasen, wenn er den Schlauch sah, lief er nur ein kleines Stückchen, hielt dann an, drehte sich um und trabte noch ein paar Meter weiter.

»Siehst du, das Ding tut dir nichts.« Andy hielt den Schlauch gut sichtbar vor sich in der Hand.

Was Andy auf keinen Fall tun durfte, war, den Schlauch hinter seinem Rücken zu verbergen, weil Shocks dann dachte, dass er allen Grund zur Angst hätte.

Es war eine Form der Ausbildung, könnte man sagen. Andy brachte Shocks langsam, aber sicher bei, dass keine Gefahr von ihm ausging.

Als Andy das nächste Mal den Trog füllte, trottete Shocks einfach nur von dannen, wobei er ein paar Mal mit dem Schwanz schlug. Mit schräg gelegtem Kopf sah er über die Schulter zurück. *Vielleicht tust du mir tatsächlich nichts?*

»Genau, mein Junge. Es ist nur ein Schlauch«, sagte Andy

und bot ihm den Schlauch erneut mit ausgestreckten Händen dar.

Shocks machte eine halbe Drehung, sodass er jetzt von Angesicht zu Angesicht mit Andy stand. Seine langen wuscheligen Ohren waren gespitzt, zuckten bei jedem Geräusch. Er hob den linken Huf, um einen Schritt zu tun, und überlegte es sich dann anders.

»Komm schon, Shocks, das Teil beißt nicht«, lockte Andy ihn.

Shocks machte ein paar Schritte auf Andy zu. Dann hielt er inne. Er war noch nicht bereit, den ganzen Weg zu gehen. Es war ein bisschen wie bei dem Kinderspiel Ochs am Berg. Ein quälend langsamer Prozess, aber zumindest machten sie Fortschritte.

»Immerhin kommst du heute schon ein bisschen näher. Du gewöhnst dich allmählich daran«, murmelte Andy lächelnd. »Ich hab dir ja gesagt, es ist alles in Ordnung. Hier wird dir keiner wehtun.«

Shocks erwiderte Andys Blick, als ob er sagen wollte: »Eigentlich bist du gar nicht so furchterregend.«

Es war ein unglaublich beglückendes Gefühl, diese Veränderungen zu beobachten. Dafür lohnte sich die ganze harte Arbeit im Sanctuary.

Andy hatte als Wärter im Dudley-Zoo gearbeitet, bevor er bei der Eselrettung anfing. Obwohl es ihm viel Spaß gemacht hatte, sich um die wilden, exotischen Tiere zu kümmern, waren die Esel einfach mit nichts zu vergleichen. Sie waren so knuffig und aufgeweckt – und ja, manchmal auch unglaublich stur –, aber das machte sie nur umso liebenswerter.

Am nächsten Morgen kam Andy voller Elan zur Arbeit. Wie üblich begrüßte er die Jungs, bevor er sie zum Frühstück nach draußen schickte. Er griff zum Besen, weil es Zeit war, die Eseläpfel aus dem Unterstand zu kehren – ein überdachter Bereich auf der Koppel, wo die Esel Schutz vor der brennenden Sonne fanden. Dort befand sich auch Shocks Lieblingspfosten, an den er sich anlehnen und die anderen aus der Ferne beobachten konnte.

Ohne nachzudenken marschierte Andy los. Shocks warf einen Blick auf den Besen – und raste wieder wie ein geölter Blitz davon. Da war kein Innehalten, kein Umdrehen, das arme Ding war in absoluter Panik.

»Ach Shocks«, seufzte Andy hilflos.

Shocks mochte Andy nicht einmal ansehen. Er hielt den Blick gesenkt, als würde er erwarten, geprügelt zu werden.

Andy spürte seinen Schmerz. Amber hatte ihm die Bilder von Shocks' Verletzungen gezeigt, und sie blitzten in seinem Kopf auf. *Wie kann irgendjemand so gleichgültig gegenüber dem Leiden eines Tieres sein? Denkt Shocks, dass sein Leben für immer so qualvoll sein wird?*

Die Mitarbeiter hatten gelernt, die Gefühle, die das schlimme Schicksal mancher Esel bei ihnen auslöste, in gewisser Weise auszublenden. Andernfalls wären sie den Großteil der Zeit in Tränen aufgelöst. Doch Andy fand es sehr schwierig, sich innerlich zu distanzieren. Er spürte eine Welle der Traurigkeit in sich aufsteigen.

Wenn er so große Angst vor einem Besen hat, wie soll er dann je damit zurechtkommen, dass er auf dem Reitplatz über massive Stangen steigen muss und dass die Kinder den Wunden an seinem Hals ganz nah kommen?

»Ach, Shocks, warum haben sie dich hierhergebracht? Warum tun wir dir das an, wo du schon so viel durchgemacht hast?« Verzweifelt schüttelte Andy den Kopf.

Welten voneinander entfernt

Sutton Coldfield, Birmingham, Frühling 2011

»Ich werd meinen Job aufgeben müssen.« Bei diesen Worten schüttelte Julian verzweifelt den Kopf.

Er konnte unmöglich weiterhin die Nacht über bei Amber wachen und tagsüber Vollzeit arbeiten. Da er Tracy um keinen Preis der Welt erlauben würde, seine Schichten zu übernehmen, würde er das in seinen Augen Undenkbare tun müssen – um Hilfe bitten.

Julian hasste den Gedanken, nicht für seine Familie sorgen zu können. Alles in ihm sträubte sich dagegen. Es verstieß gegen alle Prinzipien, mit denen er groß geworden war: Du bist der Mann, du arbeitest hart, und du sorgst für deine Familie. Bei dem Gedanken, Sozialhilfe zu beantragen, bekam er das nackte Grausen.

Er warf sich aufs Sofa und schloss einen Moment lang die Augen, ließ die Welle der Müdigkeit über sich zusammenschlagen.

»Alles wird gut, das kriegen wir schon hin«, sagte Tracy. Immer die Praktische, immer optimistisch, ganz gleich, wie es in ihrem Innern aussah.

Er spürte die Wärme ihrer Hand, die sich auf seine legte und sie tröstend drückte. Es war eigentlich nicht ihre Art, so auf ihn zuzukommen. Da war noch etwas anderes.

»Ich fühle mich schlecht, wenn ich das sage …«, setzte sie an.

»Was ist los, Tracy?« Julian wollte es ihr leichter machen, sich zu öffnen.

Sie sah zu Amber und Hope, die beide mit dem Rücken auf der Matte lagen und pink und weiß gemusterte Strampelanzüge trugen. Sie waren gleich gekleidet, aber mit ihren acht Monaten hätten sie nicht unterschiedlicher sein können. Hope zappelte herum wie ein Fisch, streckte die Arme auf der Suche nach etwas zum Greifen aus. Ihre Augen leuchteten voller Forscherdrang. Amber dagegen lag völlig reglos da. Ihre schönen blauen Augen waren wie Gletscher – kalt und abweisend. Es war, als wäre das Licht an, aber niemand zu Hause.

»Es kommt mir vor, als hätten wir keine Zwillinge, sondern total unterschiedliche Kinder«, erklärte Tracy. »Ich fühle mich, als wäre ich die Mutter des einen und die Pflegerin des anderen.«

Tracy wandte den Blick ab, um ihre aufsteigenden Tränen zu unterdrücken.

Julian nickte verständnisvoll und gab zu, dass er genauso empfand.

Noch etwas anderes lag Tracy auf der Seele, aber die Worte blieben ihr im Hals stecken. Sie fühlte sich so schlecht, weil sie so etwas überhaupt nur denken konnte.

Ich fühle mich Amber näher als Hope, dachte sie.

»Trace?« Julian versuchte, zu ihr durchzudringen.

Tracy lächelte angespannt. Sie konnte ihr geheimes Schuldgefühl unmöglich preisgeben.

Der unangenehme Moment wurde durch das vertraute rasselnde Geräusch von Ambers blockiertem Luftweg unterbrochen. Tracy tauchte an die Seite ihrer Tochter, wickelte den Katheter aus und saugte das Sekret ab.

Das war das Problem – immer wenn Tracy Amber berührte,

war es nicht, um sie zu halten oder mit ihr zu kuscheln, sondern um etwas Medizinisches zu tun, sei es, dass sie sie absaugte, die Trachealkanüle wechselte, einen Vernebler aufsteckte oder Schleim wegwischte. Es war, als wäre sie eine Krankenschwester, die sich um einen kranken Patienten kümmerte.

Unablässig.

Und dann war da Hope, die keinerlei medizinische Aufmerksamkeit brauchte.

Was die Kluft noch größer machte, war die Tatsache, dass Tracy nie in der Lage gewesen war, die normalen Aktivitäten mit Amber auszuführen, die die Bindung zwischen Mutter und Kind stärken. Sie hatte sie nicht gestillt, sie hatte sie nicht über die Schulter gelegt und ihr sanft den Rücken gestreichelt, um ihr ein Bäuerchen zu entlocken. Überhaupt hatte sie Amber wegen der ganzen Schläuche und Drähte selten liebkost und in den Armen gehalten.

Und jetzt fand sie oft gar keine Zeit, um mit Amber zu kuscheln, weil sie immer damit beschäftigt war, sie medizinisch zu versorgen. Was ihr jedoch fast noch mehr Kummer machte, war die bestürzende Tatsache, dass immer offenkundiger wurde, dass Amber gar keine Umarmung wollte – sie wollte einfach nur in Ruhe gelassen werden.

»Du kannst es an ihren Augen sehen«, sagte Tracy eines Morgens zu Julian, nachdem sie von der »Nachtschicht« gekommen war. »Sie will gar nichts von einem wissen. Ich glaube, sie hat so oft erlebt, dass Menschen kommen, um sie zu piesacken, um Nadeln und Schläuche in sie hineinzustecken, dass sie einfach nur allein in ihrem Bettchen liegen möchte.«

Julian versuchte, seine Frau zu beruhigen, aber im Grunde hatte er die gleiche Erfahrung gemacht. Es schien wichtiger denn je, dass er Tracy und die Mädchen unterstützte, indem er ihnen mehr Zeit widmete. Obwohl es ihm schwerfiel, machte er sich schlau darüber, was er tun musste, um die Leistungen, auf die seine Familie jetzt Anspruch hatte, zu beantragen.

Zu Julians Erleichterung war es letztlich gar nicht so kompliziert, wie er vermutet hatte, finanzielle Hilfe vom Staat zu bekommen. Das Bürgerbüro in der Stadt hatte ihm die richtigen Tipps gegeben, und jetzt waren sie im System, wo ihr Fall bearbeitet wurde. Damit war ein großes Problem auf den Weg zu seiner Lösung gebracht, aber das änderte nichts an dem anderen Problem, nämlich dass sie beide dringend eine Pause von der »Pflege« brauchten. Dass Tracy, der es so schwerfiel, über ihre Sorgen und Ängste zu sprechen, dieses Thema angeschnitten hatte, war ein ohrenbetäubendes Signal dafür, dass es alles zu viel wurde.

Julian dachte an das Gespräch im Krankenhaus zurück, dass sie anlässlich Ambers Entlassung vor sechs Monaten geführt hatten. Mr. Kuo hatte sie gewarnt, dass die Nachbetreuung eine Herausforderung darstelle. Er hatte ihnen Hilfe in Form von »Complex Care« angeboten – was bedeutete, dass eine Betreuerin sich fünfzehn Stunden in der Woche um Amber kümmern würde.

»Neeh, das schaffen wir schon«, hatten Julian und Tracy das Angebot damals achselzuckend ausgeschlagen.

Jetzt erschien Julian die bloße Vorstellung wie ein Stück vom Himmel. Er griff zum Telefon und rief das Krankenhaus an. *Es ist völlig in Ordnung, wenn man zugibt, dass man es allein nicht schafft, dass man ein bisschen Hilfe braucht*, beruhigte er sich selbst.

Bevor die Betreuerin Ambers Versorgung übernehmen durfte, musste sie zwei Mal die Trachealkanüle wechseln, also denselben Test absolvieren, den auch Julian und Tracy vor Monaten hatten ablegen müssen. Die Unterstützung für die Eltern würde in zwei Schichten aufgeteilt werden – eine Zwölf-Stunden-Schicht und drei variable Stunden an einem anderen Wochentag.

Pünktlich um acht Uhr abends stand Karen auf der Matte und begrüßte sie mit einem freundlichen Lächeln. *Sie muss so Anfang zwanzig sein*, dachte Julian und fragte sich sofort besorgt, ob sie nicht zu jung für die Aufgabe war. Er hasste sich selbst, weil er sie überkritisch beurteilte, aber es war das erste Mal, dass sie Amber aus den Augen ließen und sie einer Person anvertrauten, die praktisch eine Fremde für sie war. Tracy warf ihm einen tadelnden Blick zu. Sie wusste genau, was in ihm vorging.

Sie führten Karen nach oben ins Kinderzimmer und erklärten ihr kurz, wo alles zu finden war. Karen nickte liebenswürdig, als wäre sie daran gewöhnt, nervöse Eltern zu beruhigen. Sie strich sich eine Strähne ihres kurzen, schwarz gefärbten Haars hinters Ohr, während sie einen Blick in die Kiste mit den Medikamenten warf.

»Und wir haben eine Liste gemacht. Da steht alles drauf, was Sie wissen müssen.« Julian deutete auf einen DIN-A4-Bogen, der von oben bis unten mit Anweisungen vollgekritzelt war.

Karen lächelte freundlich. »Machen Sie sich keine Sorgen, ich habe alles im Griff.« Sie trieb sie zur Tür hinaus.

Julian und Tracy gingen hinunter in die Küche und taten ihr Bestes, um sich zu entspannen. Eingequetscht zwischen Kühlschrank und Mikrowelle sahen sie einander an, als ob sie sagen wollten: »Tja, und was nun?«

Sie hatten tatsächlich eine Nacht frei. Nach Wochen der Trennung würden sie das erste Mal wieder ein Bett miteinander teilen. Irgendwie fühlten sie sich beide unter einer Art unangenehmem Leistungsdruck.

»Ich schätze, wir sollten etwas Besonderes machen?«, meinte Julian betreten.

Beide wollten ihre Pause unbedingt genießen, aber es war fast unmöglich für sie, Ambers Pflege einer Fremden zu überlassen. Außerdem mussten sie sich trotzdem noch um Hope kümmern – Karen war es gesetzlich nicht erlaubt, auf Hope aufzupassen, auch wenn sie sich im selben Zimmer befand wie ihre Schwester.

»Wollen wir uns was zu essen bestellen und einen Film schauen?«, schlug er vor.

»Gute Idee«, sagte Tracy und zog die Karten vom Lieferservice von der Pinnwand.

Sie kuschelten sich ins Sofa, während sie auf die Auslieferung vom örtlichen Chinesen warteten. Tracy schmiegte sich an Julian und vergrub ihren Kopf an seiner Brust. Gerade als ihr müder Körper anfing, sich zu entspannen, spürte sie, wie Julian verkrampfte. Er hatte das schwache Geräusch des Absauggeräts gehört.

»Es ist alles gut.« Tracy drückte ihn zurück ins weiche Sofa.

Tracy war vielleicht vorsichtig, was ihre Gefühle betraf, aber wenn es um die Mädchen ging, war Julian der Übervorsichtige. In den nächsten Stunden rannte er immer wieder wie ein Stehaufmännchen die Treppe herauf und herunter, um vor der Kinderzimmertür herumzuschleichen.

»Alles in Ordnung?«, fragte er Karen zum x-ten Mal.

Julian war erleichtert, als sie endlich ins Bett gingen, weil sie dadurch näher bei Amber waren. Er gab zu, dass es schön war, Tracy nach all diesen vielen einsamen Nächten wieder im Arm zu halten. Sie sahen sich in die Augen und mussten kichern.

»Ich weiß. Ich bin auch müde«, gluckste Julian. Zu mehr als einer Umarmung reichte ihre Energie nicht mehr.

Eng aneinandergeschmiegt schliefen sie ein. Wenn das Absauggeräusch einsetzte, wälzten sie sich unruhig hin und her, aber Julian zog Tracy immer wieder an sich, wenn sie zu weit von ihm wegrutschte.

Es war eine Riesenerleichterung für die Austwicks, mit dem Wissen aufzuwachen, dass sie noch weitere drei Stunden Pause in dieser Woche haben würden. Sie nahmen die Auszeit einige Tage später, wenn auch nicht für sich allein: Julian und Tracy machten sich beide Sorgen, dass sie anfingen, Hope zu vernachlässigen, weil Amber so viel Aufmerksamkeit brauchte.

»Ich glaube, wir sollten die Zeit nutzen, um uns auf Hope zu konzentrieren«, sagte Tracy, weil ihre Schuldgefühle schon wieder wuchsen.

Sie hob Hope auf den Arm und trug sie zum Auto. Geplant war ein Familienausflug zum örtlichen Supermarkt. Das war zwar nicht besonders aufregend, aber da das Leben inzwischen eine einzige Zirkusnummer war – man jonglierte mit einer Million Dinge gleichzeitig –, bot ein Einkaufstrip genau die Normalität, die sie vermissten.

Hope genoss die Ausfahrt im Einkaufswagen. Ihr Kopf schwenkte von links nach rechts, während sie die bunten Farben in der Obst- und Gemüseabteilung in sich aufnahm. Sie streckte die kleinen Arme aus, um nach den aufregenden Sachen zu greifen, auch wenn sie viel zu weit entfernt waren.

Es waren nur kleine Dinge, aber die Unterschiede zwischen den Zwillingen traten immer deutlicher hervor. Hope war begierig darauf, die Welt zu sehen, während Amber nichts damit zu tun haben wollte. Hope streckte die Hände aus und wollte alles berühren, ganz im Gegensatz zu Amber, die sich in ihr Schneckenhaus zurückzog. Julian tat es achselzuckend als symptomatisch für die schwierige Geburt ab. Tracy war nicht überzeugt, sie hatte die schreckliche Ahnung, dass irgendetwas anderes nicht stimmte.

Sie packte ihre Sorgen für eine Weile auf Wiedervorlage, denn die folgenden Monate rauschten in einem verschwommenen Nebel aus Fahrten zum Krankenhaus, Nachtschichten, kleinen Panikanfällen über Blockaden und noch mehr Fahrten zum Krankenhaus für weitere Untersuchungen an ihnen vorbei. Tracy sah kaum noch Freunde oder Verwandte, weil die Versorgung der Mädchen sie vollständig in Anspruch nahm. Sogar wenn Debs oder Tracys Freundin Claire vorschlugen, einmal kurz vorbeizuschauen, musste Julian sie vorher über ihren Gesundheitszustand ausquetschen.

»Du sagst, du bist ein bisschen erkältet? Dann sollten wir es heute vielleicht lieber lassen«, musste er den Vorschlag so taktvoll wie möglich ablehnen. Eine Erkältung wäre eine Katastrophe für Ambers Luftwege. Dieses Risiko konnten sie nicht eingehen.

Erst als Tracys Oma Irene im Juli 2011 anbot, ihnen einen Aufenthalt im Ferienpark von Brean Sands im Südwesten Englands zu bezahlen, zogen sie in Betracht, ihre starre Routine zu durchbrechen. Die Mädchen waren jetzt dreizehn Monate alt.

In den letzten sieben Monaten hatten sie ihre ruhige Sackgasse nur noch verlassen, um ins Krankenhaus oder zum Supermarkt zu fahren. Sie waren wie Gefangene in ihrem eigenen Haus geworden.

Tracy ergriff die Gelegenheit, einmal herauszukommen. »Wir brauchen diese Pause«, drängte sie.

Sie wünschte sich verzweifelt, all die »normalen« Dinge zu tun, die andere Familien taten. Sie wollte, dass sie es wenigstens versuchten, sie wollte unbedingt alle Probleme »bewältigen«. Sie hatte wieder ihr Supermum-Cape übergeworfen.

Julian rieb sich das Kinn, während er das Für und Wider der Situation auf die vorsichtige Art, die er in der letzten Zeit entwickelt hatte, abwog.

»Ich weiß nicht«, sagte er zögernd und dachte daran, was für eine Anstrengung es wäre, die ganze medizinische Ausrüstung ein- und auszupacken. Ganz zu schweigen davon, wie beängstigend es wäre, das Krankenhaus nicht in der Nähe zu haben.

»Ich buche.« Trace hatte das letzte Wort.

Das war sehr mutig, wenn man bedachte, dass allein schon die vierstündige Autofahrt ein Minenfeld an Gefahren darstellte. Was sollten sie tun, wenn Amber eine schwere Blockade bekam, während sie in einem Stau feststeckten? Doch Tracy zog die Sache durch. Sie saß während der Fahrt mit der gesamten Absaugausrüstung auf der Rückbank des Autos, während Hope vorn in ihrem Kindersitz schlief.

Zum Glück blieben Ambers Luftwege den Großteil der Fahrt über frei. Julian und Tracy hatten beide das Gefühl, etwas Tolles geleistet zu haben, als sie in ihrem Urlaubsort auf den Parkplatz rollten. *Ja, wir haben es geschafft!*

Das Zimmer war einfach, aber es war weg von zu Hause, und das war alles, was zählte, vor allem für Tracy. Sie mussten mehrmals laufen, um den Kofferraum auszuladen, der überquoll vor Geräten und Ersatzgeräten für den Fall, dass Erstere versagten. Julian breitete sie mit militärischer Präzision im Schlafzimmer aus.

An den Strand zu gehen war eine noch größere militärische Operation, weil sie das acht Kilo schwere Absauggerät plus all die anderen Sachen mitschleppen mussten. Julian wünschte, er würde eine Armeehose tragen, als sie den Buggy über die Promenade schoben – irgendwas, wo man die ganzen Katheter und Instrumente hineinstecken oder anheften könnte.

Aber Umkehren kam nicht in Frage; Tracy war entschlossen, mit ihrer Familie einen Strandtag zu verbringen. Unterwegs kaufte sie einen roten Plastikeimer in Form einer Sandburg.

»Hier ist noch ein Stück Gepäck für dich«, lachte sie und überreichte ihn Julian.

Es war ein brüllend heißer Tag, und der Strand war rappelvoll mit Touristen. Man konnte kaum den Sand sehen vor lauter bunten Strandlaken und gestreiften Windschutzvorrichtungen. Aber die laute Menschenmasse tat der Freude der Austwicks keinen Abbruch.

»Es ist trotzdem toll, mal von zu Hause wegzukommen.« Tracy sog die Seeluft ein wie einen eisgekühlten Drink.

Julian und Tracy wählten einen Platz, der nicht allzu weit vom Hauptstrandabschnitt entfernt war. Sie parkten den Buggy und errichteten ein kleines Camp auf dem Sand, so ähnlich, wie sie es sonst auf dem Fußboden ihres Wohnzimmers taten.

»Guck mal, Hope, das ist das Meer«, zirpte Julian. Er tat so, als würde er Hope wie ein Flugzeug fliegen und auf ihrer blaugrün karierten Matte landen lassen.

Julian und Tracy warfen einen Blick auf Amber, die immer noch im Buggy saß.

»Sie sieht traurig aus«, sagte Tracy bedrückt.

»Wir können sie nicht herausnehmen, Liebes. Der Sand könnte in ihre Luftröhre geraten«, gab Julian zu bedenken.

Es war ein weiterer Augenblick, in dem Glück und Verzweiflung zusammenfielen – sie waren glücklich, weil sie alle zusammen am Strand waren, und gleichzeitig unglücklich, weil Amber nicht mitmachen konnte.

Julian faltete ein Handtuch auseinander und drapierte es wie einen Schleier über dem Buggy. Nur für den Fall, dass eine Windböe etwas Sand in Ambers Richtung blies.

»Lass uns eine Sandburg bauen«, versuchte Julian, die Stimmung aufzulockern.

Während Tracy zusah, wie Julian wie ein kleiner Junge im Sand herumbuddelte und Hope versuchte, zu ihm zu krabbeln, nagte wieder dieses komische Gefühl an ihr – die Ahnung, dass irgendetwas nicht stimmte. *Warum verhält sich Amber nicht wie ihre Schwester? Sie will nur auf dem Rücken liegen und ins Leere starren.* Die Zwillinge waren jetzt dreizehn Monate alt, aber von der Entwicklung her hätten sie gut sechs Monate auseinander sein können.

Wie sehr sie sich auch bemühte, Tracy konnte dieses Gefühl in den nächsten Tagen nicht wieder abschütteln. In der fremden Umgebung fielen ihr die Unterschiede noch stärker auf als in der Sicherheit ihres vertrauten Zuhauses.

Julian kämpfte unterdessen mit seinen eigenen Dämonen. Es war schwer genug, sich im vertrauten Umfeld um Amber zu kümmern, von einer fremden Umgebung ganz zu schweigen. Auch was die Schlaflosigkeit anging, standen sie wieder ganz am Anfang. Dasselbe Zimmer zu teilen bedeutete, dass Tracy und Julian beide die ganze Nacht wach waren. Julian konnte es kaum abwarten, wieder zu seiner bewährten Routine zurückzukehren.

Sie gingen ein bisschen gereizt miteinander um, als sie den Berg an Gepäck wieder ins Auto packten, aber das ging schnell vorüber, als sie über die Autobahn sausten. Es war der erste große Test dafür gewesen, ob sie eine ganz normale Familie sein konnten. Hatten sie ihn bestanden, oder waren sie durchgefallen?

»Ich bin froh, dass wir nach Hause fahren«, seufzte Julian müde hinter dem Steuer.

Tracy war dankbar für den Urlaub und die Sonne, aber auch sie hatte damit zu kämpfen, dass sie vier Nächte kaum geschlafen hatte. Irgendwie schien auf jedem Weg, den sie einschlugen, ein Riesenhindernis aufzutauchen. Außerdem setzte ihr die Erkenntnis zu, dass mit Amber irgendetwas nicht stimmte.

Es war, als würde man einen Kratzer auf seinem Auto entdecken und urplötzlich auch all die anderen Schrammen sehen, die schon da sind. Das Auto ist nicht mehr so perfekt wie vorher. Nur dass Amber keine »Sache« war, sie war ein wunderbares Baby, das Tracy wieder in Ordnung bringen musste. Sie wünschte sich so sehr, dass Amber glücklich und gesund war, aber sie fühlte sich hilflos und wusste nicht, was sie tun sollte.

Die Sonne ging unter, als sie auf die vertrauten Straßen abbogen, die zu ihrem Zuhause führten. Auf der letzten Etappe ihrer Route, als sie noch ungefähr fünf Minuten zu fahren hatten, kamen sie an den Grenzen von Sutton Park vorbei – einer großen bewaldeten Oase inmitten von Vorstadtwüsten und mit knapp neun Quadratkilometern der siebtgrößte Stadtpark Europas. Weder Julian noch Tracy hatten dem Park viel Beachtung geschenkt, seit sie in die Gegend gezogen waren, aber Tracy ertappte sich dabei, wie sie in die grüne Wildnis blickte und dachte, dass es schön sein müsste, dort einmal mit der Familie spazieren zu gehen.

Vielleicht irgendwann, dachte sie und fühlte sich ein bisschen mutlos.

Julian stieß einen Riesenseufzer der Erleichterung aus, als sie in ihre Auffahrt einbogen – jetzt konnte wieder Normalität einkehren.

»Setz doch schon mal das Wasser auf, Liebes, und ich pack inzwischen die Sachen aus«, grinste Julian. Was ihn anging, so war Tee das Allheilmittel.

Nachdem das Auspacken erledigt war, ließ sich das Paar mit der Teetasse in der Hand in das weiche Polstersofa fallen – auf dem noch die Abdrücke zu erkennen waren, die sie vor ihrer Abfahrt hinterlassen hatten. Hope und Amber lagen wieder zu ihren Füßen auf der Babymatte.

»Pass auf, Hope!«, schimpfte Tracy plötzlich.

Hope kletterte über Amber, als wäre sie ein Möbelstück.

Tracy kniete sich hin und zog die Mädchen auseinander. Sie konnte nicht riskieren, dass Hope Ambers Trachealkanüle herausriss.

Sie beobachtete, wie Hope ein weiteres Hindernis bewältigte und auf die gleiche Weise darüber hinwegkletterte wie eben über ihre Schwester.

»Sie nimmt überhaupt keine Notiz von Amber«, sagte Tracy, schockiert über Hopes Verhalten.

Die Wahrheit war, dass Amber wahrscheinlich tatsächlich wie ein Möbelstück auf Hope wirkte. Sie bewegte sich kaum, sie gab keinen Laut von sich, sie weinte nicht.

Sie waren Welten voneinander entfernt. Tracy hatte den schrecklichen Verdacht, dass der Abstand nur noch größer werden würde.

In der Eselschule

Sutton Park, Birmingham, Frühjahr 2012

»Wir schicken Shocks nicht zurück nach Devon«, verkündete Amber Brennan.

Niemand in der Reitschule in Birmingham hatte die Absicht, das zu tun, aber Amber musste es öffentlich in Worte fassen – und sei es nur, um ihre eigenen Zweifel zu zerstreuen.

Sie hatten Shocks fast ein Jahr lang in Ruhe gelassen, aber leider hatte sich nichts verändert. Er verbrachte seine Zeit immer allein und hatte Angst, sich mit den anderen Eseln anzufreunden. Es war, als wüsste er nicht einmal, wie Esel spielen und sich amüsieren.

»Wenn er als Therapieesel nicht geeignet ist, bleibt er eben als Streichelesel für die Kinder hier«, schlug Amber vor. Sie wollte unbedingt einen Platz für Shocks im Zentrum finden.

Amber wusste, dass sie nicht so viele Gefühle investieren sollte, aber was sollte sie machen? Da es in Birmingham nur einundzwanzig Esel gab, »bemutterten« Amber und die anderen Mitarbeiter sie alle ganz automatisch. Shocks zurückzuschicken wäre, als würde man ein Kind verlieren.

»Shocks ist zu sensibel, und es fehlt ihm einfach an Vertrauen, um einen weiteren Umzug zu verkraften. Hier ist jetzt sein Zuhause.« Mit diesen Worten zog Amber einen Schlussstrich unter die Frage.

Andy und das übrige Team senkten den Blick und nickten. Sie spürten, dass Shocks' mangelnde Fortschritte Amber bedrückten. Sie alle wünschten sich nichts sehnlicher, als dass Shocks aufblühte, aber sie wussten einfach nicht, wie sie ihn aus seiner Traurigkeit herauslocken sollten.

»Ich weiß was«, meldete sich die Reitlehrerin Sara Gee zu Wort. »Ich werde anfangen, ihn mit der Reitbahn vertraut zu machen und ihn ganz behutsam auszubilden«, schlug die Vierundfünfzigjährige vor. Amber Brennan und Sara waren die beiden ausgebildeten Reitlehrerinnen im Sanctuary.

Was konnte im schlimmsten Fall passieren? Einsamer und trauriger als jetzt konnte Shocks nicht mehr werden. Vielleicht war es sogar der Schlüssel zu seiner Heilung, denn die meisten Esel macht es glücklich, wenn sie eine Aufgabe haben, wenn sie anderen helfen.

Shocks war inzwischen daran gewöhnt, ein Halfter zu tragen, aber es gab noch jede Menge Ausrüstungsteile, die er kennenlernen musste, bevor man auch nur daran denken konnte, ein Kind auf ihm reiten zu lassen.

Die beiden wichtigsten Teile waren das Zaumzeug und natürlich der Sattel. Beides würde sich für ein Tier, das überhaupt nicht daran gewöhnt war, vermutlich sehr einengend anfühlen. Shocks war weit davon entfernt, für die beiden Teile bereit zu sein, vor allem wenn man bedachte, dass er in Panik geriet, sobald jemand in die Nähe seiner alten Wunden kam.

Sie würden ihn also ganz langsam anleiten müssen, ihm zeigen, dass es keinen Grund zur Angst gab. Das Team musste Shocks vermitteln, dass niemand ihm je wieder wehtun würde.

Sara ging los, um Shocks von der Koppel zu holen, nachdem die letzte Gruppe ihren Reitunterricht beendet hatte. An diesem Morgen waren insgesamt sechzig Kinder zum Reiten gekommen, von daher hatten sie viel zu tun gehabt. Die Reithalle würde voller Gerüche sein, und genau damit wollte Sara das scheue Langohr vertraut machen.

»Na komm, mein Junge. Ich will dir was zeigen.« Sara redete sanft auf Shocks ein, während sie den Führstrick an seinem Halfter befestigte. Wie Amber war sie eher hochgewachsen, was ihr einen Vorteil verschaffte, wenn sie einen so großen Esel wie Shocks dirigieren musste.

Shocks trottete gehorsam hinter ihr her. Er tat immer, was man von ihm verlangte, aber widerstrebend. Einige der anderen Esel drängten sich förmlich um die Aufgaben, boten sich quasi freiwillig für die Arbeit an. Von den anderen Eseln war allerdings auch keiner so schwer misshandelt worden wie Shocks. Sara hatte den Verdacht, dass man Shocks vor seiner Rettung zu vielen unangenehmen Dingen gezwungen hatte.

Bei vielen Fragen nach der Vergangenheit der Esel stocherte das Reitteam im Dunkeln, doch wenn man das Verhalten der Esel aufmerksam beobachtete, war es möglich, einige Teile des Puzzles zusammenzusetzen.

Seit seiner Ankunft in jener unvergesslichen Gewitternacht vor einem Jahr hatte Shocks die Reithalle noch nicht wieder betreten. Angespannt nahm er die neuen Gerüche und Reize auf.

»Alles okay, komm weiter, Shocks.« Sara führte ihn langsam um die Reitbahn. Die ganze Zeit redete sie leise auf ihn ein und erzählte ihm, wie der Morgen mit den Kindern verlaufen war. Es war nicht wichtig, *was* sie sagte, sondern *wie* sie es sagte. Ihre sanfte Stimme klang tröstend und beruhigend, wie die einer Krankenschwester am Bett eines Patienten.

»Dein Fell sieht heute ziemlich strubbelig aus, wie wär's, wenn wir dich ein bisschen aufhübschen?« Sara griff nach der Wurzelbürste.

Shocks' Körper spannte sich erneut an, während Sara sanft mit der Bürste über seinen Rücken, den Bauch und die Oberbeine fuhr, wobei sie darauf achtete, die alten Wunden nicht zu berühren. Shocks Blick war starr auf den Boden geheftet, als hätte er Angst hochzusehen.

»Oh, du hast da was«, stellte Sara fest. Wie Menschen haben auch Esel morgens Schlaf im Auge.

Sie wrang einen Lappen mit warmem Wasser aus und tupfte damit um seine großen traurigen Augen herum. Sara war überzeugt, dass die Augen eines Esels die Fenster zu seiner Seele waren – und für Shocks mit seinen gefühlvollen Augen galt das ganz besonders.

»Wie geht's ihm?«, erkundigte sich Andy.

»Ich glaube, er ist ein bisschen verdattert«, lachte Sara.

»Man hat noch nie so viel Aufhebens um ihn gemacht«, meinte Andy. »Jetzt fragt er sich wahrscheinlich, was zum Teufel dieses ganze Getue soll!«

Auch wenn es vielleicht nur Babyschritte waren, ging es doch voran. Sara ließ Shocks einige Tage in Ruhe grasen, und dann brachte sie ihn abermals in die Reithalle, um erneut ein bisschen Aufhebens um ihn zu machen und etwas Fellpflege zu betreiben. Der Plan war, so viel Vertrauen bei ihm aufzubauen, dass er es sich gefallen lassen würde, Sattel- und Zaumzeug zu tragen.

Zurück auf der Koppel wurde Shocks von den populären Jungs aufs Korn genommen. Inzwischen war er den drei Musketieren nacheinander vorgestellt worden, und sie hatten klargestellt, wer der Boss war. Jetzt kamen sie zu ihm herüber, um ihm noch einmal auf den Zahn zu fühlen. Shocks gefror zur Salzsäule, als Zebedee, Mackenzie und King ihn wie Haie einkreisten. Zebedee beschnüffelte seinen Hals und zwickte ihn ein bisschen, um dem Newcomer klarzumachen, wer hier das Sagen hatte.

Shocks stand stocksteif da und ließ alles über sich ergehen.

Es war ein bisschen wie beim Mobbing auf dem Schulhof. Die Jungs wollten allerdings nichts Böses. Sie wollten nur testen, wie stark der neue Junge war, und sehen, ob er irgendeine Bedrohung für ihre Rangordnung darstellte.

Anders als bei Shocks war das bei manchen Eseln durchaus der Fall. Junior zum Beispiel hatten sie seit dem Augenblick seiner Ankunft überhaupt nicht leiden können. Junior war ein sechsjähriger dunkelgrauer Esel. Weil er aussah wie eine Mini-Version von Donk, einem der anderen Jungs, hatte das Team ihn auf den Namen »Junior« getauft.

Er war stark und rotzfrech und hatte keinen Respekt vor dem persönlichen Raum anderer – Grund genug für die drei Musketiere, eine spontane Abneigung gegen ihn zu fassen. Irgendwann hatte King die Nase so gestrichen voll von ihm, dass er mit den Hinterbeinen ausschlug und Junior tatsächlich voll ins Gesicht trat. Kein Wunder, dass die beiden jetzt möglichst großen Abstand zueinander hielten.

Bei Shocks war allerdings ziemlich klar, dass keinerlei Gefahr von ihm ausging. Sie spürten, wie verängstigt und niedergedrückt er war, also ließen sie ihn in Ruhe.

Shocks blickte ihnen nach, als sie ihr Verhör beendet hatten und davontrotteten. Er sah traurig aus, als ob er wünschte, er könne auch einer von den »coolen Jungs« sein.

Andy, der gerade den Unterstand auskehrte, hatte die gesamte Interaktion beobachtet.

»Mach dir keinen Kopf wegen Zebedee. Wenigstens brauchst *du* keine Sonnencreme«, scherzte er, in dem Versuch, Shocks aufzuheitern.

Zebedee mit seinem weißen Fell bekam ähnlich wie hellhäutige Menschen leicht einen Sonnenbrand. In den Sommermonaten musste Andy seine Haut jeden Morgen mit Sonnencreme einreiben.

Mit tröstender Stimme erinnerte er Shocks daran, dass er außerdem zurzeit viel mehr Aufmerksamkeit von Sara und dem restlichen Team erhielt als Zebedee und die anderen Jungs – immerhin wurde er jetzt zum Therapieesel ausgebildet und konnte vor allen anderen glänzen.

Nachdem Sara Shocks einige Wochen lang auf der Reitbahn gebürstet und mit den Örtlichkeiten vertraut gemacht hatte, war es an der Zeit, Sattel- und Zaumzeug auszuprobieren. Was das Tragen eines Sattels betrifft, so gibt es einige Dinge, gegen die Esel eine Abneigung entwickeln können – erstens gegen den Sattelgurt, der unter ihren Bauch geschnallt wird, um den Sattel an Ort und Stelle zu halten. Am Bauch sind Esel besonders empfindlich, deshalb werden sie dort nicht gern berührt. Es kann also eine gewisse Überzeugungsarbeit notwendig sein, um ihnen einen breiten Gurt schmackhaft zu machen, der ihren Bauch einschnürt und sich wahrscheinlich anfühlt wie ein Korsett. Dann ist da noch der Schweifriemen, der lange Gurt, der über den Rücken und in einer Schlinge unter dem Schweif verläuft, um zu verhindern, dass der Sattel nach vorn rutscht. Auch die Steigbügel können einen Esel ausflippen lassen, wenn das Metall gegen seine Flanken schlägt.

Weil Shocks der größte Esel war, der je auf dem Hof gewesen war, musste das Sanctuary extra einen größeren Schweifriemen für seinen langen Rücken bestellen!

Shocks machte keinerlei Probleme, als Sara ihm den Sattel auflegte. Wie üblich tat er genau das, was man von ihm wollte. Er tat es nur ohne jede Begeisterung. Da war keine Lebensfreude. Kein Glück in seinen Augen.

Er absolvierte die Ausbildungsschritte einfach alle ganz mechanisch. Als Nächstes kam das Zaumzeug. Dazu gehörte das Trensengebiss, eine Metallstange, die hinter die Zähne ins Maul geschoben wird. Die Reitlehrer nutzen die Trense, um die Esel um den Aktivitätsparcours zu lenken.

Shocks kaute auf der Gebissstange herum, aber benahm sich sehr manierlich verglichen mit einigen anderen Eseln, die die Zunge unter die Stange schieben und sie dort schließlich rettungslos einklemmen.

Was Shocks allerdings überhaupt nicht mochte, war, wenn jemand seine Ohren berührte. Es kommt nicht selten vor, dass grausame Besitzer einen Esel brutal an den Ohren reißen, um ihn zu bestrafen, wenn er nicht gehorcht. Aus schlechter Haltung gerettete Esel wie Shocks zeigen in ihrem Verhalten oft die Folgen solcher Quälereien.

»Okay, Shocks, ich werde dir nicht wehtun«, versprach Sara und zog die langen Lauscher vorsichtig einen nach dem anderen durch die Zaumzeugriemen. Dann kraulte sie ihn ausgiebig hinter den Ohren – eine Wonne für alle Esel!

Abgesehen vom Sattel- und Zaumzeug musste Shocks auch an die Aktivitäten gewöhnt werden, an denen er teilnehmen würde. Das Therapiezentrum ist nicht nur wegen des Eselreitens etwas Besonderes, sondern auch wegen der klugen Auswahl an Übungen und Spielen, die dazu beitragen, dass die motorischen und kognitiven Fähigkeiten der Kinder gefördert werden.

Zu diesen Spielen gehört zum Beispiel, dass die Kinder Bohnensäckchen in einen Eimer werfen, aus dem Sattel nach herabbaumelnden Bändern greifen, Bildkarten einsammeln und sie durch verschiedene Briefkästen wandern lassen. Jedes Mal, wenn das Kind nach etwas greift, sich streckt oder herunterbeugt, wird seine Kraft trainiert.

Deshalb war es unabdingbar, dass Shocks keine Angst vor dem Geräusch einer flatternden Karte an seinem Ohr hatte und nicht vor einem Bohnensäckchen scheute, das vor ihm landete. Für einen Außenstehenden musste es sehr seltsam ausgesehen haben, wie Sara mit einer Karte neben Shocks herumwedelte, während sie ihn um die Reitbahn führte.

Obwohl man gut mit Shocks arbeiten konnte, was den Gehorsam betraf, war er doch sehr schreckhaft.

Das Geräusch eines Bohnensäckchens, das an seinem Ohr vorbeiflog – Shocks erstarrte.

Das Flattergeräusch der Karte – er erstarrte.

Der Versuch, ihn zu den Stangen zu führen – er erstarrte.

Es war jedoch unbedingt erforderlich, dass Sara die Trainingseinheit immer positiv ausklingen ließ. Wenn Shocks sich erschreckt hatte, zeigte Sara ihm, dass kein Anlass zur Furcht bestand. Sie wollte um jeden Preis vermeiden, dass Shocks den Reitplatz mit einem Gefühl der Angst verließ.

Obwohl Sara ihre Arbeit sehr ernst nahm, brachte Shocks' Phobie vor dem Lichtstrahl, der auf den Boden des Reitplatzes fiel, sie immer wieder zum Lachen.

Was soll ich tun? Drüberspringen? Weglaufen? Man konnte förmlich sehen, wie die Rädchen in seinem Gehirn ratterten, während er herauszufinden versuchte, was es mit dieser seltsamen »Lichtstange« auf sich hatte.

»Du bist ein Dummerchen«, scherzte Sara und zog ihn auf die andere Seite herüber.

Und auf diesem Grundprinzip baute Shocks' Ausbildung zum Reitesel auf: Sara brach seine Ängste sozusagen in immer kleinere Teile auf, bis alle Hindernisse, die seinem Dasein als Reitesel im Wege standen, verschwunden waren.

Na ja, eine Sache war da noch – sie musste ausprobieren, wie

Shocks reagierte, wenn tatsächlich jemand auf seinem Rücken saß.

»Vielleicht sollten wir I-Aah auf ihm reiten lassen?«, gluckste Andy.

Das Sanctuary hatte ein großes knuddeliges Stofftier – eine Plüschausgabe von I-Aah, dem Esel aus *Pu der Bär*. Er sah aus wie einer von diesen Plüschtieren, die man auf dem Jahrmarkt gewinnen kann. I-Aah war ein Geschenk von einem Elternpaar und thronte auf einem Ehrenplatz über der Reitbahn.

Die Kinder müssen unter fünfundvierzig Kilogramm wiegen, um die Esel im Sanctuary reiten zu dürfen. I-Aah wog trotzdem nicht annähernd so viel wie eines der Kinder, aber er war groß und wabbelig und konnte Shocks eine Vorstellung davon vermitteln, was ihn erwartete. Außerdem war es lustig, einen Stoffesel in den Sattel zu setzen.

Andy zog seine Kamera heraus. Es war einer dieser Momente, die man auf einem Foto festhalten und an der Pinnwand des Sanctuary aufhängen musste, um sie allen Eltern und Kindern zu zeigen.

»Bitte lächeln, Shocks!«, grinste Andy.

Shocks sah ihn arglos durch seine langen Wimpern an.

Es war ein lustiger und feierlicher Moment zugleich. Sara und das Team hatten monatelange harte Arbeit und unverwüstlichen Optimismus investiert, um dieses Ziel zu erreichen – Shocks war bereit, ein Reitesel zu werden.

»Gut gemacht, Kleiner.« Sara machte viel Aufhebens davon, dass Shocks einen fehlerlosen Ritt mit I-Aah absolviert hatte, und belohnte ihn mit einem Ingwernussplätzchen. Er fraß es, aber wie üblich schien er sich weder über das Leckerli noch über seine Leistung zu freuen.

Sie wünschten nur, er könnte genauso glücklich sein wie sie.

Er hatte das Zeug dazu. Das wussten sie. Unter der Traurigkeit steckte noch ein anderer Shocks. Die Frage war nur, ob sie den Schlüssel zu seinem Herzen finden würden.

Eine verlorene Schlacht

Sutton Coldfield, Birmingham, Frühling 2012

»Super, Amber. Du schaffst das«, feuerte Tracy ihre Tochter an.

Doch sie filmten nicht die ersten Schritte, weit davon entfernt. Sie fingen nur den kurzen Moment ein, den Amber in die Kamera sah, bevor sie wieder nach vorn plumpste.

Die Zwillinge waren jetzt etwas über eineinhalb Jahre alt, und Amber konnte sich immer noch nicht eigenständig aufsetzen, während Hope kurz davorstand, laufen zu lernen. Die Eltern machten sich inzwischen ernsthaft Sorgen, weil Amber sich anders entwickelte als Hope.

Amber saß gern zwischen den Beinen ihrer Mutter, doch wenn Tracy sie nicht abstützte, fiel sie nach vorn oder nach hinten wie eine Stoffpuppe. Es war ein schmerzlicher Anblick für die Austwicks, vor allem, weil sie nicht wussten, was falsch lief.

Tracy wollte nicht darüber sprechen, weil sie grundsätzlich nicht gern darüber sprach, was in ihrem Innern vorging. Julian für seinen Teil wollte das Thema nicht anschneiden, um Tracy nicht unnötig in Sorge zu versetzen. Wenn Julian gewusst hätte, wie das Problem zu lösen sei, hätte er gern darüber gesprochen, aber solange er keinen heilenden Zauber parat hatte, hielt er lieber den Mund. Es war wie damals auf der Neonatalstation, als sie das Offenkundige leugneten.

Was die Sache noch beunruhigender machte, war Hopes

Gleichgültigkeit gegenüber ihrer Schwester. Die beiden spielten nie zusammen. Sie sahen sich kaum einmal an. Zur Interaktion zwischen den beiden kam es nur, wenn Hope ihrer Schwester ein Spielzeug wegnehmen wollte.

»Nein, Hope, das ist nicht für dich«, sagte Julian tadelnd, als Hope versuchte, Amber den Schnuller aus dem Mund zu ziehen.

Das Krankenhaus hatte ihnen einige Spezialschnuller für Amber mitgegeben, die ihre Mundmuskulatur stärken sollten. Weil er etwas Besonderes war, wollte Hope ihn für sich.

Amber war ihrer Schwester nicht gewachsen und hätte ihn abgeben müssen, wenn ihre Eltern nicht eingeschritten wären.

Wenn es kein Schnuller war, war es ein Lego-Stein oder ein knuffiges Stofftier. Hope kannte kein Pardon, und Amber war nicht stark genug, um sich allein zu behaupten.

Es war natürlich nachvollziehbar, dass sich Hope und Amber nicht wie Schwestern verhielten. Schließlich hatten sie seit dem Tag ihrer Geburt getrennt voneinander gelebt – getrennte Inkubatoren, getrennte Krankenhäuser, getrennte sonstige Dinge. Tracy hatte sie in den ersten sechs Monaten nur ein einziges Mal beide im Arm gehalten.

Trotzdem war es ein herzzerreißender Anblick.

Wenn Tracy richtig fertig war, stürzte sie sich entweder in die Hausarbeit oder ging früh ins Bett. Jetzt steuerte sie die Küche an, um das schmutzige Geschirr in Angriff zu nehmen.

Sie versuchte, ihre Sorgen mit dem Seifenwasser wegzuspülen, aber alles, was dabei herauskam, waren rote Hände, die aussahen wie Dörrpflaumen. Es nützte nichts – sie musste mit Julian darüber reden.

»Ich glaube, mit Amber ist irgendwas nicht in Ordnung.« Sie hatte die Worte ausgesprochen.

»Was sagst du, Liebes?«, rief Julian aus dem Wohnzimmer.

Sie wiederholte den Satz, diesmal nachdrücklicher, mit mehr Überzeugung.

»Ich weiß nicht, was ich sagen soll.« Julian tauchte in der Küchentür auf. Mit einem Auge beobachtete er weiter Amber, mit dem anderen Hope, die im Raketentempo auf die Treppe zukrabbelte – ihre neue Lieblingsbeschäftigung.

»Vielleicht sollten wir mal eine zweite Meinung einholen«, drängte Tracy.

Julian machte einen Satz nach vorn, um Hope mit den Armen aufzuschaufeln, bevor sie sich selbst verletzte. Der Entwicklungsunterschied zwischen den Mädchen machte es auch kompliziert, sie alle beide im Auge zu behalten.

Tracys Wort galt, und am folgenden Tag fragten sie die Gemeindeschwester Michelle Snipe, die einmal in der Woche vorbeikam, was sie tun sollten. Die Schwester sprach mit der Dame, die für die Frühförderung zuständig war, und nahm außerdem Kontakt zu einer Physiotherapeutin auf, die in einer der örtlichen Schulen tätig war.

Ihre Sorge wurde ernst genommen, und bald darauf wurde Lucy, die Physiotherapeutin, beauftragt, einmal in der Woche mit Amber zu arbeiten.

»Verstehen Sie jetzt, was wir meinen?« Tracy verzog das Gesicht, während sie zusah, wie Amber einmal mehr auf die Seite plumpste.

Lucy ging neben Amber in die Hocke und griff sanft nach ihren Händen, zog sie in eine sitzende Position hoch.

»Hallo Amber, ich bin Lucy«, gurrte sie mit Babystimme. Amber sah mit leerem Ausdruck zu ihr hoch. Man merkte, dass Lucy langjährige Erfahrung mit Kindern hatte, die spezielle Förderung brauchten, denn sie hatte diese freundliche, aber bestimmte Art des Umgangs mit ihnen.

Sobald sie den Zug auf Ambers Hand auch nur minimal verringerte, wie bei einem Seil, das man ein bisschen lockerer hält, fiel Amber sofort zurück ins Polster.

»Ja, sie hat gewisse Probleme mit der Rumpfstabilität«, stellte Lucy fest und klemmte Amber wieder in dem Keilkissen fest, das ihr half, aufrecht zu sitzen.

»Rumpfstabilität« sollte zu einem nahezu täglich wiederkehrenden Schlüsselwort im Hause Austwick werden.

»Aber ich bin sicher, dass wir da was tun können«, erklärte Lucy optimistisch.

Sie drückte die Hände in die Oberschenkel und stemmte sich wieder hoch. Lucys Gesicht mit den vollen Wangen, die sich in Apfelbäckchen verwandelten, wenn sie lächelte, flößte einem sofort Vertrauen ein. Ihr mausbraunes Haar war zu einem kurzen Bob geschnitten, der knapp bis zu den Ohrläppchen reichte. Sie konnte nicht viel älter sein als Tracy, vermutlich Ende dreißig.

Julian und Tracy fanden sie beide sympathisch, aber Amber war sich da nicht so sicher, insbesondere als die Physiotherapie etwas anspruchsvoller wurde.

So versuchte Lucy zum Beispiel, Ambers Rumpfstabilität zu verbessern, indem sie sie mit dem Bauch über ein großes rundes Ding legte, das aussah wie ein aufblasbarer Wasserball. Oder sie zog Amber auf die Füße und versuchte, sie dazu zu bringen, sich am Sofa festzuhalten.

Julian hielt immer die Kamera bereit, um jeden Fortschritt sofort zu filmen.

»Nee, sie will das nicht.« Julian schaltete die Kamera wieder aus.

Amber verzog das Gesicht, die Wangen schoben sich in die Augen hoch, und die Haut färbte sich rosa, während sie stumme Tränen weinte.

Die Tatsache, dass Amber nicht mal beim Weinen einen Laut äußern konnte, machte den Anblick nur umso quälender für Julian und Tracy.

Lucy fühlte sich schlecht, weil Amber unter der Physiotherapie litt. Julian räumte ein, dass es mitunter ein schwerer Job sein musste: Man versuchte zu helfen, war aber – jedenfalls aus Sicht der Kinder – immer »der Böse«.

»Wir müssen trotzdem weitermachen«, drängte Tracy. Es war schwer zu ertragen, Amber so unglücklich zu sehen, aber sie wollte unbedingt, dass ihr kleines Mädchen genauso laufen lernte wie ihre Schwester.

Nach einigen Wochen hatte Lucy es fast geschafft, dass Amber aufrecht sitzen konnte. Amber lehnte sich gern auf ihre linke Seite und nutzte ihr rechtes Bein wie ein Paddel, um sich herumzubewegen. Allerdings drehte sie sich immer nur im Kreis und machte keine Anstalten, auf ihre Eltern zuzukommen.

Tracy war trotzdem erleichtert, dass sie Fortschritte machte.

Amber nutzte ihre neu entdeckte Kraft sogar, um von Lucy wegzukommen. Ihre Abscheu vor der Physiotherapie war so groß, dass sie sich auf dem Po rutschend hinter dem Sofa versteckte, wenn sie Lucys Stimme an der Tür hörte.

»Komm schon, Amber.« Julian nahm sie auf den Arm und brachte sie wieder zur Matte. Zwei Sekunden später paddelte sie wieder los, um sich in Sicherheit zu bringen.

Es war ein ständiger Kampf, sie an der Flucht zu hindern, wenn Lucy zugegen war.

Sie hatten jetzt vier Schutzgitter im Erdgeschoss des Hauses angebracht, um die Mädchen vom Ausbüxen abzuhalten. Sobald man den Kopf auch nur für eine Sekunde abwandte, taperte Hope in den Garten oder kletterte die Treppe hoch.

Der zweite Geburtstag der Mädchen im Juni rückte näher,

und obwohl der Entwicklungsabstand zwischen den beiden kleiner geworden war, machte Lucy sich wegen einiger Dinge Sorgen.¹

»Ihre linke Seite benutzt sie immer noch nicht«, erklärte sie stirnrunzelnd.

Amber konnte sich jetzt eigenständig aufsetzen und durchs Zimmer »krabbel-paddeln«, aber wenn man sie auf die Füße hochzog, stützte sie ihr gesamtes Gewicht auf die rechte Seite und schlug den kleinen Arm wie einen Flügel durch die Luft.

Lucy probierte einige neue Übungen aus, beugte und streckte das linke Knie oder wackelte am linken Knöchel und den Zehen. Der armen Amber war das ein Gräuel. Jedes Mal blickte sie hilfesuchend zu ihrer Mutter, während ihr die Tränen über die Wangen kullerten.

Wenn Lucy sich verabschiedet hatte, gab Tracy ihrer Tochter häufig eine Paracetamol-Tablette, um die Schmerzen zu lindern. Es musste schrecklich für Amber sein, dass ständig jemand an ihr stubste und zerrte, ihre Luftröhre absaugte oder ihr Schläuche in die Nase steckte. Amber verbrachte die nächsten Stunden damit, sich hinter dem Sofa – und vor der Welt – zu verstecken.

»Was stimmt nicht mit ihr?« Tracy suchte wieder nach Erklärungen.

»Wenn ich die Antwort wüsste, würde ich's dir sagen«, raunzte Julian, der die Situation ebenso frustrierend fand wie seine Frau.

Tracy versuchte, eine positive Einstellung zu bewahren. Wie wohl jeder Mutter fiel es ihr schwer zu akzeptieren, dass ihr Kind ein ernsthaftes Problem haben könnte. Es war besser, wenn sie ihre Sorgen fürs Erste beiseiteschob und unter Verschluss hielt – sie unter Hausarbeit und der Versorgung der Mädchen vergrub.

Lucy wagte es schließlich, die Büchse der Pandora zu öffnen. »Ich muss mit jemandem in meiner Schule über Amber sprechen. Ich weiß nicht, was los ist.« Lucy kratzte sich ratlos am Kopf.

Sie beschwichtigte die Austwicks, indem sie erklärte, sie wolle sich nur etwas Rat holen, wie sie Ambers Rumpfstabilität verbessern könne. Da war es wieder, dieses Wort – immer ging es bei Amber um die »Rumpfstabilität«.

Lucy machte einen Termin bei der »Spastik-Dame« in der Wilson Stuart School aus, die nur einen Katzensprung entfernt lag. Pauline Christmas war eine Physiotherapeutin, die mit Kindern arbeitete, die unter Mobilitätsproblemen litten, und hatte viel Erfahrung im Umgang mit sonderpädagogischen Bedürfnissen. Julian sah dem Termin gelassen entgegen, für ihn waren das alles einfach nur Worte und wieder mal irgendein Spezialist. Tracy war etwas angespannter, als sie sich auf den Weg machten, aber nicht so sehr, dass sie tatsächlich schlechte Nachrichten erwartete, als sie das Büro betrat.

Sie hatten auch Hope mitgenommen, die sofort versuchte, sich aus Julians Griff zu befreien, als sie die Spielküche in der Ecke von Miss Christmas' Büro entdeckte.

Sie flitzte an Miss Christmas vorbei, die gerade die Hand ausstreckte, um Julian und Tracy zu begrüßen.

Miss Christmas zog die Augenbrauen hoch, als ob sie sagen wollte: »Wie wär's mit Manieren, liebes Kind«. Sie räusperte sich und signalisierte den Austwicks, dass sie Platz nehmen sollten, indem sie auf zwei harte Pennälerstühle deutete, die vor dem altmodischen Schreibtisch standen. Sie ging hinter ihren Schreibtisch zurück und setzte sich auf ihren Holzstuhl, der laut aufächzte, als sie es sich auf der abgewetzten Sitzfläche bequem machte.

Miss Christmas war Ende fünfzig; ihr Haar war kurz und braun mit grauen Strähnen.

Die ist ganz schön etepetete, dachte Julian etwas irritiert. *Aber eindeutig sehr erfahren in dem, was sie tut*, schalt er sich, weil er schon wieder vorschnelle Urteile fällte.

Der Stuhl ächzte erneut, als Miss Christmas sich vorbeugte und die Ellbogen auf dem Schreibtisch abstützte.

»Wo liegt denn das Problem?«, fragte sie und drehte dabei einen Stift zwischen Zeigefinger und Daumen, bereit, sich Notizen zu machen.

Julian erzählte nochmals, was sie in den letzten beiden Jahren alles durchgemacht hatten. Es war eine emotionale Achterbahnfahrt gewesen, und er spürte, wie ihm zwischendurch die Tränen hochkamen. Er blinzelte sie weg – vor einer Fremden wollte er nicht die Fassung verlieren. Tracy saß mit Amber auf dem Schoß ruhig neben ihm, das Gesicht unbewegt.

Miss Christmas hörte geduldig zu und erhob sich dann. »Ich muss sehen, wie Amber läuft«, instruierte sie und ging zu den weichen Gummimatten hinüber.

Amber konnte in gewisser Weise laufen, wenn jemand ihre Hand hielt. Tracy hob sie von ihren Knien herunter und zog ihr Schuhe und Socken aus.

»Komm, Amber.« Tracy griff nach ihrem Händchen.

Sie zog Amber hoch und ging langsam mit ihr über die Gummimatten zu Hope. Amber trippelte auf Zehenspitzen und wedelte mit dem rechten Arm in der Luft, um das Gleichgewicht zu halten.

Miss Christmas machte wiederholt »Hmm-hmm«, während sie Amber von allen Seiten betrachtete. Sie hatte dieselbe »Mechaniker-guckt-unter-die-Motorhaube«-Art wie der Arzt in der Sonografie.

»Was können wir tun?«, fragte Julian. Er wartete an der Ziellinie, ausgerüstet mit dem Absauggerät und den Kathetern für den Fall, dass sich durch das Gehen etwas Sekret festsetzte.

»Hmmm«, brummte Miss Christmas abermals vor sich hin, während sie die Informationen verarbeitete. Dann wandte sie sich an die Austwicks.

»Ich denke, es ist Kinderlähmung – eine Zerebralparese.« Ganz nüchtern.

Tracy blickte fassungslos zu Julian. »Was?«, stammelte sie. »Das glaube ich nicht. Was meinen Sie damit?«, fügte sie in aggressiverem, abwehrendem Ton hinzu.

Miss Christmas kehrte an ihren Schreibtisch zurück und holte tief Luft, bevor sie ganz ruhig zu sprechen begann. »Ich mache diese Arbeit seit vielen Jahren, und nach meiner Erfahrung deutet die Art, wie Amber läuft und wie sie ihre linke Seite hält, darauf hin, dass sie unter Zerebralparese leidet«, wiederholte sie.

Wie können Sie eine so schwerwiegende Diagnose stellen, nachdem Sie meine Amber nur ein paar Sekunden lang gesehen haben?!, dachte Tracy wutschäumend.

Bei dem Wort »Zerebralparese« kamen Tracy sofort Menschen in Rollstühlen in den Sinn, Menschen, die nicht richtig essen konnten, die ihre Arme und Beine nicht bewegen konnten.

Julian nahm die Diagnose wesentlich ruhiger auf. Er wollte Pauline Christmas Gelegenheit geben, ihre Einschätzung zu erklären.

»Hatte sie eine Hirnblutung, als sie geboren wurde?«, fragte Miss Christmas.

Oh mein Gott.

Julian und Tracy wechselten einen Blick.

Um die Geburt herum hatte es so viele dramatische Ereignisse gegeben – in der ersten Woche hatten die Zwillinge sogar zwei Lungenblutungen gehabt –, dass Julian und Tracy bis zu diesem Moment alles vergessen hatten, was der Arzt ihnen vor zwei Jahren gesagt hatte.

Hatte Amber eine Hirnblutung erlitten, als sie zur Welt kam? War das jetzt die Ursache dafür, dass ihre linke Körperhälfte nicht richtig funktionierte?

Nein! Sie kann unmöglich Zerebralparese haben. Tracy wollte es nicht glauben. Sie verschloss die Augen vor der Wahrheit und brach das Treffen ab. Höflich verabschiedeten sie sich von Miss Christmas. Die ganze Zeit kochte Tracy innerlich vor Wut. Sobald sie im Auto saßen, explodierte sie.

»Warum regst du dich so auf, Liebes?« Julian versuchte, seine Frau zu beruhigen.

»Das ist lächerlich! Wer ist diese Pauline Christmas, dass sie mir sagt, meine Tochter hätte Kinderlähmung?« Sie beugte sich zu Amber herüber und gab ihr einen beschützenden Kuss auf die Stirn.

»Moment mal, diese Frau kennt sich in diesen Sachen aus«, argumentierte Julian. Er war eher bereit, Dinge zu akzeptieren. Er verstand, was Tracy meinte, jedenfalls bis zu einem gewissen Grad, aber seiner Meinung nach sollte sie offener sein.

»Ich bin sicher, sie würde nicht einfach leichtfertig von einer solchen Diagnose sprechen, wenn sie nicht davon überzeugt wäre.«

Wenn sie laufen kann, ist es doch eigentlich egal, ob sie ein bisschen Zerebralparese hat, oder? Hauptsache, sie lebt, war die Richtung, in die Julians Gedanken gingen.

Davon wollte Tracy nichts wissen. »Gibt es nicht bestimmte Tests, die man durchführen muss? Muss man nicht eine zweite Meinung einholen?«, schimpfte sie. »Ich will, dass man einen

Hirnscan macht. Ich will wissen, wie groß diese Blutung ist und wie sie aussieht.«

Julians Überfürsorglichkeit gegenüber den Mädchen hatte eine andere Form. »Ein Hirnscan macht es auch nicht besser. Warum willst du Amber dieser Tortur unterziehen?« Julian kämpfte für seine Sache.

»Weil ich Gewissheit brauche.« Tracy verschränkte abwehrend die Arme vor der Brust.

Die Ungewissheit war das Schlimmste.

Julian fand nicht, dass es ihm besonders gut gelang, sich mit Tracy zu versöhnen oder sie auch nur zu beschwichtigen. Es frustrierte ihn, dass er sie nicht trösten konnte oder, besser gesagt, dass sie ihm nicht erlaubte, für sie da zu sein.

Tracy verkündete, dass sie die Nachtschicht übernehmen würde und legte sich zusammen mit den Mädchen früh schlafen.

Julian war traurig und fühlte sich zurückgewiesen, als er unten – allein – vor dem Fernseher saß. Er vergoss ein paar Tränen. Irgendwie war das alles ein bisschen zu viel geworden.

Was er nicht ahnte, war, dass Tracy im Zimmer über ihm genau das Gleiche tat. Die ganzen aufgestauten Gefühle brachen sich Bahn.

Tief in sich drin wusste Tracy, dass etwas Wahres an dem war, was Pauline Christmas gesagt hatte. Amber hatte tatsächlich eine Hirnblutung gehabt, als sie zur Welt kam, und mit der einen Körperhälfte stimmte irgendetwas nicht.

Während sie auf der Einzelmatratze neben Amber lag, stürmten die ganzen schlimmen Bilder auf sie ein, wie die Vorstellung, dass Amber im Rollstuhl enden würde.

Sie hasste Pauline Christmas für das, was sie offenbart hatte, aber mehr noch hasste sie sich selbst und quälte sich mit Selbstvorwürfen für das, was Amber durchmachen musste.

Hat sie nicht schon genug gelitten? Das Schluchzen schüttelte ihren ganzen Körper, als sie ihren Tränen freien Lauf ließ. Die ganzen Verletzungen, Schuldgefühle und Sorgen sickerten ins Kissen. Sie wünschte, sie könnte sich Julian gegenüber öffnen und sich trösten lassen, aber sie wusste einfach nicht, wie.

Julian hoffte, dass Tracy sich bis zum Morgen wieder beruhigen würde, aber seine Frau war entschlossener denn je, eine zweite Meinung von einem Mediziner einzuholen. Sie hatte bereits einen Termin beim Kinderarzt Dr. Diwakar gemacht, bevor Julian auch nur gefrühstückt hatte.

Tracy wollte die Sache nicht fallenlassen. Wutschnaubend berichtete sie Debbie am Telefon davon. Julian fing Bruchstücke der Unterhaltung auf und bekam mit, dass Debs ebenso glücklos wie er selbst versuchte, ihre Schwester zu beruhigen.

Ich schätze, ihre Wut ist ihre Art, mit der Angst umzugehen, dass die Diagnose richtig sein könnte, sagte Julian sich. Trotzdem war es schwierig für ihn, mit der Situation fertigzuwerden. Er war erleichtert, als es Zeit war, den Arzt im Krankenhaus aufzusuchen.

Die Korridore des Birmingham Children's Hospital weckten unangenehme Erinnerungen. In den letzten eineinhalb Jahren waren sie viele Male hierhergefahren, wenn auch für Routineuntersuchungen und nicht wegen etwas Ernsthaftem.

Dr. Diwakar begrüßte die Austwicks mit einem herzlichen Lächeln. Er war ein sehr liebenswürdiger Mann mit einer sanften, freundlichen Art. Außerdem war er eine Koryphäe auf seinem Gebiet und teilte ihnen mit, dass er demnächst eine Tätigkeit am Great Ormond Street Hospital in London antreten würde.

In Tracy brodelte es. Ihr lagen hundert bitterböse Worte auf der Zunge. Sie saß mit verschränkten Armen und Beinen da, zusammengeknotet wie eine große Brezel.

Julian fing an, die Situation und die Sache mit der Zerebralparese zu erklären, aber Tracy schnitt ihm das Wort ab. Er schüttelte den Kopf, überrascht von der Aggressivität seiner Frau.

»Pauline Christmas hat gefragt, ob Amber als Säugling eine Hirnblutung hatte, und gesagt, das könnte die Ursache sein.« Tracy sah Dr. Diwakar fragend an.

Der Arzt schlug Ambers Krankenakte auf und blätterte durch die Seiten. Seine Augen hinter der randlosen ovalen Brille huschten hin und her, und die Augenbrauen hüpften auf und ab, während er die Informationen in sich aufnahm. Julian warf Tracy einen Blick zu, als ob er sagen wollte: »Hör zu, was der Mann zu sagen hat«. Er hatte seine Frau noch nie so erlebt.

Dr. Diwakar räusperte sich, bevor er seine Ergebnisse kundtat. »Ja, sie hatte eine Hirnblutung«, bestätigte er.

Julian und Tracy hörten aufmerksam zu, während der Arzt erklärte, er sei sich zu 95 Prozent sicher, dass Amber unter einer leichten Form von Zerebralparese leide. Um sich 100 Prozent sicher zu sein, würde man Amber zu einer MRT-Untersuchung schicken müssen.

»Ich möchte, dass Sie ihr Gehirn scannen«, warf Tracy ein.

Dr. Diwakar nickte freundlich und schien ihren Schmerz zu verstehen. Er hatte eindeutig Erfahrung darin, unglückliche Eltern zu besänftigen. Die brauchte er jetzt auch, denn seiner Ansicht nach war es zu gefährlich, Amber dem Scan zu unterziehen, den Tracy unbedingt wollte.

Das Problem mit dem MRT-Scan sei, dass Amber in Vollnarkose versetzt werden müsse. Außerdem dürfe auch niemand mit ihr im Raum bleiben, was problematisch sei, falls ein Notfall eintrete und man ihren Luftweg absaugen müsse.

»Ich fürchte, die Risiken sind zu groß«, sagte der Arzt entschuldigend.

Tracy bombardierte ihn weiter mit »Wenn«- und »Aber«-Einwänden. Der Arzt schob seine Brille ein Stück die Nase hoch. Er sprach ruhig und langsam, um zu Tracy durchzudringen.

»Es wäre schädlicher, sie zu einem Hirnscan zu schicken, als die Diagnose einfach zu akzeptieren.«

Tracy blickte hilfesuchend zu Julian, aber ihr Mann war völlig einer Meinung mit Dr. Diwakar.

»Letztlich macht es keinen Unterschied; der Scan ändert nichts«, lautete seine rationale Antwort.

Tracy stieß einen tiefen Seufzer aus, als sie erkannte, dass sie in der Minderheit war.

»Okay«, murmelte sie und trommelte mit den Fingern auf der hölzernen Stuhllehne.

Julian hatte sie zur Vernunft gebracht. Irgendwie schaffte er es immer wieder, sie zu beruhigen. Deshalb funktionierten sie als Paar so gut.

Sobald sie zu Hause waren, breitete Julian die Arme aus.

»Komm her, Liebes.« Er drückte sie fest an sich.

»Wir werden sie trotzdem genauso lieben, wenn nicht noch mehr«, flüsterte er ihr ins Ohr.

»Ja, es ist okay. Es wird alles gut«, log sie. Was sie wirklich sagen wollte, war, dass sie panische Angst davor hatte, was auf sie zukam. Es waren immer zwei Schritte vor und einer zurück.

Tracy hatte das Gefühl, einen aussichtslosen Kampf zu führen.

Ein Silberstreif
am Horizont

Kinderkrankenhaus Birmingham, Sommer 2012

Tracy kniff die Augen zusammen und sah noch einmal hin.

»Liz, bist du das?«, rief sie fragend der Frau hinterher, die den Krankenhausflur hinunterging.

Es war eindeutig Liz, denn sie hatte ihre Tochter Abbie dabei, deren Platinschopf unverwechselbar war.

Auf der Neonatalstation hatten sie ihr den Spitznamen »Baby Boris Johnson«, nach dem Bürgermeister von London, gegeben.

»Liz«, rief sie abermals.

»Oh, hi, Tracy.« Liz drehte sich um und schwang dabei ihr langes dunkles Haar zurück wie in einer Shampoo-Reklame.

Tracy hatte Liz im Heartlands Hospital kennengelernt – ausgerechnet in dem Raum mit den Milchpumpen. Hin und wieder hatten ihre Wege sich gekreuzt, weil man bei Lizzys Tochter ebenfalls eine Tracheotomie vorgenommen hatte.

»Wie geht's dir?«, fragte Tracy. Sie hatte Amber im Buggy dabei und trug das Absauggerät über der Schulter. Tracy fühlte sich müde und ausgelaugt und fragte sich, welchen Eindruck sie wohl auf Liz machte.

»Bei uns ist alles okay, nicht war, Abbie?« Liz strahlte ihre Tochter an. Die arme Abbie war noch schlimmer dran als Amber. Sie war ein halbes Jahr älter, aber entwickelte sich nicht so, wie sie sollte. Sie war völlig unfähig, in Kontakt zu ihren Eltern zu treten. Mit den spitzen Öhrchen, der Knopfnase und den weißen Haaren sah sie ganz allerliebst aus – wie eine kleine Elfe.

Lizzy war heiter und quirlig wie immer, wenn Tracy ihr begegnete, und strahlte eine unglaublich positive Einstellung gegenüber dem Leben aus. Tracy war es ein Rätsel, wie sie das schaffte. Sie bewunderte sie für ihre Stärke.

Sie selbst fühlte sich immer noch deprimiert wegen der Diagnose. *Ich wünschte, ich könnte auch so tapfer sein wie du*, dachte sie.

»Und wie steht's bei dir? Wie geht es Julian?«, erkundigte sich Lizzy. Sie sprach mit vornehmem Akzent, obwohl sie gar nicht wirklich *sooo* vornehm war.

»Ach, nicht wirklich gut. Man hat bei Amber eine Zerebralparese diagnostiziert.« Tracys Miene verfinsterte sich, sie konnte das Lächeln nicht länger vortäuschen.

Liz neigte mitfühlend den Kopf zur Seite, als ob sie sagen wollte: *Na, na … Wird schon.* Sie drückte Tracys Arm und sagte, dass alles gut werden würde. Tracy wusste, sie meinte es auch so, denn Liz schien wirklich zu glauben, dass am Ende alles gut ausgehen würde. Tracy wünschte, sie könnte den Optimismus ihrer Freundin in Flaschen abfüllen.

»Ich hab eine Idee«, sagte Liz, als ob in ihrem Kopf gerade eine Glühlampe aufgeleuchtet wäre.

»Wollen wir nicht mal alle zusammen einen Ausflug in den Sutton Park machen? Du mit Julian und den Mädchen und ich mit Sam und Abbie?«, schlug sie vor.

Liz war mit einem attraktiven Sportlehrer verheiratet, der acht Jahre jünger war als sie. Julian hatte Sam ein paar Mal getroffen, aber sie hatten wenig miteinander geredet.

»Das wäre schön«, lächelte Tracy, dankbar für Lizzys Aufmerksamkeit.

»Sutton Park ist wunderschön, weißt du«, sagte Liz zum Abschied.

»Ich war noch nie dort. Ich freu mich!« Tracy war bis jetzt nur an den Grenzen des Parks entlanggefahren. Sie erinnerte sich allerdings, dass der Park ihr auf der Rückfahrt von ihrem Strandurlaub aufgefallen war und sie sich gefragt hatte, wie es wohl wäre, dort spazieren zu gehen. Jetzt würde sie es bald wissen.

Es war ein herrlicher Junitag, als die Austwicks auf dem Parkplatz am Südeingang des Sutton Park eintrafen. Sie waren ein bisschen zu früh dran, und Julian nutzte die Extrazeit, um einen Blick auf den Umgebungsplan zu werfen, auf dem die Wanderwege in Rot verzeichnet waren.

»Das ist ein riesengroßes Gelände«, rief er Tracy zu. »Neun Quadratkilometer.« Er blinzelte in die Sonne. All die Jahre hatte er keine Ahnung gehabt, was da direkt vor seiner Haustür lag.

Sie falteten gerade den Zweier-Buggy auseinander, als Liz und Sam neben ihnen einparkten.

Es war tröstlich für Tracy und Julian, andere Eltern zu kennen, die in derselben Situation waren wie sie selbst – andere Mums und Dads, die wussten, wie es war, wenn man einen halben Maschinenpark mitschleppen musste, nur um zehn Schritte zu gehen.

»Ich nehm dir das ab, Liebes.« Julian hievte sich das hellgelbe Absauggerät über die Schulter. Sam grinste ihn an, wie um zu sagen: *Ich weiß, was du meinst, Kumpel.*

Sie begaben sich auf den staubigen Weg, der gut ausgetreten war, abgesehen von einem seltsamen großen Stein, der aus der festgewalzten Erde ragte. Die Unterhaltung zwischen den vieren plätscherte leicht und locker dahin, so wie bei Leuten, die sich nicht besonders gut kennen. Es war merkwürdig, Liz und Sam außerhalb des Krankenhauses zu treffen – ein bisschen so, als fingen sie unter neuen Bedingungen noch einmal von vorn an.

»Wir hätten keinen besseren Tag erwischen können«, meinte Liz in ihrer gewohnt positiven Art.

»Ja, es ist wunderschön hier«, sagte Tracy. Dennoch fiel es ihr schwer, die Schönheit der Natur in sich aufzunehmen. Sie war so damit beschäftigt, sich um Ambers Zukunft zu sorgen, dass sie den Wald buchstäblich vor lauter Bäumen nicht mehr sah.

»Was gibt's denn hier im Park so zu entdecken?« Julian heuchelte Interesse.

Hope dagegen musste nicht so tun, als ob. Sie war so begeistert von der neuen Umgebung und den unbekannten Geräuschen, dass sie vor Freude kreischte und immer wieder die Arme ausstreckte, um die wilden Blumen zu berühren. Amber saß reglos an ihrer Seite, ebenso wie Abbie im Buggy neben ihr.

»Da drüben ist ein Eseltierheim.« Liz deutete mit ihrer Hand in die Ferne.

»Ein was?«, rief Julian.

»Ein Eseltierheim«, wiederholten Liz und Sam im Chor. »Wo man sich um notleidende Esel kümmert.«

Julian stellte sich einen Stall und ein paar versprengte Esel auf einer Weide vor.

»Oh, wie nett«, kommentierte er gleichgültig.

Aber Liz erzählte mehr. Sie erklärte, dass das Eselheim eine Reitschule für behinderte Kinder umfasste. Dass das Reiten nichts kostete. Dass sie Abbie ein paar Mal hingebracht hatten und sie ganz begeistert gewesen war.

»Es soll Kindern helfen, ihre Rumpfstabilität zu verbessern«, erklärte Liz und fuhr sich zur Veranschaulichung mit der Hand über den Bauch.

Da war es wieder, dieses Wort – »Rumpfstabilität«. Tracy war plötzlich ganz Ohr. Könnte dies die Antwort sein, nach der sie suchten?

»Ist das nicht gefährlich? Wie können sich Amber und Hope im Sattel halten? Wie viel kostet das? Hat sich bei Abbie dadurch etwas zum Besseren verändert?« Tracy überschüttete Liz mit Fragen.

Liz räumte ein, dass sie nicht viel über die Abläufe im Eselheim wusste, aber sie hatte viele Geschichten über erstaunliche Erfolge gehört. »Du brauchst dir keine Sorgen um die Mädchen zu machen, da ist jemand, der sie während des Reitens festhält«, versicherte Lizzy.

In Tracy regte sich ein Fünkchen Hoffnung. Die bloße Möglichkeit, an etwas glauben zu können, beflügelte sie. Ohne Hoffnung war alles düster.

»Lass uns hingehen«, sagte sie an Julian gewandt.

Julian verdrehte die Augen. Esel waren nicht wirklich sein Ding. »Klar, Liebes«, stimmte er trotzdem zu. Er mochte es, wenn sein Leben einfach war.

Sie machten an Ort und Stelle ab, dass sie gegen Ende der Woche mit allen drei Mädchen zum Eselhof fahren würden. Das Reiten fand immer morgens statt, man konnte ohne Anmeldung kommen und wartete dann, bis man an der Reihe war.

Trotz seines Wunsches nach einem einfachen Leben sah Julian die Sache nicht mehr ganz so locker wie im Park, als es dann tatsächlich losgehen sollte.

»Was ist, wenn jemand an Ambers Trachealkanüle stößt? Was, wenn sie Staub in die Luftröhre bekommt? Wie kommen wir rechtzeitig zu ihr, um sie abzusaugen, wenn sie reitet? Was, wenn sie sich bei den anderen Kindern mit einer Erkältung ansteckt?« Lang und breit legte er seine Bedenken dar.

»Wir gucken uns das einfach mal an. Wir können ja jederzeit wieder gehen«, argumentierte Tracy.

Auch wenn Julian überbehütend geworden war, wusste er doch, dass die Mädchen für den Rest ihres Lebens in Watte gepackt werden würden, wenn Tracy nicht immer wieder gegensteuern würde.

Julian tippte die Adresse des Sanctuary in sein Navi, während Tracy die Mädchen im Auto anschnallte. Das Eselheim lag eigentlich nur einen Steinwurf entfernt, aber Julian sah sich schon irgendwo falsch abbiegen und stundenlang im Wald umherirren. Das war so ziemlich das Schlimmste, was er sich vorstellen konnte.

»Wir machen einen Ausflug und gucken uns ein paar Esel an«, sagte Tracy aufgeregt zu den Mädchen.

Amber sah sie ausdruckslos an. Hope kreischte und streckte die Arme nach ihrer Mutter aus.

»Mamma!« Sie lachte, ihre Augen funkelten. Tracy lachte zurück. Hope machte wirklich Fortschritte mit dem Sprechen.

Doch es gab noch einen weiteren Grund, warum Tracy strahlte. Sie hatte den Ausflug zu einer Art Wunderheilung für Amber ausgebaut. Sie setzte all ihre Hoffnungen auf dieses Eselreiten.

In den zehn Minuten, die sie für die Fahrt zum Sanctuary brauchten, musste sie Amber ziemlich oft absaugen. Sie bekam kaum etwas von der malerischen Umgebung mit, außer dem Ruckeln des Autos, wenn es über Weideroste holperte.

»Das hatte ich nicht erwartet.« Julians Laune besserte sich, als sie auf das Eselheim zufuhren. Auf dem Parkplatz standen zwei vormalige Pferdeboxen, auf denen das Logo des Sanctuary prangte. Außerdem gab es Weiden, so weit das Auge reichte, und ein großes Nebengebäude. *Da findet wahrscheinlich das Reiten statt,* schlussfolgerte Julian.

Hope kreischte, als sie einige grasende Esel entdeckte.

»Oh, guck mal!« Tracy deutete auf die Langohren. »Die sind echt total süß!« Sie hatte ein richtig gutes Gefühl für das, was da kommen würde.

Liz erwartete sie mit ihrem gewohnten TV-Moderatorinnen-Lächeln auf dem Parkplatz. Sie winkte begeistert, als sie neben ihr einparkten.

»Igitt, was ist denn das für ein Gestank?« Julian fächelte sich die Nase.

»Freu mich auch, euch zu sehen«, lachte Liz. »Ich hätte euch warnen sollen«, fuhr sie kichernd fort. »Die Esel riechen ein bisschen streng. Aber man gewöhnt sich dran.«

Hope sah aus, als hätte sie auch eine Duftschwade abbekommen, denn sie rümpfte die Nase. Amber schien nichts zu bemerken und bestärkte damit die Befürchtung ihrer Eltern, dass sie nichts schmecken und riechen konnte.

Wohin sie auch gingen – überall wurden sie schmerzhaft an die Unterschiede zwischen den Zwillingen erinnert.

Sie hoben die Mädchen in den Buggy und folgten dann alle Liz, die die Formalien mit ihnen durchging.

»Hier müsst ihr euch eintragen«, erklärte sie. »Und da drüben müsst ihr euch eine Nummer für das Reiten holen.«

Julian war beeindruckt davon, wie freundlich alle waren. Die Frau am Empfang machte viel Aufhebens um die Mädchen, während sie ihre Nummern mit einem dicken Filzstift aufschrieb.

»Du hast die Neun. Eine Glückszahl!« Sie klebte den Sticker auf Ambers Pullover.

Amber drückte sich gegen die Rücklehne des Buggys. Ihre Erfahrungen mit der Physiotherapeutin und im Krankenhaus hatten dazu geführt, dass sie Angst vor allen Menschen außer ihren Eltern und Hope hatte.

»Es ist alles gut, Amber.« Julian zerzauste ihren blonden Lockenschopf, während sie weitergingen. Die Empfangshalle ging in eine viel, viel größere Halle über.

»Du meine Güte!« Julian schnappte nach Luft.

Diesen Anblick hatte er nicht erwartet. Da waren mindestens zwanzig Kinder aller Altersgruppen und mit den unterschiedlichsten Behinderungen. Da waren Kinder in Rollstühlen, Kinder mit Magensonden, Kinder mit Sauerstoffmasken. Zusammen mit ihren Eltern hatten sie ihr Lager an den Tischen aufgeschlagen.

Es war, als käme man in eine andere Welt. Bis zu diesem Moment hatten die Austwicks ein sehr behütetes Leben geführt. Sie wussten natürlich, was eine Tracheostomie war, aber bei dem Verständnis der Zerebralparese standen sie noch ganz am Anfang. Sie hatten keine Ahnung von anderen Behinderungen wie Autismus oder Down-Syndrom.

Julian fühlte sich ziemlich unbehaglich.

Tracy focht unterdessen ihren eigenen inneren Kampf aus. Die Anwesenheit von Kindern mit besonderem Förderbedarf machte ihr plötzlich schmerzhaft bewusst, dass ihr eigenes Kind unter einer Behinderung litt. Obwohl sie Ambers Diagnose akzeptiert hatte, hatte sie sich bis zu diesem Moment noch nicht wirklich damit abgefunden.

Sie wechselte einen Blick mit Julian. *Was machen wir jetzt?*, fragten sie sich wortlos.

Tracy entdeckte den Kantinenbereich.

»Lass uns eine Tasse Tee trinken und einen Imbiss nehmen.« Sie folgte dem salzigen Geruch frisch zubereiteter Pommes.

Julian händigte Hope eine eigene Tüte aus, während die Erwachsenen sich einer großen Schüssel mit dampfend heißen Pommes widmeten. Sie unterhielten sich untereinander, als ein

Mädchen, das an ihrem Tisch vorbeikam, plötzlich über den Tisch langte und ein Pommes stibitzte.

Tracy und Julian waren so perplex, dass sie nicht wussten, was sie sagen sollten.

Das Mädchen, das kaum älter als sieben sein konnte, machte auf dem Absatz kehrt und wiederholte ihr Tun. Noch befremdlicher war die seltsame Art, wie sie es tat – sie sah dabei die ganze Zeit in die andere Richtung.

»Pass auf, die sind heiß«, sagte Tracy besorgt. Julian machte sich indessen Sorgen, dass das Mädchen gegen Ambers Trachealkanüle stoßen könnte. Er hasste all diese potenziellen Gefahren, die immer näher rückten.

Plötzlich tauchte die Mutter des Mädchens auf. »Es tut mir sehr leid«, stammelte sie entschuldigend und zog ihre Tochter weg.

Tracy empfand Mitgefühl für sie. »Ach, es macht mir wirklich nichts aus, wenn sie ein paar Pommes möchte. Ich habe nur Angst, dass sie sich verbrennt«, erklärte sie.

»Sie ist autistisch«, sagte die Mutter leise.

Tracy lächelte verständnisvoll.

Wie schrecklich, wenn man das Gefühl hat, man müsste sich für sein Kind entschuldigen, dachte sie.

Tracy sah beschützend zu Amber hinunter und spürte einen Anflug von Traurigkeit bei dem Gedanken, eines Tages vielleicht erklären zu müssen, warum eine Plastikkanüle aus dem Hals ihres wunderschönen Mädchens ragte oder warum sie nicht laufen oder sprechen konnte.

»Ich frag mich, wie lange es wohl noch dauert, bis wir reiten können.« Tracy konnte es plötzlich nicht mehr abwarten, zur Tat zu schreiten, um Amber zu helfen.

»Oh, das sind wir«, zwitscherte Liz, als Abbies Nummer aufgerufen wurde.

»Wollen wir zugucken?« Julian ergriff die Gelegenheit, die Mädchen wieder sicher auf dem Arm zu halten und von den anderen Kindern wegzukommen. Er fürchtete schon die ganze Zeit, dass eines der Kinder mit Amber zusammenstoßen könnte. Die Zwillinge waren bei Weitem die kleinsten Kinder hier.

Julian und Tracy nahmen die Mädchen auf den Arm und folgten Liz und Abbie in eine weitere Halle, viermal so groß wie die letzte.

Julian stieg abermals eine kräftige Dosis Eselaroma in die Nase, als sie sich auf den Reitplatz begaben. Und dann fiel sein Blick auf die Holzspäne und den Staub und die Tierhaare und den Schmutz … Er geriet in Panik. Mit Freizeit und Entspannung hatte das hier definitiv nichts zu tun.

»Reg dich ab.« Tracy boxte ihm spielerisch gegen den Arm.

Tracy war mehr an den zwei Eseln auf dem Reitplatz interessiert. Einer war braun und der andere grau gefleckt. Sie standen Seite an Seite. Der Braune wirkte ein bisschen frecher – er knabberte immer wieder provozierend am Hals seines Kumpels.

»Das ist Oscar«, sagte Andy und kam auf die Austwicks zu. Er hatte Tracys Gedanken gelesen.

»Hi, ich bin Andy«, stellte er sich vor.

»Die sind echt bezaubernd«, sagte Tracy, fasziniert von den Eseln. Tiere hatten es ihr schon immer angetan, ganz im Gegensatz zu Julian, der Tieren oder der Natur noch nie viel abgewinnen konnte.

»Oscar ist dafür berüchtigt, dass er der größte Frechdachs unter unseren Eseln ist«, erklärte Andy.

»Wie meinen Sie das?«, fragte Julian.

»Er ist ein knabbernder Langfinger. Also – behalten Sie Ihre Taschen und Halstücher gut im Auge!«, gluckste Andy.

Julian presste ihre Habseligkeiten fester an sich.

»Sei nicht albern. Er ist meilenweit entfernt«, neckte Tracy ihn.

»Und was ist mit dem da?« Sie deutete auf den grauen Esel.

»Das ist Moses. Er ist unser solides Multitalent. Wir setzen ihn nicht nur beim Reiten ein, sondern auch um Wagen zu ziehen oder für Show-Auftritte.« Andy hatte sichtlich Spaß daran, seine Freunde zu beschreiben. »Moses ist 2002 zu uns gekommen, nachdem sein Stallgefährte gestorben war.«

Tracy machte ein betrübtes Gesicht.

»Ja, viele Esel werden auf Farmen gehalten, damit sie den Pferden Gesellschaft leisten. Wenn das Pferd dann stirbt, hat der Farmer oder Pferdezüchter keine Verwendung mehr für sie«, erklärte Andy.

Tracy wirkte offenbar immer noch ein bisschen bedripst.

»Aber die beiden sind jetzt beste Freunde, sie sind immer zusammen«, sagte Andy tröstend.

Während sie plauderten, wurde Abbie für den Eselritt bereitgemacht.

»Oh, ich werde gebraucht.« Andy eilte davon, um seinen Platz wieder einzunehmen und Oscar um die Reitbahn zu führen.

Julian beobachtete genau, wie der Pferdepfleger den Riemen von Abbies Reitkappe geschickt an ihrer Kanüle vorbeiführte und befestigte.

»Hast du keine Angst, dass die Kanüle herausgerissen wird?«, fragte er Liz, die eifrig damit beschäftigt war, ihrer Tochter von der anderen Seite des Tors zuzuwinken.

»Nein, die wissen hier, was sie tun«, bürstete Liz ihn ab.

Julian war nicht überzeugt. Soweit es ihn betraf, waren alle Tiere unberechenbar.

Eine sehr hochgewachsene Frau mit einem Jungenhaarschnitt hob Abbie in Moses' Sattel. Sie wisperte Abbie ein paar freundliche Worte ins Ohr und hielt sie dann mit sicherem Griff fest.

»Jetzt kommt das Beste«, juchzte Liz aufgeregt.

Andy schnalzte mit der Zunge und zog sanft an Moses' Zügel, während die große Lady Abbie in den Sattel drückte. Moses stieß einen gewaltigen Nieser aus, der seinen ganzen Kopf erbeben ließ. Einen Huf vor den anderen setzend nahm er dann ganz allmählich Fahrt auf wie eine Dampflokomotive, die aus dem Bahnhof ausfährt.

Julian sträubten sich sämtliche Nackenhaare, als er sah, wie Abbie im Sattel auf und ab wippte. Er packte Amber ein bisschen fester und nahm sich vor, so schnell wie möglich das Weite zu suchen.

Gerade wollte er die Flucht ergreifen, als die Nummer der Zwillinge aufgerufen wurde.

»Komm schon, das wird prima.« Tracy gab Julian ein Zeichen, dass er zum Tor kommen solle. Sie war entschlossen, diese Sache durchzuziehen.

Zunächst mussten sie eine Reitkappe finden, die auf die winzigen Köpfe der Mädchen passte. Die große Frau verschwand für einen Moment, um die Sattelkammer zu durchstöbern.

»Das sind die kleinsten, die wir haben«, verkündete sie und wedelte mit zwei Kappen im Bonsai-Format.

Auch wenn Amber nicht ohne fremde Hilfe laufen konnte, steckte doch trotzdem jede Menge Kraft in ihren Beinen. Sie wand sich wie wild in Julians Armen, als die Dame ihr die Kappe aufsetzte.

»Sie ist ein bisschen schüchtern«, erklärte Julian.

Die Lady bückte sich ein Stück herunter, um Amber in die Augen zu sehen.

»Hallo, ich bin Amber, und wie heißt du?«, gurrte sie.

Julian und Tracy kicherten. Das Eis war gebrochen.

»Sie heißt auch Amber«, antwortete Julian für seine Tochter.

»Große Amber und kleine Amber«, sagte Amber Brennan scherzhaft und breitete die Arme aus, um ihre neue Freundin zu begrüßen.

Julian wollte sie nicht gehen lassen. Eine Million Gedanken rasten ihm durch den Kopf.

»Seien Sie unbesorgt. Es wird ihr wirklich guttun«, sagte die große Amber und hebelte die kleine Amber praktisch aus seinem Griff.

Sie schwang sich das Kind auf die Hüfte und stiefelte mit ihr zu Oscar hinüber.

»Wird die Kappe nicht an ihre Kanüle stoßen?«, rief Julian ihr nach.

»Keine Bange«, lachte sie.

»Nehmen Sie das Absauggerät?« Julian zog es von der Schulter und wollte es ihr übergeben.

»Nein, es ist alles gut so.« Die große Amber gab ihm ein Zeichen, dass er es behalten sollte.

Die Mitarbeiter gingen alle völlig tiefenentspannt an das Ganze heran. Sie wussten ganz offensichtlich, was zu tun war, was Julians Nerven tatsächlich ein wenig beruhigte.

Amber war so winzig, dass ihre Füße nicht einmal bis zu den Steigbügeln reichten. In dem Riesensattel sah sie furchtbar klein und verletzlich aus. Die große Amber hielt sie fest, während sie darauf wartete, dass Hope von der anderen Reitlehrerin in Moses' Sattel gesetzt wurde.

Hope schien der ganzen Sache sehr gelassen entgegenzusehen. Genau genommen nahm sie kaum Notiz von den Eseln. Amber hingegen sah ziemlich unglücklich aus. Ihre Augen suchten nach ihrer Mum und ihrem Dad und wurden groß und feucht.

»Oje, ihr gefällt das gar nicht!« Tracy geriet plötzlich in Panik.

Was hatte sie getan?

Ambers Gesicht färbte sich hellrosa, und schon kullerten Tränen.

»Sie mag das nicht, sollen wir sie holen?«, rief Tracy auf den Platz.

Die große Amber flüsterte einige besänftigende Worte ins Ohr der kleinen Amber, was ein wenig zu helfen schien.

»Keine Sorge, es wird ihr guttun«, versuchte sie Tracy und Julian zu beruhigen.

Inzwischen warteten Oscar und Moses geduldig auf ihr Stichwort. Andy wechselte diesmal zu Oscar, um dafür zu sorgen, dass der freche Kerl in Schach gehalten wurde, während Amber auf ihm ritt. Andy schnalzte zweimal mit der Zunge, und sie trotteten los.

Mit einem flauen Gefühl im Magen beobachtete Tracy, wie die Mädchen im Sattel hochgeworfen wurden und die Reitkappen auf ihren Köpfen hin- und herrutschten. Tracys Hände krallten sich so fest um die Gatterstange, dass die Knöchel weiß hervortraten.

»Gut gemacht, Mädels«, rief sie mit gezwungenem Lächeln. Sie durfte den Zwillingen nicht zeigen, wie besorgt sie war.

Auf der anderen Seite der Reitbahn war Julian aufs Äußerste angespannt. Er hatte sich oben auf einer Rampe positioniert und kauerte dort wie ein angriffsbereiter Rugby-Spieler.

Von hier aus kann ich auf den Reitplatz springen, wenn Amber abgesaugt werden muss, dachte er.

Für die Mitarbeiter musste es ein lustiger Anblick gewesen sein, wie beide Eltern sich quasi zum Stabhochsprung anschickten, um ihre Kinder zu retten.

Julian und Tracy hatten eine Art stillschweigender Übereinkunft getroffen, nicht miteinander zu reden, um sich nicht gegenseitig in Sorge zu versetzen. Beide versuchten, so stark wie möglich zu sein.

Julian führte stattdessen ein Selbstgespräch. *Mit Hope ist alles okay, ihr geht's gut. Es sieht aus, als wären die Mädchen sicher, die Reitlehrerinnen halten sie wirklich gut fest. Moment mal, der Esel gibt seltsame Geräusche von sich. Was, wenn er durchgeht?*

»Wollen wir noch eine Runde drehen?«, fragte die große Amber begeistert.

Oh Gott! Bitte nicht!, dachte Julian.

Tracy konnte nicht länger hinsehen. Sie löste ihre Finger vom Tor und drehte dem Reitplatz den Rücken zu. In der Ecke war ein kleiner Pferch, wo ein einzelner Esel etwas Heu knabberte.

Tracy dachte, dass er sehr alt sein musste, weil sein Fell komplett weiß war. Sein Kreuz hing durch wie eine Hängematte.

Pascoe war mit sagenhaften 34 Jahren der älteste Esel im Sanctuary. Er war zu gebrechlich, um noch von Kindern geritten zu werden, aber das änderte nichts daran, dass er zu den beliebtesten Langohren auf dem Hof gehörte. Er war so entspannt, dass die Mitarbeiter ihn oft frei umherwandern ließen. Kinder streichelten ihn für ihr Leben gern, weil er der Inbegriff der Freundlichkeit war – und unglaublich süß mit seinen langen weißen Ohren.

Pascoe entdeckte Tracy, die vor seinem Pferch stand. Er sah sie durch seine grauen Wimpern an und trappelte auf sie zu. Er suchte ebenso nach Aufmerksamkeit wie Tracy.

»Hallo.« Tracy streichelte die Spitze seiner langen Nase.

Pascoe leckte sich mit der Zunge über die Schnauze, als ob er sich die Nase putzen wollte. Tracy musste lachen und vergaß einen Moment lang ihre Sorgen.

Julian befand sich immer noch sprungbereit auf der Rampe. Ihm kam jede Sekunde wie eine Ewigkeit vor.

Er stieß einen Riesenseufzer der Erleichterung aus, als die Esel schließlich anhielten. Hope lächelte, aber Amber zeigte auf Julian, wollte ihren Daddy zurück. Die Austwicks waren natürlich bemüht, sich den Übereifer nicht anmerken zu lassen, mit dem sie am liebsten durchs Tor gestürmt wären und ihre Kinder wieder an sich gerissen hätten.

»Alles okay. Lassen Sie sich ruhig Zeit«, flunkerte Julian.

Die große Amber wandte sich an die kleine Amber. »Hat dir das Spaß gemacht?«

Die kleine Amber rang sich ein Lächeln ab, aber Tracy sah, dass es ihr nicht wirklich gefallen hatte. Amber wollte nur noch so schnell wie möglich zurück zu ihren Eltern.

»Hat dir das Spaß gemacht, Hope?«, fragte Julian, als er die Mädchen wieder in den Buggy schnallte. Hope kicherte und klatschte ihn ab.

Julian, Tracy und Liz dankten den Mitarbeitern für die freundliche Aufnahme. Die große Amber hatte einen Narren an der kleinen Amber gefressen und umarmte sie zum Abschied.

»Gott sei Dank ist das vorbei«, murmelte Julian, sobald sie außer Hörweite waren.

Liz erzählte ihnen, dass hinter der Reithalle noch viele weitere Esel auf der Weide standen.

»Das sparen wir uns für einen anderen Tag auf«, brummte Julian und schob die Zwillinge zurück zum Auto.

Liz bemerkte nichts von Julians Stimmung. »Hat's euch gefallen? Kommt ihr noch mal wieder?« Sie strahlte.

»Hmmmm, vielleicht auch nicht«, sagte er.

Tracy war in ihre eigenen Gedanken vertieft. Sie hatte so verzweifelt gehofft, dass Amber besser auf das Reiten reagieren würde. Jetzt plagte sie das schlechte Gewissen, weil sie ihr kleines Mädchen zum Weinen gebracht hatte. Sie hatte das Gefühl, dass sich eine weitere Hoffnung zerschlagen hatte und stattdessen das nächste Hindernis auf dem Weg zu Ambers Genesung aufgetaucht war. Sie nahm sich die Sache viel zu sehr zu Herzen – und fraß das Ganze natürlich in sich hinein.

»Gebt nicht auf. Je öfter sie kommen, desto mehr Spaß werden sie haben«, sagte Liz zuversichtlich, als sich ihre Wege trennten.

Aber Julian hatte bereits beschlossen, dass sie nicht mehr hierherkommen würden, und Tracy fand, dass es wenig Sinn hatte, Amber erneut in Aufregung zu versetzen. Was die Austwicks anging, so war es das erste und das letzte Mal, dass sie die Esel besucht hatten.

An den Grenzen der Belastbarkeit

Sutton Coldfield, Birmingham, Spätsommer 2012

»Ich denke, die Mädchen würden vom Kontakt mit anderen Kindern profitieren«, verkündete Barbara, die Dame von der Frühförderung.

Sie hatte Amber im letzten Jahr einmal in der Woche besucht und ihre Probleme miterlebt.

Tracy und Julian war klar, dass Barbaras Vorschlag vernünftig war. Außer zu Abbie hatten die Mädchen keinen Kontakt zu anderen Kindern. Wie ihre Eltern führten sie ein ziemlich abgeschiedenes Leben. Ambers Versorgung nahm Julian und Tracy derart in Anspruch, dass sie sich überhaupt nicht mehr mit Freunden oder Verwandten trafen. Sie hatten einfach keine Zeit.

»Haben Sie schon mal überlegt, die beiden in eine Kita zu schicken?«, fragte Barbara.

Julian und Tracy sahen sich verdutzt an. Der Gedanke war ihnen schon wegen Ambers Tracheostomie nie in den Sinn gekommen.

»Dank staatlicher Förderung haben Sie Anspruch auf fünfzehn Stunden kostenlose Betreuung pro Woche, sobald Ihr Kind zwei Jahre alt ist.«

»Das wussten wir gar nicht.« Julian zog überrascht die Augenbrauen hoch.

Barbara machte ein betrübtes Gesicht, als wäre ihr ein trauriger Gedanke gekommen. Sie neigte verständnisvoll den Kopf.

»Fühlen Sie sich ein bisschen allein und isoliert?«, fragte sie vorsichtig.

Julian und Tracy waren ein wenig erstaunt. Die letzten beiden Jahre hatten sie sich nur um die Mädchen gekümmert und gesorgt, und niemand hatte sich je danach erkundigt, wie es *ihnen* dabei ging.

Julian starrte verlegen auf seine Hände.

»Wir haben ein paar Leute, die wir regelmäßig sehen, wie deine Schwester«, sagte er mit einer Kopfbewegung zu Tracy.

Sie erwiderte sein Lächeln. »Wir haben einander.« Sie warf Julian einen liebevollen Blick zu und wandte sich dann wieder an Barbara. »So war es eigentlich schon immer«, erklärte sie, »weil wir ziemlich oft umgezogen sind und die meisten Verwandten relativ weit entfernt wohnen.«

Barbara war gerührt von der Zuneigung und Fürsorge, die dieses Paar ausstrahlte. Sie hingen eindeutig mit großer Hingabe aneinander.

»Nun, für mich wäre es kein Problem, Ihnen dabei zu helfen, eine Kita zu finden«, bot sie an.

Tracy empfand das Angebot als große Erleichterung. Seit dem Ausflug zum Eseltierheim und ihrem Besuch bei Pauline Christmas war sie sehr niedergeschlagen. Sie fühlte sich ständig erschöpft und hatte dieses überwältigende Bedürfnis, allein zu sein.

Das ist nur eine Phase, das geht vorüber, tat sie ihre Stimmung ab.

Sie mobilisierte ihre letzten Kraftreserven, um die nächsten Wochen durchzustehen. Es war eine hektische Zeit, weil die Austwicks den restlichen Sommer damit verbrachten, alle örtlichen Kitas abzuklappern. Trotz Barbaras Hilfe war es nicht so einfach, einen Platz zu bekommen, wie sie gedacht hatten. Eine Ablehnung folgte auf die nächste. Niemand wollte die Verantwortung für die Betreuung eines Mädchens mit Trachesstomie übernehmen.

Julian ging damit auf seine gewohnt pragmatische Art um. Tracy dagegen nahm die Abweisungen persönlich. Es war eine Beleidigung *ihrer* Tochter. Sie fühlte sich noch erschöpfter, noch unsicherer, noch hilfloser. Und natürlich war da dieses nagende Schuldgefühl, das sie von innen auffraß.

Aber sie würde nicht aufgeben – sie vergrub ihre Sorgen und putzte weiterhin Türklinken.

Eine Kita hatte es Tracy ebenso wie Julian angetan. Es war einer dieser Orte, die sich sofort irgendwie richtig anfühlen, weil alles stimmt – die Mitarbeiter, die Ausstattung, das Lächeln der Kinder.

»Schau dir diesen Garten an«, strahlte Tracy, als sie herumgeführt wurden.

Die Kita befand sich in einem umgebauten Reihenhaus, das etwas Gemütliches und Heimeliges ausstrahlte. Der Garten war ein einziger großer Laufstall – der Hof war mit Kunstrasen ausgelegt und von Spielsachen wie Tretautos und Dreirädern übersät. Außerdem gab es viele Sachen, auf denen die Kinder herumklettern konnten, wie zum Beispiel ein Piratenschiff und kleine Rutschen. Besonders begeistert war Tracy von den großen Sonnenblumen, die auf das Gartenhäuschen gemalt waren.

Tracy war Feuer und Flamme. »Ich finde es toll hier!« Schwungvoll drehte sie sich zu Julian und Barbara um. »Und die Mädchen auch«, sagte sie, die Stimmung ihrer Töchter deutend.

Hope versuchte, sich aus dem Griff ihres Vaters zu befreien, um im Garten zu spielen. Ambers Gesicht war in Tracys Armbeuge verborgen, aber ab und zu riskierte sie einen Blick und sah sich um – wie eine kleine Schildkröte, die ihren Kopf vorsichtig aus dem Panzer streckt.

Sobald ein Hoffnungsschimmer auftauchte, stürzte Tracy sich darauf wie auf die letzte Coladose in der Wüste. Es machte Julian nervös, weil er sich vor den Auswirkungen einer Enttäuschung fürchtete.

»Lass uns mit der Leiterin sprechen.« Julian machte eine beschwichtigende Handbewegung, und dann folgten sie der Kita-Leiterin in ihr Büro.

Die Austwicks konnten nicht mehr zählen, in wie viele Büros sie in den letzten zwei Jahren geführt worden waren. Dieses war jedoch wesentlich bunter als alles, was sie bisher kennengelernt hatten, weil die Wände mit selbst gemalten Bildern der Kinder tapeziert waren. Tracy hielt Amber sanft im Arm, während Hope neugierig den Raum erkundete.

»Bleib hier, Hope«, sagte Julian und behielt seine vorwitzige Tochter im Auge.

Tracy und Julian fanden Sue, die Leiterin, genauso sympathisch wie ihre Kita.

Sue reichte ihnen beiden eine Tasse Tee und einen Butterkeks. Mit ihrer mahagonifarbenen Urlaubsbräune sah sie aus, als wäre sie gerade einem Flugzeug entstiegen. Julian legte ihre Situation dar, und Tracy hatte ein gutes Gefühl bei dem Gespräch.

Sue nahm einen Schluck von ihrem Becher, um ihre Stimme zu ölen.

»Sie haben zwei wunderbare Töchter«, setzte sie an.

Julian wusste, dass jetzt ein »Aber« kam.

»Aber es wird schwierig, Amber hier bei uns aufzunehmen …«

Julian spürte die Wut und Enttäuschung, die Tracy neben ihm

ausströmte. Er durfte sie nicht ansehen, um keine Explosion auszulösen.

Sue presste die Hände geschäftsmäßig aneinander. Sie erklärte, sie habe nichts dagegen, dass Amber durch eine Person von
Complex Care betreut würde, aber gegenüber den anderen Kindern wäre es nicht fair, wenn jede Woche ein anderer Helfer in
die Kita käme.

»Es stimmt, wir können nicht garantieren, dass es immer dieselbe Person ist«, räumte Julian ein. Sie erhielten nach wie vor
ihre fünfzehn Stunden Auszeit pro Woche, aber sie konnten nie
vorhersagen, welche Betreuungsperson sich um Amber kümmern würde.

Es gab weitere Schwierigkeiten. Hope aß kleine Snacks und
Kleinkindnahrung wie andere Kinder in ihrem Alter. Amber
hatte sich kürzlich einer Mini-Operation unterziehen müssen,
bei der man durch einen kleinen Schnitt in die Bauchdecke einen direkten Zugang zum Magen eröffnet hatte, damit sie nicht
mehr auf die nasogastrale Sonde angewiesen war. Dieser direkte Magenzugang nannte sich »Gastronomiesonde« oder kurz
»Knopfsonde« und war eine enorme Erleichterung für die Eltern – keine Ängste und schlaflosen Nächte mehr, weil die Milch
in Ambers Lunge gelangen könnte. Trotzdem musste Amber
immer noch an die Ernährungspumpe angeschlossen werden.
Sie konnte Nahrung noch nicht normal schlucken. So brutal es
klang – das waren Probleme, die Sue und ihre Mitarbeiter in
der Kita lieber nicht haben wollten. Die Kita-Leiterin legte den
Austwicks ihre Schlussfolgerung dar.

»Wir würden uns sehr freuen, Hope bei uns aufzunehmen,
aber so leid es mir tut …« Sue musste den Satz nicht zu Ende
sprechen.

»Okay, vielen Dank«, sagte Tracy schroff, erkannte dann, dass sie ein bisschen unhöflich klang und korrigierte sich. »Sorry, es ist einfach schwierig«, seufzte sie.

Sue lächelte verständnisvoll – genauso wie die vielen Ärzte und Schwestern und Spezialisten vor ihr. Julian wusste, dass ein Zornes-Tsunami auf ihn zurollte.

Sobald sie im Auto saßen, ließ Tracy ihrer Wut freien Lauf.

»Hope geht nicht in diese Kita, wenn Amber nicht auch gehen darf«, schimpfte sie, außer sich über die Weigerung der Tagesstätte, beide Zwillinge aufzunehmen.

»Beruhig dich, Trace«, sagte Julian, der den Wagen nach Hause steuerte.

»Sie behandeln Amber anders als Hope. Ich weiß, Amber hat ihre Probleme, aber es ist eine private Kita. Wir würden schließlich dafür bezahlen, dass sie sich um sie kümmern«, wütete sie.

Julian schüttelte den Kopf – er wusste, wie Tracy war, wenn sie sich etwas in den Kopf gesetzt hatte.

»Betrachten wir es doch einmal aus deren Warte«, versuchte er zu argumentieren. Die Kita hatte ihre Entscheidung damit begründet, erinnerte er sie, dass Amber, weil sie tracheotomiert war und nicht sprechen konnte, einen Extrabetreuer brauchen würde und dass das alles zu verwirrend und beunruhigend für die anderen Kinder wäre.

»Hope geht da nicht hin, wenn Amber nicht auch hingehen darf!« Tracy verschränkte trotzig die Arme vor der Brust.

Julian stieß einen tiefen Seufzer aus, als er in ihre Auffahrt einbog. Er schaltete die Zündung aus und wandte sich zu Tracy, suchte ihren Blick.

»Hör mal. Wir müssen in Erwägung ziehen, sie zu trennen. Für Hope wäre es gut, wenn sie in die Kita käme«, beharrte er.

Die herzzerreißende Wahrheit war, dass Amber ihre Schwester in ihrer Entwicklung hemmte. Die Zwillinge waren zwei

Jahre alt, und Hope wäre in ihrer Sprachentwicklung schon viel weiter, wenn da nicht der Umstand wäre, dass ihre Schwester, ihre einzige Spielgefährtin, nicht sprechen konnte. Doch das Eingeständnis, dass die Zwillinge getrennt werden mussten, zwang Tracy dazu, sich ihrer schlimmsten Furcht zu stellen – dass Amber möglicherweise nie in der Lage sein würde, ein normales Leben zu führen wie ihre Schwester.

Nachdem Tracy sich wieder beruhigt hatte, machte sie sich auf die Suche nach Julian. Er war emsig damit beschäftigt, die Garage zu entrümpeln. Tracy wusste, dass er genauso unter der Situation litt wie sie selbst, weil er sich immer in ein derartiges Projekt stürzte, wenn er unglücklich war. Sie räusperte sich, um seine Aufmerksamkeit zu wecken. Julian sah hinter einem Stapel Kartons hoch, den er gerade sortierte.

»Du hast recht. Wir werden die Mädchen wohl trennen müssen«, verkündete Tracy.

Julian erhob sich und klopfte sich den Staub von den Knien seiner Jeans. Dann streckte er in einer einladenden Geste die Arme aus, damit Tracy sich hineinkuscheln konnte.

»Wir kriegen das hin«, sagte er beruhigend und drückte sie zärtlich an sich.

Das war der Zauber ihrer Beziehung, der immer wieder seine Wirkung tat – Teamwork. Es ging alles darauf zurück, wie sie sich vor vielen Jahren bei der gemeinsamen Tresenarbeit in einem Pub kennengelernt hatten – sie waren daran gewöhnt, als Team zusammenzuarbeiten.

Als es im Oktober 2012 schließlich so weit war, dass Hope in die Kita gehen sollte, war dennoch Julian derjenige, der sich Sorgen machte. Mit klopfendem Herzen trug er Hope zum Tor der Kita. Er sah sich nach Tracy um, die mit Amber im Auto wartete.

»Geh weiter«, formte sie lautlos mit den Lippen hinter der Scheibe.

Julian konnte die Sorgen nicht abschütteln. Er hatte den fast schon instinktiven Drang, sich überfürsorglich gegenüber den Mädchen zu verhalten – hätte sie am liebsten in Watte gepackt, seit sie die beiden bei der Geburt um ein Haar verloren hätten. Julian und Tracy hatten sich selbst dazu erzogen, nicht *übertrieben* gluckenhaft zu sein, aber alles in Julian sträubte sich dagegen, Hope an die Erzieherin zu übergeben.

Hope trug ihr bestes Outfit – lila Leggings, dazu ein Top in Weiß und Rosa und ihren grünen Fleecemantel. Außerdem hatte sie ihr erstes Paar Schuhe an – Turnschuhe mit reflektierenden Strahlern an den Sohlen. Sie lachte durch ihren langen blonden Pony, als die Frau von der Kita sie begrüßte.

Die Erzieherin merkte, wie Julian zumute war und schenkte ihm ein mitfühlendes Lächeln. »Es ist alles gut, alles in Ordnung. Sie fahren jetzt wieder los, und wir sehen uns dann später«, sagte sie beruhigend.

Julian atmete tief durch und gab Hope einen Abschiedskuss. Die Erzieherin nahm Hope an die Hand und führte sie zu den anderen Kindern, die alle in einer Gruppe zusammenstanden.

Oh Gott, sie ist so klein und zart verglichen mit den anderen, dachte Julian, während er seiner Tochter nachsah.

Als Hope sich mit großen, feuchten Augen zu ihm umdrehte, geriet Julian in Panik. Seine Tochter sah aus wie ein kleiner ausgesetzter Welpe.

»Alles gut, gehen Sie jetzt«, signalisierte die Erzieherin.

Das Loslassen fiel Julian allerdings unendlich schwer. Er fühlte sich hin- und hergerissen. Einerseits fand er es großartig, dass Hope etwas Normales tat, andererseits machte es ihn traurig, dass er sie gehen lassen musste.

»Sie hat das echt ganz toll gemacht«, sagte er zu Tracy, als er wieder ins Auto stieg. »Sie hat überhaupt nicht geweint«, erklärte er und wischte sich die eigenen Tränen ab.

Kaum waren sie zu Hause, da begann Amber auch schon Zeichen von Kummer zu zeigen.

»Hope, Hope«, formte sie immer wieder lautlos mit den Lippen. Tracy warf Julian einen verzweifelten Blick zu. Genau das hatte sie befürchtet.

»Hope ist in der Kita, und du bleibst hier bei Mummy und Daddy«, versuchte Julian, seine Tochter zu beruhigen.

Amber wirkte verstört und verloren. Sie wollte sich auf die Suche nach ihrer Schwester begeben, war aber nicht kräftig genug, um zu laufen. Stattdessen drehte sie sich auf dem Wohnzimmerteppich immer wieder im Kreis um ihren eigenen Arm. Der Anblick war herzzerreißend, und Tracy machte sich Vorwürfe, weil sie sich die Schuld an Ambers Kummer gab.

Hope verbrachte nur einen halben Tag in der Kita, aber das reichte, um einen starken Eindruck zu hinterlassen. Die Erzieherin hatte Julian berichtet, dass Hope Freundschaft mit einigen anderen Kindern geschlossen hatte, und als sie nach Hause kam, war klar, dass Amber ihre Schwester mehr vermisst hatte als umgekehrt.

Amber streckte die Arme nach Hope aus, aber ihre Schwester ignorierte sie und war weit mehr daran interessiert, ihre neue Plastikschürze vorzuführen, die sie im Fingermalunterricht getragen hatte.

»Hope hat zum ersten Mal Kinder getroffen, die sprechen und herumlaufen können – das ist einfach alles sehr aufregend für sie«, sagte Julian in dem Versuch, Tracy das Verhalten zu erklären.

Aber das war nur der Anfang. Mit jedem Tag in der Kita

nahm Hopes Selbstvertrauen zu und das Interesse an ihrer Schwester ab. Hope machte praktisch täglich Fortschritte in ihrer Entwicklung, während Amber rückwärtslief. Hope blühte auf, während Amber noch scheuer, noch verschlossener wurde.

So kam Hope zum Beispiel voller Stolz mit selbst gemalten Bildern nach Hause. Tracy und Julian versuchten, Amber daheim auf die gleiche Weise zu beschäftigen, aber es war sehr schwer.

»Ich habe zu viel Angst, dass die Farbe oder das Glitzerzeug in ihre Luftröhre gerät«, erklärte Tracy gereizt und gab den Versuch schließlich auf.

Die Wahrheit war, dass Tracy und Julian nicht unbeschwert mit Amber spielen konnten. Immer war da der Gedanke, dass sie ihre Luftröhre absaugen mussten und nicht vergessen durften, die Medikamente rechtzeitig zu verabreichen. Sie konnten sie keinen Augenblick allein im Zimmer lassen und kamen sich vor, als wären sie eher ihre Krankenpfleger als ihre Eltern, was wiederum die Schuldgefühle verstärkte.

Julian verdrängte seine Emotionen, weil er fürchtete, unter den gleichen Schuldgefühlen zu leiden wie Tracy, wenn er sie zuließ. Er musste seine Frau immer wieder daran erinnern, dass es das Beste für Hope war. Das stieß allerdings auf taube Ohren. Wochenlang quälte Tracy sich mit ihrem schlechten Gewissen.

Tagein, tagaus wurde sie von denselben Gedanken heimgesucht – dass sie einen Fehler begangen hatte, dass sie verantwortlich für Ambers gesundheitliche Probleme war.

Eines Abends wurde alles zu viel. Tracy faltete gerade die Wäsche im Kinderzimmer zusammen, als ihre Beine sich plötzlich anfühlten wie Wackelpudding. Sie ließ sich neben Ambers Kinderbettchen zu Boden fallen und sah ihr Baby an, während ihr die Tränen über die Wangen strömten.

Wie soll es ihr je besser gehen? Sie wird für immer so bleiben wie jetzt, weinte sie.

Der Selbsthass kam wieder, und ihre Gedanken wurden immer düsterer.

Ich bin eine schlechte Mutter. Julian wäre mit einer anderen Frau besser dran.

Sie versuchte, die unguten Gedanken zu ersticken, aber es nützte nichts. Die Situation war zu verfahren.

Sie konnte die Nächte nicht mehr zählen, die sie irgendwo zwischen Schlafen und Wachen neben ihren Töchtern lag. Oft spürte sie erst, wenn sie den Kopf auf dem Kissen bewegte, dass es ganz nass war von all den Tränen, die sie vergossen hatte, ohne es zu merken.

Die Lage spitzte sich schließlich zu, als Tracy im Januar 2012 von einer weiteren schlimmen Nachricht ereilt wurde – bei ihrer Großmutter Irene, die in Burnham-on-Sea im Südwesten Englands lebte, hatte man Darmkrebs diagnostiziert.

Tracy war am Boden zerstört. Seit der Geburt der Mädchen kam ein Schlag nach dem anderen. Sie hatte nicht einmal Zeit gehabt, den Tod ihrer Mutter zu betrauern. Der Schmerz hatte sich, Schicht um Schicht, immer weiter aufgebaut.

Sie saß mit ihrer Schwester im Auto, auf dem Weg zu ihrer Großmutter, als der Schutzwall schließlich einstürzte.

Debbie plauderte über irgendetwas Belangloses. Tracy hatte das Gesicht gegen die Scheibe gedrückt und beobachtete die vorbeirauschenden Autos.

Plötzlich brach sie in Tränen aus. Die ganze Trauer, die Sorge und die Schuld strömten aus ihr heraus.

»Trace, alles okay mit dir?«, schrie Debbie. Sie hatte ihre Schwester noch nie so weinen gesehen.

Tracy verbarg das Gesicht in den Händen. »Ich kann nicht mehr. Ich kann einfach nicht mehr«, schluchzte sie.

Debbie bog von der Straße ab und steuerte eine Parkbucht an. Sie schaltete die Warnblinkanlage ein und richtete dann ihre volle Aufmerksamkeit auf ihre weinende Schwester. »Tracy, du machst mir Angst. Was ist denn los?« Sie versuchte, sie in die Arme zu nehmen.

Tracy wich ihr aus und drückte sich in ihren Sitz.

»Sei nicht so verdammt bockig. Komm her.« Debs zog sie an sich.

Tracy zitterte am ganzen Körper.

»Du bist nicht Superwoman«, erklärte Debbie und sah ihr direkt in die Augen.

Aber genau das war das Problem. Seit zweieinhalb Jahren versuchte Tracy, Supermutter, Superehefrau – super in allem und immer superkontrolliert zu sein. Es war einfach alles viel zu viel geworden.

»Alles ist schrecklich. Ich habe alles falsch gemacht.« Tracy duldete keinen Widerspruch.

Debbie strich ihr liebevoll eine tränennasse Haarsträhne hinters Ohr. »Du bist schon seit einer ganzen Weile neben der Spur«, erklärte Debbie. »Dir sind nacheinander so viele schlimme Sachen passiert, und ich denke, du solltest mal zu einem Arzt gehen, um mit jemandem darüber zu reden.«

Tracy nickte.

»Du kannst das nicht allein bewältigen, und es wird schlimmer, wenn du nichts dagegen unternimmst«, fuhr Debbie fort.

Tracy nickte weiter. Sie wusste, ihre Schwester hatte recht. Aber es war schwer für sie, um Hilfe zu bitten. Sie konnte den Gedanken, dass Julian erfuhr, wie überfordert sie sich fühlte, nicht ertragen.

»Bitte sag Julian nicht, dass ich so traurig war«, bat Tracy flehentlich.

»Andere Probleme hast du nicht, oder?«, seufzte Debbie, ein bisschen ungeduldig.

»Versprichst du mir, dass du ihm nichts sagst?« Tracy griff nach dem Arm ihrer Schwester.

Debbie schloss einen Moment die Augen und stieß einen protestierenden Seufzer aus. Dann schlug sie ihrer Schwester einen Deal vor. »Ich werde Julian nichts sagen, wenn du versprichst, zu einem Arzt zu gehen.«

»Okay«, nickte Tracy.

Und so sagte Tracy ihrem Mann nichts von dem wahren Grund, als sie später in der Woche einen Arzt aufsuchte. Er behielt die Mädchen im Auge, während sie losging, um sich offen ihren Ängsten zu stellen.

Es war gar nicht so schwer, wie sie befürchtet hatte, der Ärztin von ihren inneren Kämpfen zu erzählen. Vielleicht lag es daran, dass sie eine Fremde war, die sie nicht verurteilte?

Die Ärztin gab Tracy ein Klemmbrett mit einem Formular, das sie ausfüllen sollte. Es waren etwa zwanzig Fragen nach ihren Gefühlen.

Wie oft sind Sie in niedergeschlagener Stimmung? Manchmal? Einmal in der Woche? Einmal am Tag? Immer?

Tracy kreuzte das Kästchen bei »immer« an.

Wie oft haben Sie Schwierigkeiten, sich zu konzentrieren? Immer. Kreuzchen.

Tracy hatte noch nicht das Stadium erreicht, in dem sie sich mit Selbstmordgedanken trug, aber sie dachte schon, dass alle anderen Menschen ein besseres Leben führten als sie – dass sie Spaß hatten und Dinge taten, die ihnen Freude bereiteten, während sie zu Hause den ganzen Tag das Absauggerät bediente.

Ihr stiegen die Tränen in die Augen. Sie fühlte sich schrecklich, weil sie bei allen Fragen die »Ja«-Optionen, die »Immer«-Kästchen ankreuzte. Außerdem hatte sie Angst – sie wusste nicht, was mit ihr geschehen würde, mit den Kindern. Vor lauter Tränen verschwamm die Schrift auf dem Formular vor ihren Augen – die Buchstaben quollen zu einem einzigen großen wässrigen Klecks zusammen.

Sie gab das Formular an die Ärztin zurück, die es aufmerksam studierte. Mit dem Zeigefinger schob sie die Brille auf ihrer Nase wieder nach oben. Die Diagnose kam prompt. Tracy wappnete sich.

»Es geht Ihnen nicht besonders gut«, konstatierte die Ärztin.

Tracy fragte sich, was das heißen sollte.

»Sie sind in einem Stimmungstief.«

Tracy sah sie mit großen Augen an – die Welt der professionellen Gefühlsanalyse war ihr fremd.

Die Ärztin diagnostizierte eine Depression, verschrieb ihr ein Antidepressivum namens »Citalopram« und meldete sie außerdem für eine Psychotherapie an.

»Machen Sie sich keine Sorgen, das kriegen wir wieder hin«, versicherte sie Tracy.

Tracy wischte sich die Tränen mit dem Ärmel ab.

»Sie werden sich wieder erholen. Es wird nur ein bisschen dauern.«

Daraufhin fühlte Tracy sich noch mutloser.

Ich will nicht noch monatelang in diesem Zustand sein. Es muss mir sofort besser gehen, um meiner Familie willen. Es gibt so viel zu tun, schoss es ihr durch den Kopf, und schon war der Druck wieder da.

Aufgewühlt verließ Tracy die Praxis. Ihr graute davor, sich Julian zu offenbaren, aber sie wusste, es musste sein.

Auf der ganzen Rückfahrt kreisten ihre Gedanken um die Worte »Depression« und »Pillen« und um die Frage, wie sie es ihrem Mann erklären sollte. Als sie in ihre Auffahrt bog, hatte ihre Angst schwindelerregende Ausmaße angenommen. Sie blieb gut fünf bis zehn Minuten im Auto sitzen und versuchte, ihre Nerven zu beruhigen.

»Was machst du da, Liebes?« Julian erschien schließlich mit Amber auf dem Arm an der Tür.

»Ach, nichts«, log Tracy. Der Gedanke, ihm alles zu erzählen, verursachte ihr ein Engegefühl in der Brust.

»Komm rein, ich hab dir grad einen Tee gekocht.« Er scheuchte sie ins Haus, heraus aus der Januarkälte.

Tracy folgte ihm in die Küche und blieb am Tisch stehen, sah schweigend zu, wie er den Teebeutel am Rand der Tasse ablaufen ließ. Julian spürte, dass etwas nicht in Ordnung war.

»Was ist los, Liebes?«

»Ich m-m-muss dir w-w-was sagen«, brachte Tracy stammelnd hervor.

»Okay. Komm, wir setzen uns hin.« Er führte sie zum Sofa. Tracy spürte, wie ihre Brust noch enger wurde und das Atmen ihr immer schwererfiel.

»Oh Gott, ich krieg keine Luft«, keuchte sie. Ihr Herz raste. Ihre Brust fühlte sich an, als würde sie zerspringen. Der Raum fing an sich zu drehen – Tracy hatte eine Panikattacke.

»Atme tief durch.« Julian stürzte an ihre Seite. Er massierte ihren Rücken, während sie gierig nach Luft sog.

Sie legte den Kopf zwischen die Knie. Ganz langsam gelang es Tracy, wieder ruhiger zu atmen.

Julian ging vor ihr in die Hocke und nahm ihre beiden Hände in seine. »Was ist denn los?« Er war total durcheinander. Tracy hatte es meisterhaft verstanden, alles vor ihm zu verbergen.

Tracy wühlte in ihrer Handtasche. »Ich muss diese Pillen nehmen, aber der Gedanke, sie einzunehmen, macht mir panische Angst.« Sie streckte ihm das Tablettenpäckchen entgegen.

Sie schämte sich, Julian zu sagen, dass sie Antidepressiva brauchte. Dazu hatte sie in Julians Augen natürlich überhaupt keinen Grund. Ihm machte nur die Tatsache zu schaffen, dass er nicht gemerkt hatte, wie schlecht es Tracy wirklich ging.

»Ich lasse dich im Stich, ich lasse die Mädchen im Stich«, weinte sie.

»Unsinn, du musstest mit so vielen Dingen fertigwerden«, verteidigte Julian sie.

»Ich bin erst vierunddreißig. In meinem Alter sollte ich noch keine Tabletten nehmen.«

»Blödsinn«, unterbrach Julian sie erneut. »Wenn es dir durch die Tabletten besser geht, ist nichts falsch daran, sie zu nehmen.«

Julian verschwand in der Küche und kam mit einem Glas Wasser zurück. »So, runter damit.« Er versuchte, die Stimmung aufzulockern.

Tracy drückte die winzige Pille aus der Folie und in ihre Handfläche. Sie zählte von drei rückwärts und spülte sie dann herunter.

»Siehst du, war doch gar nicht so schlimm«, sagte Julian. »Ich bin stolz auf dich, Liebes. Du bist eine wunderbare Mutter und eine wunderbare Ehefrau, und ich möchte nicht, dass du je wieder das Gefühl hast, du könntest mit mir nicht mehr reden. Hörst du?«

Tracy nickte.

»Das mein ich im Ernst.« Er drohte scherzhaft mit dem Finger.

Was Tracy schließlich doch ein Lächeln entlockte.

Ein Stück Freiheit

Sutton Coldfield, Birmingham, Februar 2013

»Freust du dich darauf, deine Freunde zu sehen?«, fragte Julian Hope, als sie zur Kita aufbrachen.

»Daisy«, sagte sie aufgeregt und klatschte in die Hände. Die Erzieherin hatte berichtet, dass die beiden unzertrennlich waren, gemeinsam Lunch aßen und auf dem Spielplatz Händchen hielten.

Hope rauschte auf dem Weg nach draußen an Amber vorbei. Es war, als wäre ihre Schwester unsichtbar. Ambers blaue Augen verengten sich, als würde sie Hope einen bösen Blick zuwerfen.

Sobald Julian und Hope fort waren, sah Amber verloren aus. Sie kreiste wieder auf dem Wohnzimmerteppich um sich selbst. Es hatte gewisse Ähnlichkeiten mit dem Anblick, den man von eingesperrten Tieren kennt, die vor- und zurückschaukeln, um den Schmerz der Gefangenschaft zu betäuben.

Genauso fühlte Tracy sich auch – gefangen.

Sie schaltete den Fernseher ein, um Amber abzulenken, aber Amber machte unbeirrt weiter. Immer wieder drehte sie sich im Kreis, versuchte zwischendurch, sich aufzurichten, aber schaffte es nicht ganz. Tracy fühlte sich nervös und angespannt. Sie konnte nicht still sitzen. Sie wünschte, Julian würde nach Hause kommen und sie beruhigen.

Sie wandte das Gesicht ab, damit Amber ihre Tränen nicht sah.

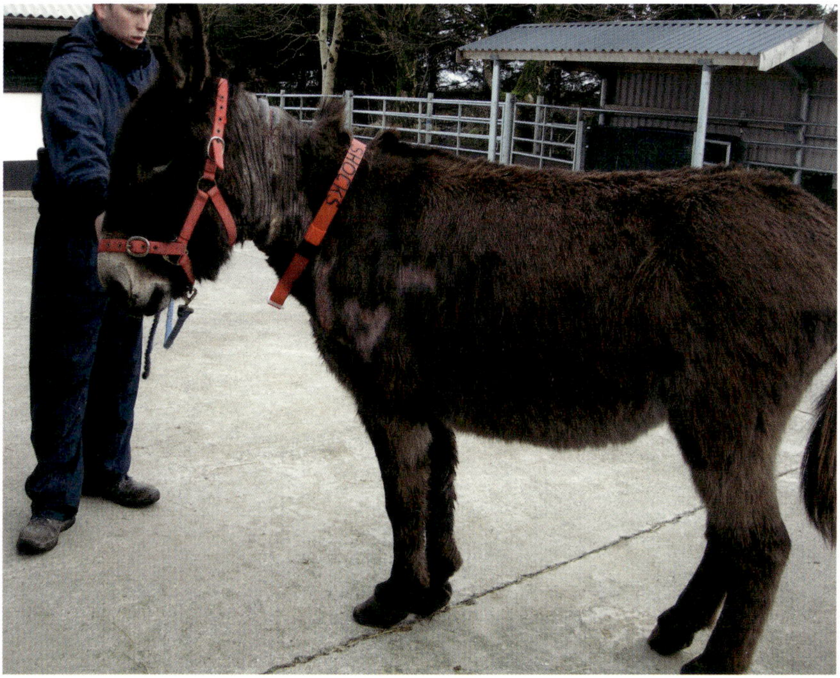

Der arme Shocks hat schwere Verletzungen am Hals.

Andy und die Mitarbeiter des Sanctuary
helfen Shocks dabei, wieder gesund zu werden.

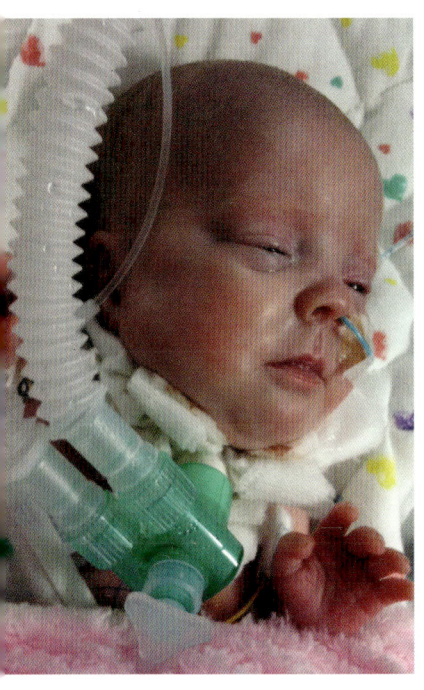
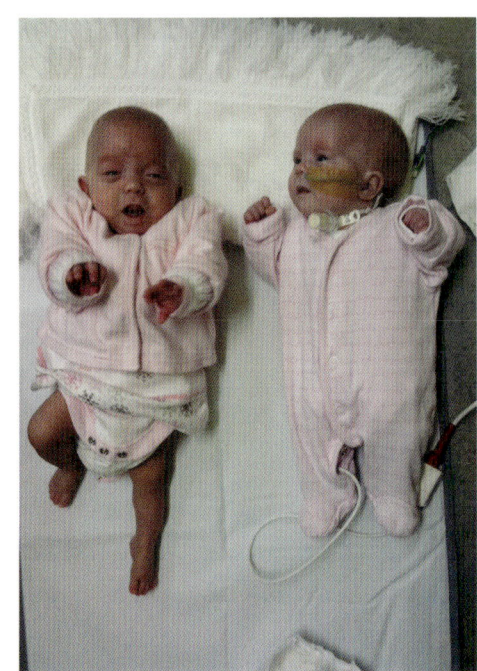

Amber und ihre Zwillingsschwester Hope als Babys.

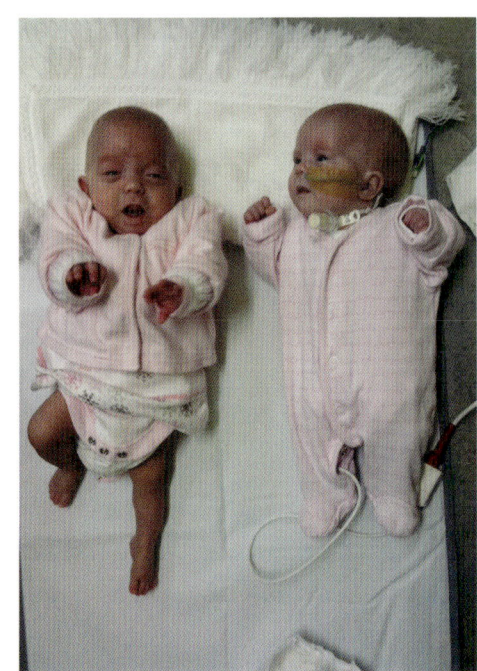

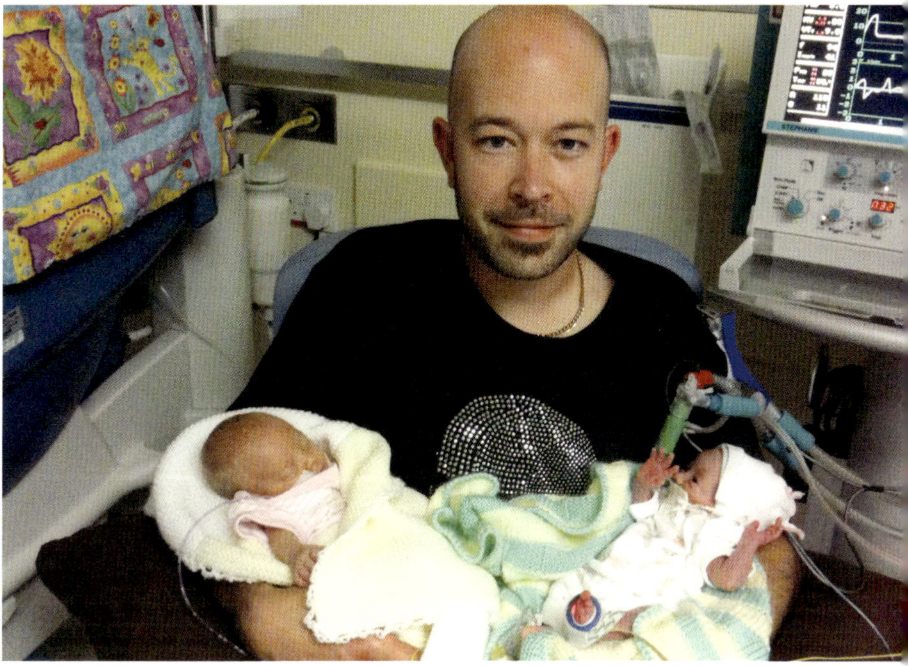

Kuscheleinheiten mit Mum und Dad.

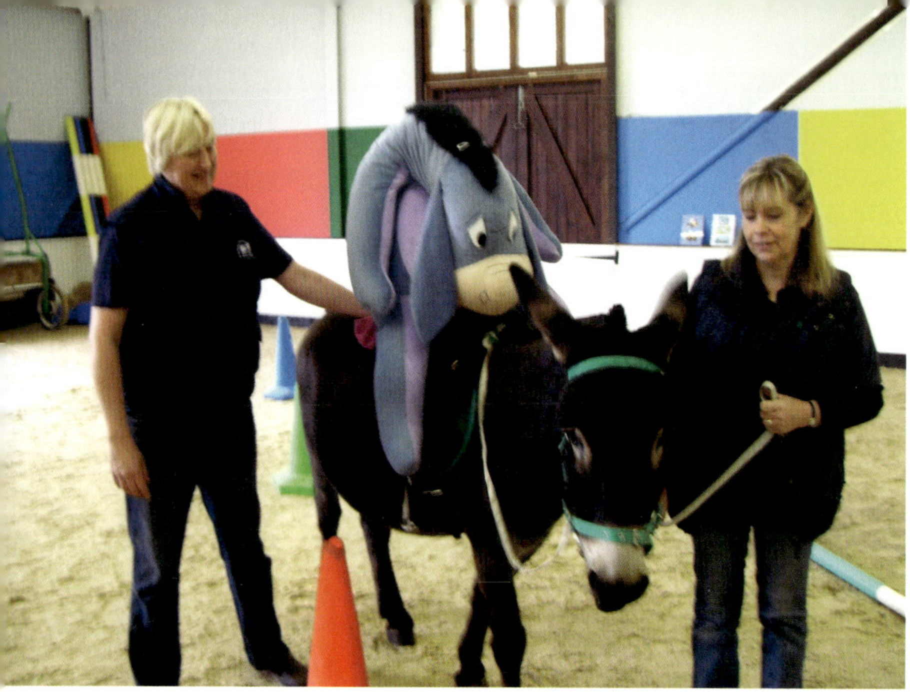

Nach vielen Monaten ist Shocks endlich so weit,
ein Gewicht auf seinem Rücken zu akzeptieren.

Amber strahlt ihren neuen Freund an.

Amber und Shocks helfen sich gegenseitig
auf dem langen Weg der Genesung.

Shocks ist gesund und glücklich. Sowohl die Besucher
des Sanctuary als auch die Esel dort lieben ihn!

Seine beste Freundin ist jedoch Amber,
die ihn regelmäßig besucht.

Eine glückliche Amber
und Shocks, der Held.

Julian hatte Hope zu Fuß zur Kita gebracht. Diese Spaziergänge waren *ihr* neues Ding, das sie zusammen machten. Es war toll für Hopes Entwicklung, aber Tracy fühlte sich schuldig, weil Amber – wieder einmal – davon ausgeschlossen war.

Der Raum um sie herum zog sich zusammen – sie musste raus.

GEH JETZT, rief eine Stimme in ihrem Kopf.

Tracy war noch nie allein mit Amber Auto gefahren. Sie hatte immer zu viel Angst gehabt, dass Amber abgesaugt werden musste und sie nirgends parken konnte. Aber verzweifelte Situationen erforderten verzweifelte Maßnahmen. Sie hatte es satt, sich von ihren Ängsten beherrschen zu lassen.

»Komm, Amber, wir machen einen Ausflug«, schniefte Tracy und gab sich tapfer.

Sie platzierte den Kindersitz diesmal auf dem Beifahrersitz. Als sie Amber darin festschnallte, fiel ihr das Therapiezentrum des *Donkey Sanctuary* ein, das sie vor acht Monaten mit den Mädchen besucht hatten. Amber hatte das Reiten keinen großen Spaß gemacht, aber der Hof lag mitten im Grünen und war ein schöner Ort für einen Ausflug.

Ich kenne den Weg, ich weiß, wo ich im Notfall anhalten kann, beruhigte Tracy sich selbst. Die Fahrt erforderte Mut, aber sie würde das jetzt durchziehen.

Sie hinterließ eine Nachricht für Julian auf dem Küchentisch, in der sie ihm mitteilte, wohin sie fahren wollte, dass sie nicht lange weg sein würde und dass sie ihn liebte.

Sie schloss die Autotür, und dann ging's los: Tracy und Amber brachen zum ersten Mal zu ihrem eigenen kleinen Abenteuer auf.

Sie brauchte nur zehn Minuten, um die Vorstadtbebauung von Sutton Coldfield hinter sich zu lassen. Sobald sie von der verkehrsreichen Umgehungsstraße abgebogen war und die Tore des Eseltierheims passiert hatte, schnappte Tracy keuchend nach Luft und machte einen tiefen Atemzug. Sie hatte gar nicht gemerkt, dass sie die Luft angehalten hatte. Die lange Auffahrt zu den Ställen schlängelte sich durch Wald und Wiesen, und Tracy hatte das Gefühl, eine Oase der Ruhe erreicht zu haben. Sie warf einen Blick auf Amber und sah, dass sie ganz fasziniert von der neuen grünen Umgebung war.

Das Erste, was Tracy entgegenschlug, als sie parkte, war natürlich der Geruch dieser Esel!

»Puuh! Hier stinkt's«, gab sie ihrer Tochter mit einem Handwedeln unter der Nase zu verstehen, als sie sie aus dem Auto und in die Karre hob. Ambers Tracheostomie bedeutete auch, dass sie nicht riechen konnte und keinen Geschmackssinn hatte, aber das hielt sie nicht davon ab, die Sinneseindrücke ihrer Mutter mit einem Kichern zu quittieren.

Es dauerte ein paar Minuten, bis Tracy startklar war. Sie musste etwa fünf Taschen in der Ablage von Ambers Kinderwagen verstauen, einschließlich des Absauggeräts. Es glich einem militärischen Kampfeinsatz, aber Tracy war stark genug dafür, sie war eine Kämpferin wie ihre Tochter.

Bei ihrem letzten Besuch hatten sie nicht gesehen, wo die ganzen Esel gehalten wurden, deshalb war sie neugierig, mehr darüber herauszufinden. Als sie sich auf den Weg zu den Ställen machten, wurden sie von Andy begrüßt. Er hielt einen Besen in der Hand, weil er gerade einen der Ställe ausgefegt hatte.

»Ich erinnere mich an dich«, grinste Andy und ging neben Amber in die Hocke.

Amber drückte sich ins Polster des Buggys. Sie sah aus wie ein Kaninchen, das in einen Scheinwerferkegel gerät.

»Sie ist sehr schüchtern«, erklärte Tracy. »Sie mag keine Menschen, weil sie denkt, dass jeder einen Schlauch oder eine Nadel in sie hineinstecken will.« Tracy erzählte Andy, wie Ambers Krankheit dazu geführt hatte, dass sie sehr verschlossen war.

Andy tat sein Bestes, um das Thema zu wechseln. Abgesehen von seiner Frau, sagte er, seien die Esel die Liebe seines Lebens. Er habe das Eseltierheim einige Jahre lang verlassen, um in einem Zoo zu arbeiten, habe jedoch unter schweren Entzugserscheinungen gelitten und sei jetzt froh, wieder hier zu sein. Er führte die beiden zu der Koppel, wo die Esel umherliefen und an ihrem Heu knabberten.

Das Tor war viel zu hoch, deshalb hob Tracy ihre Tochter aus dem Kinderwagen und nahm sie auf den Arm. Amber war fasziniert von den Tieren mit ihren unterschiedlichen Farben und Größen. Einige waren ganz braun, andere schwarz mit weißen Flecken. Ein Esel hatte weiße Füße und sah aus, als trüge er Socken. Während sie schnupperten und fraßen, bewegten die Köpfe sich auf und ab. Einer der Esel weckte Tracys Aufmerksamkeit.

»Warum ist der ganz allein?« Sie deutete auf den großen braunen Esel, der in der Ecke der Koppel stand. Mit gesenktem Kopf starrte er reglos auf den Boden und ließ die großen Puschelohren hängen. Tracy konnte seine Traurigkeit fast spüren.

Andy erzählte von den schlimmen Dingen, die Shocks widerfahren waren. Tracy merkte, dass es ihm schwerfiel, darüber zu reden, weil seine Stimme zwischendurch zitterte.

»Wie kann man nur so grausam sein?« Fassungslos schüttelte sie den Kopf.

Darauf hatte Andy auch keine Antwort. Es war ihm unbegreiflich, wie irgendjemand einem Tier so viel Schmerz und Qual zufügen konnte.

»Das Leben hat ihn ganz schön gebeutelt – wie dich«, wandte

er sich an Amber, die Shocks mit großen feuchten Augen unverwandt ansah, als hätte sie jedes Wort von dem, was Andy erzählt hatte, verstanden. Dann vergrub sie das Gesicht trostsuchend in Tracys Brust.

»Na ja, die gute Nachricht ist, dass Shocks seine Ausbildung zum Reitesel fast abgeschlossen hat.« Andy wechselte das Thema, während sie zum Parkplatz zurückgingen. Amber hörte aufmerksam zu. Als sie sich von Shocks entfernten, renkte sie sich fast den Hals aus, um sich immer wieder nach ihm umzusehen.

Bei ihrer Heimkehr wartete ein sehr überraschter Julian auf sie.

»Ich kann nicht glauben, dass du allein gefahren bist!« Er grinste. Er war stolz auf seine Frau, vor allem in Anbetracht all dessen, was in letzter Zeit passiert war. Er hatte sich Sorgen gemacht, dass die Depression sie lähmen würde, dass sie Angst haben würde, Dinge zu unternehmen, aber sie war entschlossener denn je, alles zu tun, was Amber helfen konnte.

Außerdem bemerkte er eine subtile Veränderung bei Tracy. Sie schien neuen Auftrieb bekommen zu haben. Vielleicht hatte es auch ihr gutgetan, die Esel zu besuchen.

Die Geschichte von Shocks ging Tracy für den Rest des Tages nicht aus dem Kopf, und Amber schien es genauso zu ergehen. Sie war viel lebhafter als sonst und legte immer wieder die Hände an den Kopf, um Eselohren nachzuahmen. Tracy beschloss, dass ein weiterer Besuch im Sanctuary ihnen beiden guttun würde.

Zwerg und Riese

Sutton Park, Birmingham,
am nächsten Tag im Februar 2013

Am folgenden Morgen verfrachtete Tracy beide Mädchen auf den Rücksitz des Autos. Sie setzte Hope bei der Kita ab und machte dann einen kleinen Umweg auf ihrem üblichen Nachhauseweg.

»Möchtest du die Esel sehen?«, fragte sie Amber, die sich immer noch den Schlaf aus den Augen rieb.

Amber reagierte, indem sie freudig mit dem Kopf nickte. Es war das erste Mal, dass Amber irgendeine Form von Begeisterung zeigte. Sie sah neugierig aus dem Fenster – sie war mit ihrer Umwelt beschäftigt.

Tracy überkam dasselbe Gefühl innerer Ruhe wie beim letzten Mal, als sie auf die Zufahrt zum Sanctuary abbog. Es war, als würde sie ihre ganzen Sorgen und Probleme am Tor zurücklassen. Alles, was vor ihr lag, waren grüne Felder und knuffige Esel.

Shocks stand auf dem Hof und wurde gerade gestriegelt, als Amber und Tracy ankamen. Er war riesig – so groß wie ein kleines Pferd – und überragte alle anderen Esel im Therapiezentrum. Amber, die nur sechzig Zentimeter groß war, schien kein bisschen Angst vor ihm zu haben. Fasziniert beobachtete sie, wie Andy Shocks' Bauch bürstete. Sie wand sich wie ein Wurm in den Armen ihrer Mutter, sodass Tracy sie schließlich auf den Boden herunterließ und stattdessen ihre Hand nahm.

»Boah, ist der groß …«, setzte Tracy an, aber bevor sie ihren Satz zu Ende sprechen konnte, hatte Amber sich aus dem Griff ihrer Mutter befreit und krabbelte furchtlos auf Shocks zu.

»Neiiiin«, schrie Tracy, als Amber – unweigerlich – direkt vor Shocks' Hufen umfiel.

Andy machte einen Satz nach vorn, um nach Amber zu greifen, aber es war zu spät.

Etwas Magisches war geschehen.

Sprachlos beobachteten Tracy und Andy, wie Shocks durch seine langen Wimpern zu Amber heruntersah. Dann legte er den Kopf ein wenig schräg, als ob er sagen wollte: »Na, wen haben wir denn da?« Die ganze Zeit blickte Amber unverwandt zu dem Riesen empor. Sanft beugte Shocks den Kopf herunter, als ob er verstehen würde, was Amber wollte. Amber streckte ihre kleinen Ärmchen so weit aus, wie sie konnte, und schlang sie um Shocks' Nase. Dann gab sie ihm einen Kuss und drückte ihre Wange in sein Gesicht.

Tracy presste sich die Hand auf den Mund, um nicht laut zu schluchzen. Die Atmosphäre war wie elektrisch aufgeladen, und Andy und Tracy konnten sehen, dass sich direkt vor ihren Augen der Zauber einer spontanen Verbindung entfaltete. Es war, als wären die beiden alte Freunde, die sich zur Begrüßung umarmen.

Tracy dachte sofort, dass dies das Heilmittel sein könnte, nach dem sie gesucht hatte. Es war das erste Mal, dass ihre Tochter offen ihre Zuneigung gezeigt hatte. Anstatt sich in ihrem Schneckenhaus zu verkriechen, streckte sie die Hand nach der Wärme und Verbundenheit aus, die sie sich ganz offensichtlich ersehnte. Ihre Augen waren wach und strahlend. Ihre Mundwinkel kräuselten sich vor Glück.

»Darf Amber auf Shocks reiten?«, fragte sie drängend. *Wenn*

schon das bloße Umarmen von Shocks eine solche Reaktion aus-
löst, dachte Tracy, *sind vielleicht noch ganz andere Dinge möglich,*
wenn sie ihn reitet!

Andy für seinen Teil glaubte, Amber könnte das Heilmittel sein, das er gesucht hatte, um Shocks wieder in Ordnung zu
bringen, denn er hatte noch nie zuvor erlebt, dass sein Freund
Zuneigung zeigte oder den Wunsch, umarmt und gestreichelt
zu werden. Vielleicht hatte er den Schlüssel zu Shocks' Herzen
gefunden. Schnell sattelte er den Esel für seinen allerersten Ritt.

»Bist du bereit, Shocks zu reiten?« Andy ging neben Amber in
die Hocke. Sie nickte und streckte die Hand aus, als ob sie wüsste, was zu tun sei.

Amber erhielt eine Reitkappe in der kleinsten Größe, aber
selbst die war zu groß. Da hatte Andy eine Idee – er holte eine
wollene Pudelmütze, um die Kappe auszustopfen.

»So müsste es gehen«, gluckste er und zog sie Amber vorsichtig über den Kopf.

Shocks sah Amber auf sich zukommen und senkte erneut die
Nase, um sie zu begrüßen. Amber streichelte ihn ein paar Mal,
und dann hob Andy sie in den Sattel.

Amber war so winzig, dass ihre Füße nicht bis zu den Steigbügeln reichten, sodass sie sie einfach herunterbaumeln ließ.
Amber konnte nicht einmal allein aufrecht sitzen. Die große
Amber gesellte sich wie beim letzten Mal zu Andy auf die Reitbahn und hielt die kleine Amber fest, damit sie nicht nach vorn
oder hinten kippte.

Tracy, die vom Rand aus zusah, verspürte jetzt doch einen
Anflug von Panik, als sie ihr winzig kleines Mädchen in dem
Riesensattel thronen sah – auf einem Esel in Pferdegröße.

Was ist, wenn sie sich das Tracheostoma stößt? Was, wenn sie
abgesaugt werden muss? Tracy fiel es schwer, ihre Tochter loszu-

lassen. Die Kontrolle abzugeben. Hinter dem Tor umklammerte sie die Absaugausrüstung, bereit, jeden Moment loszusprinten.

Es war, als ob Shocks Tracys Besorgnis und Ambers Verletzlichkeit spürte. Er wartete geduldig, bis Amber fertig war – stand mucksmäuschenstill und bewegte sich keinen Zollbreit von der Stelle. Amber strahlte unterdessen übers ganze Gesicht. Tracy hatte sie noch nie so lachen gesehen.

»Okay, mein Junge.« Andy gab Shocks einen Klaps, um ihm zu signalisieren, dass es losging.

Shocks setzte sich langsam in Bewegung, hielt sich dicht an der Außenseite der Reitbahn. Inzwischen färbten sich Tracys Knöchel weiß, so fest hielt sie das Tor umklammert. Shocks machte zwischendurch immer wieder Halt, als ob er wüsste, dass er sich mit Amber Zeit lassen musste. Amber lachte alle vier Runden hindurch von einem Ohr zum anderen.

Der Ritt war zu Ende. Tracy atmete erleichtert auf. Die große Amber lockerte ihren Griff um die kleine Amber, und Andy machte sich bereit, um sie aus dem Sattel zu heben.

Aber die kleine Amber wollte nicht, dass es schon vorbei war. Ohne Vorwarnung ließ sie sich urplötzlich nach vorn fallen und schlang die Arme um Shocks' Hals.

Andy und die große Amber versuchten sofort einzugreifen, weil sie Angst hatten, dass Shocks durchgehen könnte, wenn seine alten Wunden berührt wurden, aber ihre Sorge war unbegründet. Shocks sah aus wie der Inbegriff der Seligkeit. Langsam schloss er die Augen, während Amber ihr Gesicht in das puschelige Fell drückte, das über den empfindlichen Narben gewachsen war.

»Normalerweise lässt er sich da von niemandem anfassen.« Andy drehte sich zu Tracy um. Er war völlig baff.

Tracy war tief in Gedanken, als der immer noch perplexe

Andy mit einer überglücklichen Amber auf dem Arm zu ihr herüberkam. Sorgfältig schnallte sie Amber wieder in ihrem Kinderwagen fest und offenbarte Andy dann ihre Theorie.

»Es ist, als ob Amber seinen Schmerz verstehen würde, weil sie auch so viel durchgemacht hat«, sinnierte sie. »Menschen haben Shocks Schreckliches angetan, und aus Ambers Sicht ist es ihr genauso ergangen – die ganzen Ärzte und Schwestern, die sie mit Schläuchen und Nadeln traktiert haben«, fuhr sie fort.

»Ich denke, da könnten Sie recht haben«, sagte Andy, als er Shocks aus der Arena und zurück zu den Ställen führte. Amber blickte ihrem neuen Freund hinterher. Auf der ganzen Heimfahrt konnte sie nicht aufhören zu strahlen. Jedes Mal, wenn Tracy zu ihr herübersah, gab sie grinsend eine Eselohr-Pantomime zum Besten.

So wie Hope sich nach ihrem ersten Tag in der Kita verändert hatte, zeigte sich auch bei Amber ein deutlicher Unterschied in ihrem Selbstvertrauen, nachdem sie Freundschaft mit Shocks geschlossen hatte. Der auffälligste Unterschied war allerdings das veränderte Verhalten gegenüber ihrer Schwester.

An diesem Tag holte Julian Hope von der Kita ab. Normalerweise hätte Amber mit angespanntem Gesicht auf die Rückkehr ihrer Schwester gewartet. Sobald Hope durch die Tür gekommen wäre, hätte sie ihr sofort die Arme entgegengestreckt, um zu kuscheln.

An diesem Nachmittag war Amber so entspannt, dass sie nicht einmal von dem Zeichentrickfilm hochsah, den sie gerade anschaute, als Hope ins Zimmer stürmte.

»Sieh dir das an! Sie kümmert sich überhaupt nicht um Hope. Sie hat jetzt einen neuen Spielgefährten«, sagte Tracy und berichtete Julian von den Ereignissen des Tages.

Es war eine ungeheure Erleichterung für Julian und Tracy,

Amber so glücklich und weniger abhängig von ihrer Schwester zu sehen.

»Ich weiß, man muss sie nur anschauen«, grinste Julian und deutete auf Amber. »Sie trumpft grad auf – nach dem Motto ›Mein Tag war besser als deiner‹.«

Es war nur eine kleine Veränderung, aber sie reichte aus, um der Familie neue Hoffnung zu geben. Das schreckliche Schuldgefühl, das so schwer auf Tracy gelastet hatte, fiel endlich von ihr ab.

Der Durchbruch

Sutton Park, Birmingham, März 2013

»Sieh mal, Shocks hat einen Freund gefunden«, grinste Andy, als er beobachtete, wie der Esel seinem Stallgefährten Jacko um die Koppel folgte.

Wenn Jacko vorwärtstrappelte, trabte Shocks ihm hinterher. Wenn Jacko den Boden nach übrig gebliebenem Futter abschnupperte, tat Shocks es ihm gleich.

Eineinhalb Jahre hatte es gedauert, bis Shocks eine Bindung an einen anderen Esel eingegangen war. Andy fragte sich, ob es wohl etwas mit dem Einfluss der kleinen Amber zu tun hatte, denn die neue Freundschaft hatte erst ihren Anfang genommen, nachdem Amber auf Shocks geritten war.

Die große Amber und Sara gesellten sich zu Andy – die drei lehnten am Tor und blickten über die Koppel zu Shocks und Jacko. Wie eine La-Ola-Welle breitete sich ein Lächeln auf ihren Gesichtern aus.

Es ist ein sehr gutes Zeichen, wenn Esel Seite an Seite fressen. Es zeigt, dass sie vertrauensvoll und entspannt sind. Etwas, das bei Shocks bisher gefehlt hatte.

Es war lustig, die beiden zusammen zu beobachten, weil sie ein bisschen wie »Pat und Patachon« aussahen. Ihre Fellzeichnung war fast identisch, und die weißen Nasen bewegten sich beim Grasen im Takt auf und ab.

Shocks hatte sich zu Jacko hingezogen gefühlt, weil sie Stallgefährten waren.

Und weil er sich mit Jacko angefreundet hatte, wurde er in Jackos Freundeskreis eingeführt, zu dem auch Rambo gehörte.

»Für Außenstehende muss das echt schräg klingen«, gluckste Andy.

Schon bald hingen die drei ständig miteinander herum – wie eine Dreierbande auf dem Schulhof.

Jacko und Rambo hatten sich von Anfang an gut verstanden. Rambo war ein neunzehn Jahre alter Esel aus Swansea. Sein Besitzer hatte ihn zusammen mit vier anderen Eseln abgeben müssen, als seine Lebensumstände sich änderten. Rambo war braun, und sein Aussehen ließ sich nur als »zerrupft« beschreiben. Sein Fell war ein Chaos aus kahlen Stellen und einzelnen Haarbüscheln. Er litt leider unter dem sogenannten Sommerekzem, das heißt, er reagierte allergisch auf Mückenstiche. Im Sommer musste er deshalb eine Spezialdecke tragen, die ihn von Kopf bis Fuß einhüllte.

Die neuen besten Freunde erregten schnell die Aufmerksamkeit von Zebedee, Mackenzie und King. Sie starrten die neue Gang an, als ob sie sagen wollten: »Was ist denn hier los?« Mackenzie, der ziemlich dreist war, vor allem in Anbetracht der Tatsache, dass er einer der kleinsten Esel auf dem Hof war, machte ein paar Schritte auf Shocks, Rambo und Jacko zu. King funkelte ihn kurz an. »Spar dir die Mühe«, sagte er in Eselsprache. »Wir haben Wichtigeres zu tun.«

Andy musste laut lachen. Die »Wiesen-Intrigen« zu beobachten war seine liebste Freizeitbeschäftigung. Er freute sich ein Loch in den Bauch, weil Shocks aus seinem Schneckenhaus herauskam. Es war einfach nur eine Frage der Zeit, bis er es auch mit den großen Jungs aufnehmen würde!

Eine Sache, auf die er allerdings immer noch wartete, war Shocks' Eselsschrei – das sehr laute *Iii-Aah*-Gebrüll, das Esel ausstoßen, wenn sie glücklich sind oder wenn sie etwas wollen.

Andy hatte alle Jungs schreien gehört – außer Shocks. Er wusste auch, welches Schreien zu welchem Esel gehörte. Jeder Eselsschrei hatte seinen ganz individuellen Klang; einige waren hoch und schrill, andere eher jammernd, einige schnell und atemlos. Die Esel schrien, wenn sie sich auf der Koppel in der Sonne amüsierten. Sie schrien, wenn Andy ihnen Äpfel und Karotten hinwarf. Manchmal stimmten sie sogar ein glückliches Eselsgeschrei an, wenn sie sich im Sand wälzten.

Inzwischen wusste Andy auch, welcher Esel bei welcher Aktivität schrie. Charlie und Donk schrien, wenn es Frühstück, Mittagessen und Abendbrot gab. Junior, Teddy und Dillon schrien vor Aufregung, sobald sie Andy über den Hof gehen sahen.

Kein anderer Eselsschrei war allerdings mit dem von Tony vergleichbar. Nach ihm konnte man die Uhr stellen. Jeden Tag um Punkt elf Uhr vormittags und um Punkt drei Uhr nachmittags stieß er sein lautes *Iii-Aah*-Geröhre aus. Der Grund war, dass er früher als Strandesel gearbeitet und feste Fütterzeiten gehabt hatte, die er sich ganz genau eingeprägt hatte.

Tony war ganz grau und hatte eine unverwechselbare Persönlichkeit. Er musste seine Arbeit als Reitesel für Kinder am Strand aufgeben, weil er Angst vor dem Rauch der Barbecues und dem Lärm der Feiern und vorbeifahrenden Züge hatte. Das ruhige Leben im Sanctuary gefiel ihm viel besser.

Andy wartete die ganze Zeit darauf, dass Shocks seinen Eselsschrei ausstoßen würde. Es wäre ein großer Durchbruch für das Team. Es würde bedeuten, dass Shocks glücklich war.

In der Zwischenzeit kam es zu ein paar anderen kleinen Veränderungen in Shocks' Lebensstil, die Andy auffielen. Neben der

Cafeteria gab es einen Spielplatz im Freien, wo die Kinder sich die Zeit vertreiben konnten, bis ihre Nummer für den Eselritt aufgerufen wurde. Der Spielbereich war nur durch einen Holzzaun von der Eselkoppel getrennt, sodass die Kinder in der Nähe der Langohren sein konnten.

Shocks hatte angefangen, sich bis an den Zaun heranzupirschen und das Treiben auf der anderen Seite zu beobachten. Er schien sich von den Kindern angezogen zu fühlen. Am Zaun lungerte er dann immer eine Weile herum, die großen Ohren zuckten im Takt mit dem Gelächter und Geschrei der Kinder. Sobald allerdings ein Erwachsener auftauchte, nahm er wieder Reißaus und kehrte zu seinem Lieblingsplatz am Unterstand zurück. Dort stand er dann wieder mit gesenktem Kopf, abgekapselt von der Welt – wie gewöhnlich zwei Schritte vor und einen zurück.

»Ich glaube, Shocks ist fasziniert von der Unschuld der Kinder«, legte Amber Brennan ihre Analyse der Situation dar. Andy stimmte ihr zu, weil er dieses Verhalten schon einmal bei einem anderen Esel erlebt hatte, der bei Erwachsenen wild und ungebärdig war, aber ein Herz aus Gold hatte, wenn es um Kinder ging.

»Weil die Kinder klein sind und keine Bedrohung darstellen. Shocks weiß, dass sie ihm nicht wehtun werden«, erläuterte sie.

Ihre Theorie erklärte auch, warum Shocks sich zurückzog, sobald Erwachsene auf der Bildfläche erschienen.

Andy kam ein Gedanke. »Ich glaube, er hat eine Beziehung zu der kleinen Amber hergestellt, weil sie nicht sprechen kann«, sagte er.

Lärm kann Esel in Panik versetzen, deshalb fand Shocks die Gegenwart von Amber zweifellos beruhigend und tröstlich. Shocks und Amber brauchten keine Worte; sie hatten ihre eigene Sprache, um miteinander zu kommunizieren.

Nicht allzu weit entfernt, im Haus der Austwicks, machte unterdessen auch die kleine Amber einige Fortschritte.

Seit sie vor eineinhalb Monaten mit dem Reiten auf Shocks begonnen hatte, war es zu einem Wachstumsschub bei ihren Beinen gekommen. Ihre Eltern vermuteten, dass es auf die vielen Übungen beim Reiten zurückzuführen war. Der einzige Wermutstropfen war, dass sich die Fersensehne auf ihrer »schlechten Seite« verspannte und sie einen »Spitzfuß« entwickelte. Es musste ein Gipsverband angepasst werden, den Amber jeweils für eine Woche tragen musste, um der Fehlstellung des Fußes entgegenzuwirken und die Muskelanspannung zu lindern. Julian und Tracy wählten einen pinkfarbenen Gips, weil Pink eine von Ambers Lieblingsfarben war und zu vielen ihrer Kleidungsstücke passte.

Glücklicherweise konnte sie trotz ihres »pinken Stiefels« weiter auf Shocks reiten. Genau genommen half er sogar beim Reiten, weil Amber jetzt mit ihren linken Zehen den Steigbügel erreichen konnte!

Leider bedeutete das alles auch, dass Amber mehr Physiotherapie brauchte – etwas, das sie aus tiefstem Herzen verabscheute.

Der pinkfarbene Gips verlangsamte sie allerdings kein bisschen. Sobald sie Lucys Stimme an der Tür hörte, schoss sie auf Händen und Füßen quer durch den Raum auf die andere Seite des Zimmers. Tracy konnte bis zum Flur hören, wie ihre Tochter das Weite suchte.

Sie verdrehte die Augen, und Lucy, die Physiotherapeutin, bekam einen Kicheranfall. Es war jedes Mal dasselbe.

Sie gingen zusammen ins Wohnzimmer, wo Julian Amber hinter dem Sofa hervorzog. Sie ruderte mit Armen und Beinen in der Luft wie eine Schildkröte, die man auf den Rücken legt. Julian setzte sie zurück auf die Matte, und prompt robbte sie wieder davon.

»Um Himmels willen, Amber!«, schimpfte Julian.

Tracy hatte eine Idee. »Amber, wenn du für Lucy still sitzen bleibst, fahren wir nachher zu Shocks.«

Der Bestechungsversuch ploppte aus ihrem Mund, bevor sie überhaupt darüber nachgedacht hatte, was sie sagte.

Aber es funktionierte. Amber hielt mitten in der Bewegung inne und sah sich zu ihrer Mutter um.

»Ganz recht. Wir können Shocks besuchen«, sagte Tracy begeistert.

Amber hatte genau verstanden, was ihre Mutter gesagt hatte, denn auf ihrem Gesicht breitete sich ein strahlendes Lächeln aus. Sie hob die Hände an den Kopf und ahmte Eselsohren nach.

Es war das erste Mal, dass ein Bestechungsversuch funktionierte. Die Liebe zu ihrem neuen Freund bewirkte, dass Amber still sitzen blieb und keine Mätzchen machte.

Zu behaupten, sie wäre Lucy gegenüber kreuzbrav gewesen, wäre etwas übertrieben, aber immerhin wand sie sich nicht hin und her und weinte nicht. Vor allem versuchte sie nicht mehr, hinters Sofa zu robben.

Es war ein Durchbruch für Julian und Tracy. Sie stellten fest, dass sie Amber zu viel mehr Aktivitäten anregen konnten, wenn sie einen Besuch bei Shocks als Belohnung in Aussicht stellten.

»Ich fühle mich ein bisschen schlecht, weil wir billige Tricks anwenden, um Amber gefügig zu machen«, sagte Tracy verlegen.

Julian lachte. »Nein, tust du nicht«, schmunzelte er. Er wusste, dass seine Frau sich insgeheim darüber freute, diese schnelle und einfache Lösung gefunden zu haben. Und es war nicht so, dass sie ihre Versprechen nicht hielten. Sie fuhren anschließend immer mit Amber zu Shocks, auch wenn sie ihm nur kurz auf der Weide oder über die Stalltür hinweg Hallo sagten.

Sie stellten fest, dass Shocks auch als Lockmittel taugte, um Amber dazu zu bringen, feste Nahrung zu probieren. Bis jetzt war Amber mit Milchnahrung gefüttert worden, erst durch den Schlauch in ihrer Nase und in letzter Zeit durch den »Druckknopf« in ihrem Bauch. Seit Hope in die Kita ging, hatten Julian und Tracy tagsüber versucht, Amber an feste Nahrung zu gewöhnen.

Sie wollten Amber nicht nur dazu animieren, normal zu essen. Sie wollten auch unbedingt herausfinden, ob sie die Nahrung tatsächlich schmecken konnte, obwohl die Atemluft durch ihr Stoma und nicht durch die Nase einströmte. Geschmack und Geruch sind natürlich eng verwandt – wenn Amber nichts riechen konnte, würde sie höchstwahrscheinlich auch nie schmecken können.

In der Vergangenheit hatte Lucy versucht, Amber mit pikantem Obst wie Mangos oder Erdbeeren zu füttern, aber Amber hatte sich immer geweigert. Sie hatte die Angewohnheit entwickelt, ihre Hände zu kleinen Fäusten zu ballen und Lucy und den Löffel damit wegzustoßen.

Wenn es Lucy doch einmal gelungen war, ein Stückchen Obst in Ambers Mund zu schieben, bestand das nächste Problem darin, ihre Übelkeit zu bekämpfen, weil die arme Amber unter schlimmem Säure-Reflux litt. Julian und Tracy hatten die Versuche aufgegeben, weil sie Angst hatten, dass der Reflux in die falsche Röhre und in die Lunge gelangte.

Seitdem Amber angefangen hatte, auf Shocks zu reiten, hatte sich die Situation verändert. Nicht nur ihre Beinmuskeln, auch die Muskeln in ihrem Oberkörper waren kräftiger geworden. Sie war fähig, kleine Stückchen Obst und zerdrücktes Gemüse zu schlucken. Der Anreiz dafür? Eine weitere kleine Bestechung …

»Nur noch einen Happs, und wir können Shocks besuchen …« Tracy zwinkerte Julian zu.

Ambers Gesicht leuchtete auf. Sie führte den Löffel zum Mund, anstatt ihn wegzustoßen.

»Das ist genial«, gluckste Julian.

Tracy konnte es kaum abwarten, ihren neuen Freunden im Sanctuary von Ambers Fortschritten zu berichten und ihnen zu erzählen, wie sehr Shocks ihr Leben erleichtert hatte. Tracy hatte Andy, die große Amber und das übrige Team erst vor kurzer Zeit kennengelernt, hatte aber das Gefühl, als wäre sie schon seit Jahren mit ihnen befreundet. Auch wenn es abgedroschen klang – es lag daran, dass sie ihr so freundlich und unvoreingenommen begegneten. Es war, als ob alle Barrieren, die man normalerweise bei neuen Bekanntschaften erwartet, von Anfang an weggefallen wären. Das *Donkey Sanctuary* hatte Tracy mit offenen Armen empfangen, und das war genau die Medizin, die sie brauchte, um sich von ihrer Depression zu erholen.

Julian entschied, dass er Tracy diesmal Gesellschaft leisten wollte. Seit ihrem ersten Reiterlebnis war er nicht mehr dort gewesen, aber in Anbetracht der positiven Wirkung auf Amber und Tracy hielt er es für an der Zeit, seine ursprüngliche Entscheidung zu überdenken. Er konnte es sich zwar nicht verkneifen, wieder ein bisschen über den Geruch und den Staub zu meckern, aber Tracy sagte ihm, er solle die Klappe halten.

»Amber hat es nicht geschadet.« Sie boxte ihm spielerisch in die Rippen.

Julian schleppte die ganze Ausrüstung, während Tracy Amber auf der Hüfte trug. Amber freute sich so sehr darauf, ihren Freund zu sehen, dass sie auf dem ganzen Weg zu den Ställen Eselsohren imitierte.

Die Stimmung auf dem Hof war allerdings nicht ganz so heiter. Andy rannte herum und sah gestresst aus. Die große Amber brüllte Anweisungen. Die Esel wirkten unruhig und angespannt. Shocks hatte sich wieder ans andere Ende der Koppel zurückgezogen.

Als sie näher kamen, konnten sie erkennen, dass der ganze Hof mit zerbrochenen Holzteilen und Nägeln übersät war.

»Kommen Sie nicht zu nah!« Andy streckte abwehrend die Hand aus, um die Familie aufzuhalten.

Die Holzsplitter hatten scharfe Kanten, und er wollte nicht, dass die Kinder sich verletzten.

»Was ist denn passiert?«, fragte Tracy beunruhigt.

Wie sich herausstellte, war nicht jeder den Eseln wohlgesinnt. Andy berichtete den Austwicks, dass einige Rowdys eine Picknickbank kaputt geschlagen hatten.

»Warum?« Julian traute seinen Ohren nicht.

Andy deutete in die Ferne. »Auf dem angrenzenden Feld findet immer im März der Jahrmarkt statt, und jedes Mal kriegen wir Ärger. Direkt hinter den Ställen ist ein Pub, und der Besitzer hat uns erzählt, dass ein paar betrunkene Rabauken gestern Nacht eine Biergartenbank zertrümmert und die Holzteile über den Zaun auf unseren Hof geworfen haben.«

Ambers Augen waren groß und bekümmert. Sie schien etwas von der geknickten Stimmung mitzukriegen und vergrub das Gesicht in Tracys Brust. Tracy strich ihr sanft übers Haar und flüsterte ihr tröstende Worte zu.

»Geht es den Eseln gut?«, fragte sie besorgt.

»Der Lärm von dem Holz, das auf den Hof gekracht ist, hat sie erschreckt, deshalb sind sie jetzt nervös. Es war das Schlimmste, was einem ohnehin schon traumatisierten Esel wie Shocks passieren konnte.« Andy schaute über das Feld zu der Stelle, an die Shocks sich geflüchtet hatte.

Amber spitzte die Ohren, als sie den Namen ihres Freundes hörte.

»Das hat bestimmt Erinnerungen an seine Vergangenheit geweckt«, sagte er düster.

Amber blickte sehnsüchtig zu Shocks und versuchte, ihn durch Willenskraft dazu zu bringen, zu ihr zu kommen und Hallo zu sagen. Aber Shocks bewegte sich nicht.

»Shocks fühlt sich heute nicht so gut, Amber, deshalb kannst du ihn leider nicht reiten«, brachte Julian ihr die Nachricht schonend bei.

Amber versuchte, sich zappelnd und drängelnd aus dem Griff ihrer Mutter zu befreien. Tracy hatte alle Mühe, sie festzuhalten – sie war in den letzten Wochen erheblich kräftiger geworden.

»Morgen geht's Shocks bestimmt wieder besser, und dann kannst du ihn reiten.« Julian warf Tracy einen Blick zu, erstaunt über Ambers heftige Reaktion.

Amber zuliebe setzte Andy ein Lächeln auf, er sah, dass die ganze Sache sie sehr beunruhigte. Doch innerlich kochte er vor Wut über das, was geschehen war. Manchmal schien es wie ein nie endender Kampf, Shocks wieder auf die Beine zu bekommen.

Aber er darf jetzt nicht aufgeben, sagte Andy sich selbst. Er war nach wie vor entschlossen, einen Weg zu finden, um Shocks zu heilen.

Es würde vielleicht einfach etwas länger dauern als geplant.

Beste Freunde

Sutton Park, Birmingham, Frühling 2013

Amber konnte es kaum erwarten, mit ihrem neuen besten Freund vor ihrer Schwester zu prahlen. Neun Monate war es jetzt her, seit die Zwillinge die Esel gemeinsam besucht hatten, und die Situation hatte sich komplett geändert.

Amber übernahm die Führung, anstatt zu weinen und sich hinter ihren Eltern zu verstecken. Dieses Mal war es Hope, die viel ängstlicher wirkte als sie.

Weil Hope unter der Woche in der Kita war, wollten sie beim Saturday Club am Reiten teilnehmen.

Während der ganzen Autofahrt schlug Amber immer wieder die Fäuste zusammen. Das war ihr neuestes Mittel, um auszudrücken, wie aufgeregt und glücklich sie war. Hope warf ihr einen Blick zu. Sie war es nicht gewöhnt, dass ihre Schwester den ganzen Spaß hatte.

Amber trug eines ihrer violett und weiß gemusterten Partykleider. Seit Kurzem bestand sie darauf, ihr bestes Outfit anzuziehen, wenn sie Shocks besuchten. Tracy musste eine Auswahl hochhalten, und Amber deutete auf das Kleid, das sie anziehen wollte. Julian machte Witze darüber, dass sie sich in eine »richtige kleine Madam« verwandelte, obwohl beide es insgeheim total niedlich fanden, dass ihre Tochter sich für ihren besten Freund herausputzen wollte.

Sobald die Mädchen im *Donkey Sanctuary* eingetroffen waren, reizte es Amber, ein bisschen anzugeben. Sie konnte immer noch nicht allein laufen, aber sie beharrte darauf, dass ihre Mutter sie nur an einer und nicht an beiden Händen festhielt.

»Da lässt aber jemand den Prahlhans raushängen«, sagte Julian schmunzelnd, als Amber die Führung übernahm.

Hope blieb dicht an der Seite ihres Vaters. Die Situation verunsicherte sie. Sie war daran gewöhnt, mit ihren Freunden in der Kita zu spielen, dies hier war unbekanntes Terrain für sie.

Sie erreichten den Empfangsbereich, und Amber streckte die Arme in die Höhe, um ihrer Mum zu zeigen, dass sie die Klingel für den Einlass betätigen wollte.

»Okay, Amber.« Tracy hob sie hoch, damit sie die Klingel erreichen konnte.

Hope versteckte sich hinter Julian, während Amber selbstbewusst den beiden ehrenamtlichen Helfern hinter dem Schreibtisch zuwinkte. Weil Samstagsclub war, kannte sie die beiden nicht, aber das schien keine Rolle zu spielen.

»Normalerweise ist sie nicht so selbstbewusst«, flüsterte Tracy Julian zu. Die beiden schrieben es der Tatsache zu, dass Amber ihrer Schwester demonstrieren wollte, dass dies hier »ihr Ding« war. Hope hatte die Kita, und Amber hatte ihren Esel.

Beim Samstagsclub war es noch voller als bei ihrem letzten gemeinsamen Ausflug zum Reiten. Aber nicht nur Amber hatte sich verändert. Auch Julian fühlte sich weniger angespannt, als sie in der Wartehalle Platz nahmen. Julian und Tracy fanden es beide tröstlich, nicht allein, sondern mit anderen Eltern zusammen zu sein, die sich in einer ähnlichen Situation befanden wie sie selbst. Tracy erkannte einige Mütter und winkte ihnen lächelnd zu.

Julian überlegte gerade, ob er einen Teller Pommes bestellen sollte, als die große Amber in den Raum gestürmt kam. Das Gesicht der kleinen Amber leuchtete auf wie eine Laterne.

»Hallo, Amber.« Die große Amber nahm die kleine Amber in die Arme und hob sie hoch.

Es war unglaublich – so wie Shocks Freundschaft mit Jacko und einigen anderen Jungs geschlossen hatte, hatte auch Amber Freunde gefunden. Sie kam endlich aus dem Schneckenhaus heraus, in dem sie sich so lange versteckt hatte.

Hope gefiel das alles jedoch überhaupt nicht. Sie streckte die Arme aus, als wollte sie sagen: »Und was ist mit mir?«

»Das ist Ambers Schwester Hope.« Julian war sich nicht sicher, ob die große Amber sich an ihren letzten Besuch erinnerte.

»Hallo noch mal.« Amber hockte sich auf Hopes Augenhöhe hinunter. Die große Amber vergaß nie ein Gesicht. »Dann seid ihr heute also beide gekommen, um auf Shocks zu reiten?«, fragte sie die Mädchen.

Amber legte die Hände an die Ohren und wackelte aufgeregt mit den Fingern. Die große Amber freute sich, dass Shocks Gelegenheit erhalten würde, einmal von einem anderen Kind geritten zu werden. Sie hatte immer noch das Ziel, Shocks zu einem Reitesel für alle kleinen Besucher des Therapiezentrums zu machen. Sie fragte sich, wie Shocks wohl auf Hope reagieren würde. Würde er erkennen, dass sie Ambers Schwester war?

Die große Amber schlug vor, dass Hope als Erste reiten solle.

»Möchtest du auf Moses reiten?«, fragte sie die kleine Amber.

Amber schüttelte heftig den Kopf.

»Das heißt wohl ›Nein‹«, sagte sie mit einem Augenzwinkern zu Julian und Tracy.

Hope konnte es nicht erwarten, die anderen Kinder in der Wartehalle hinter sich zu lassen. Abgesehen von ihrer Schwester war sie nicht an Kinder mit besonderem Förderbedarf gewöhnt.

Sie wusste nicht, wie sie sich verhalten sollte und hängte sich wie eine Klette an ihre Mum und ihren Dad.

An Tracys Hand zerrend strebte Amber selbstbewusst voran in die Reithalle – zu Shocks. Mit dem freien Arm wedelte sie schwungvoll durch die Luft und präsentierte ihrer Schwester quasi mit großem »Taadaa!« ihren Freund.

»Hope ist das ziemlich schnurz, oder?«, sagte Julian zu Tracy, während sie zuschauten, wie ihre Tochter in den Sattel gehoben wurde.

Hope wäre auch auf jedem anderen Esel geritten – und es war offensichtlich, dass diese Gleichgültigkeit auf Gegenseitigkeit beruhte. Shocks begrüßte Hope nicht auf dieselbe Weise wie Amber. Er beugte nicht die Nase herunter, um Hallo zu sagen. Er folgte ihr nicht mit den Augen. Sein großer Körper war anwesend, aber innerlich war er nicht beteiligt. Natürlich benahm er sich trotzdem mustergültig, als Andy am Zügel zog und das Startkommando gab. Shocks tat immer, was von ihm verlangt wurde, nur dass er eben nicht mit dem *Herzen* dabei war. Er trottete gehorsam hinter Moses her, während sie ihre Runden um die Reitbahn absolvierten.

Julian und Tracy waren nicht die Einzigen, denen der Unterschied auffiel. Sie schnappten auf, was einige Leute hinter ihnen sagten.

»Er wirkt viel glücklicher, wenn Amber auf ihm reitet«, flüsterte einer der freiwilligen Helfer.

Julian grinste Tracy an. Es war lustig, die Kommentare zu hören, die andere Leute über ihre Töchter abgaben – es war, als würden die beiden die Hauptrollen in einer Art Seifenoper spielen.

»Gut gemacht, Hopey!«, applaudierten sie ihrer Tochter, als sie eine Karte aufsammelte und sie in den Briefkasten warf.

Amber hüpfte unterdessen ungeduldig vor ihren Beinen

herum und brannte darauf, endlich auf Shocks zu kommen. Sie konnte es nicht erwarten, ihrer Schwester zu zeigen, wie man es richtig machte.

Das Problem war, dass Amber so aufgeregt war und deshalb besonders viel Schleim hochhustete. Tracy musste sie immer wieder absaugen, was Julian nervös machte.

»Vielleicht sollten wir sie heute nicht reiten lassen«, meinte er beunruhigt.

»Das kannst du Amber nicht antun. Sie wäre am Boden zerstört.« Tracy wusste, wie viel Shocks ihrer Tochter bedeutete.

»Wir dürfen kein Risiko eingehen«, argumentierte Julian.

»Das geht schon.« Tracy ignorierte seinen Einwand. Nicht nur Amber hatte in den letzten Monaten an Selbstvertrauen gewonnen. Tracy hatte inzwischen weniger Angst vor Risiken. So wie Andy, die große Amber und Sara wussten, dass sie Shocks anstupsen mussten, damit er aus seinem Schneckenhaus herauskam, hatte auch Tracy erkannt, dass sie Amber ein bisschen anschieben musste.

Den Kindern wird beigebracht, dass sie sich nach einem Ritt immer bei ihrem Esel bedanken müssen. Shocks hätte normalerweise den Kopf gesenkt, um seiner Reiterin diese Aufgabe zu erleichtern, doch diesmal tat er das nicht. Hope musste sich damit begnügen, sein Bein zu tätscheln.

Das schien sie allerdings überhaupt nicht zu stören. Hope war mehr daran interessiert, was auf der anderen Seite des Reitbahnzauns vor sich ging. Sie war immer zu Streichen aufgelegt, immer auf der Suche nach neuen Abenteuern.

Jetzt war Amber an der Reihe. Nie zuvor hatte Tracy bei ihr einen solchen Hang zur Selbstdarstellung erlebt – alles an ihr schien »Schaut mich an« zu sagen. Andy nahm ihre kleine Hand in seine, und Amber versuchte, so aufrecht wie möglich zu gehen, indem sie sich im Wiegeschritt von den linken Zehen zum rechten Fuß voranbewegte.

»Da ist wieder unser kleiner Protz«, lachte Julian.

Shocks sah sie schon von Weitem kommen. Wenn Esel lächeln könnten, hätte er von einem Ohr zum anderen gestrahlt. Er drehte seine großen Ohren wie zwei Satellitenschüsseln in Ambers Richtung und stimmte sich auf jeden ihrer Schritte ein.

Amber musste die Arme nicht ausstrecken. Shocks war bereits zwei Schritte voraus. Seine Nase berührte schon den Boden und erwartete Ambers Umarmung.

»Er sieht glücklich aus, oder?«, fragte Tracy Julian.

Julian verdrehte die Augen. Da er kein großer Tierfreund war, gehörte das Deuten von Eselverhalten nicht unbedingt zu seinen natürlichen Begabungen. Gleichwohl war es selbst für einen Eselunkundigen offensichtlich, dass Shocks eine besondere Bindung zu Amber hatte. Es war so klar wie der helle Tag.

Julians Gedanken wurden durch weitere Gesprächsfetzen aus dem Publikum bestätigt.

»Der lässt sich aber Zeit mit dieser Amber«, kommentierte jemand, dem auffiel, dass Shocks extra langsam ging. Shocks schien es nicht zu kümmern, dass er weit hinter Moses' Führung zurückfiel. Für ihn stand Amber an erster Stelle.

So wie Amber durch ihr selbstbewusstes Auftreten gezeigt hatte, dass dieser Esel zu ihr gehörte, so gab jetzt auch Shocks durch sein Verhalten zu verstehen, dass sie etwas Besonderes für ihn war.

Er trottete gemächlich von Übung zu Übung, ließ Amber Zeit, ihre Aktivitäten zu Ende zu bringen. Mit zwei Aufgaben kämpfte Amber besonders: Sie hatte Mühe, das Bohnensäckchen in den Eimer zu werfen und den Sattel loszulassen, um nach den herunterbaumelnden Bändern zu greifen.

Die große Amber verstand sich meisterhaft darauf, die Kinder zum Mutigsein anzuspornen. Andy war der Weichere – er brachte den Eimer immer wieder zu Amber, sodass sie das Säckchen nur noch fallen lassen musste.

Heute wollte Amber glänzen. Bevor Andy Gelegenheit erhielt, den Eimer hochzunehmen, hatte Amber das Bohnensäckchen an Shocks' Ohr vorbeigeworfen.

»Hast du das gesehen? Amber hat ihn geworfen!« Tracys Gesicht leuchtete auf.

Amber verfehlte den Eimer, aber nur ganz knapp. Würde sie sprechen können, hätte sie gesagt: »Schau her, Hope. Schau, was ich alles kann!«

Ihr Selbstvertrauen erreichte ungeahnte Ausmaße, und das wirkte sich wiederum auf ihr Gleichgewichtsgefühl aus. Es ist wie beim Seiltanzen – wenn man glaubt, dass man es kann, hat man schon halb gewonnen. Wenn Amber glaubte, dass sie laufen konnte, hatte sie das Ziel schon zur Hälfte erreicht.

Shocks blieb unter den gefürchteten Bändern stehen.

»Komm schon, Amber, streck die Arme nach oben«, drängte die große Amber.

Amber sah erschöpft zu ihrer Mum und ihrem Dad. Bei dieser Sache hatte sie so ihre Zweifel.

»Komm schon, Amber, du kannst das«, feuerten Julian und Tracy sie an.

Alle Augen waren auf sie gerichtet – es fehlte nur noch der Trommelwirbel.

Amber beugte sich vor und rieb Shocks Hals wie eine Wunderlampe, um sich Kraft und Mut zu erbitten. Dann löste sie die rechte Hand von ihrem Freund und vom Sattel und berührte die bunten Bänder mit den Fingern.

Tracy stiegen Freudentränen in die Augen.

»Sie hat's geschafft, hast du gesehen? Sie hat sie berührt!« Sie drehte sich zu Julian.

Julian nahm sie in die Arme. Für einen Außenstehenden mochte es eine Kleinigkeit gewesen sein, aber für Amber war es ein Riesenschritt auf ihrem Genesungsweg.

Das Glück strömte von Amber aus wie der Duft von einer Blume. Nachdem sie den Ritt beendet und sich von Shocks und dem Team verabschiedet hatte, wackelte sie beschwingt und strotzend vor Selbstvertrauen zurück in die Haupthalle. Sie lächelte sogar ein paar Kindern zu, die sie wiedererkannte.

Zum Schluss war es eher so, als ob Amber ihre Eltern führen würde als umgekehrt.

Ihr neu entdecktes Selbstvertrauen zeigte sich auch außerhalb des Reitplatzes. Amber entwickelte sich zu einer richtigen kleinen Draufgängerin. Sie stürzte sich mutig in Aktivitäten, die sie nie zuvor ausprobiert hatte, benutzte zum Beispiel den Kaffeetisch als Krücke, um sich hochzuziehen und aufrecht zu stehen. Julian und Tracy waren ständig damit beschäftigt, sie von den Möbeln zu pflücken, wie etwa vom Sofa, auf dem sie herumkraxelte wie auf einem Klettergerüst.

Sie mussten die Augen überall haben, um die Kinder am Unfugmachen zu hindern – Hope flitzte die Treppenstufen rauf und runter, und Amber verwandelte das Haus in einen Mini-Hindernisparcours. Es gab einen Moment, den Julian nie vergessen wird. Er wartete oben auf der Treppe, um Hope auf der letzten Treppenstufe sicher in Empfang zu nehmen, und Tracy stand unten und hielt Amber davon ab, ihrer Schwester hinterherzuklettern.

»Wir sind Menschenschlepper«, sagte Julian und brach in schallendes Gelächter aus.

Endlich fühlten sie sich nicht mehr wie Ambers Pfleger, sondern wie ihre Eltern. Ja, Julian und Tracy mussten immer noch abwechselnd die Nachtwache bei Amber übernehmen. Ja, sie mussten sie tagsüber immer noch ständig absaugen und konnten sie nicht eine Sekunde allein lassen. Aber etwas hatte sich verändert – sie hatten Spaß zusammen!

Sie wurden mutiger, was außerhäusliche Unternehmungen anging. Bis jetzt war der Ausflug an den Strand von Brean ihr einziger Familientrip gewesen. Diese Tour hatte sich allerdings eher als Albtraum denn als Urlaub erwiesen.

»Wie wär's mit einem Tagesausflug?«, schlug Tracy vor. Als Tiernärrin kam ihr eine Idee. »Was hältst du vom West Midland Safari Park?«

Julian ließ sich den Vorschlag gründlich durch den Kopf gehen, spielte in Gedanken alle Risiken und möglichen Gefahren durch. Tracy sah ihn mit hochgezogenen Augenbrauen an.

»Okay«, stimmte er zu. Er wusste sehr wohl, dass sie wie die Eremiten leben würden, wenn Tracy nicht ständig gegensteuern würde.

Sie brachen früh auf – mit einem Auto, das zu drei Vierteln mit medizinischen Geräten und Zubehörteilen und zu einem Viertel mit Picknicksachen vollgestopft war. Der Kofferraum platzte aus allen Nähten!

Julian kam es vor, als hätte er drei anstatt zwei Kinder hinten im Auto, als sie im Safari Park in Bewdley, Worcestershire, ankamen. Tracy freute sich so sehr auf die wild lebenden Tiere, dass sie auf dem Rücksitz auf und ab federte. Es war lange her, seit er sie so glücklich gesehen hatte.

Im Park leben 165 exotische Tierarten, und Tracy konnte es kaum abwarten, sie zu sehen.

»Lass uns als Erstes durch den Park fahren«, schlug sie vor.

Die einzigen Tiere, die die Mädchen bis jetzt gesehen hatten, waren der Hund des Nachbarn und natürlich die Esel. Wie würden sie auf die Giraffen, Elefanten und Nilpferde reagieren?

Tracy übernahm das Steuer, damit Julian ihr Abenteuer mit der Kamera einfangen konnte. Ohne es bewusst zu registrieren, hatten sie die Kamera in letzter Zeit häufiger eingesetzt. Es war ein Zeichen, dass die Situation sich verbesserte, weil sie etwas haben wollten, das sie an bestimmte Momente erinnerte.

Hope war im Vordersitz festgeschnallt, und Julian saß hinten mit Amber. Der erste Teil der Safari mäanderte durch Waldland und Felder, wo die Tiere, die als ungefährlich galten, frei umherstreiften.

»Oh, sieh mal, die Giraffen«, kreischte Tracy. »Und da drüben die Kamele!«

Die Köpfe von Amber und Hope schwenkten von links nach rechts wie Scheibenwischer. Mit großen Augen bestaunten sie die fremdartigen Wesen.

Die Austwicks krochen im Schneckentempo hinter einer Schlange weiterer Autos hinterher. Sie hatten das Gebiet erreicht, wo man das Fenster herunterkurbeln und die Tiere füttern durfte.

»Das ist okay, sei kein Angsthase«, feuerte Tracy ihn an.

Julian drehte seine Scheibe vorsichtig einige Zentimeter herunter, und Tracy machte das Gleiche auf ihrer Seite, damit Hope besser sehen konnte.

Ein paar Ochsen schlenderten gemächlich an den Autos vorbei.

»Oh, hallo«, rief Tracy aus, als das zottelige Tier seine feuchte Schnauze neugierig ins Fenster steckte. Amber drückte sich in den Sitz. Dieses Ungetüm war ihr nicht ganz geheuer. Der Ochse war ein großer haariger Geselle mit Hörnern, die sich wie ein Schnurrbart in die Höhe bogen.

Julian kurbelte sein Fenster ein paar Zentimeter weiter hoch.

Sie fuhren ein Stückchen weiter. Tracy ging in die Eisen, weil ein Lama beschlossen hatte, vor ihr Auto zu wandern.

Das Lama war weiß mit schwarzen Ohren und hatte ein sehr schmutziges Fell – als ob es sich ausgiebig im Matsch gewälzt hätte. Mit seinen schwarzen glänzenden Knopfaugen sah es sie durchdringend an.

»Was machen wir jetzt?«, flüsterte Julian.

Tracy zuckte die Achseln. Sie war auch noch nie in so einer Situation gewesen.

Das Lama schlenderte auf Tracys Seite – und steckte dann urplötzlich seinen Kopf durchs Fenster. Es war natürlich auf der Suche nach Futter, entschied dann aber, ein Stückchen vom Lenkrad abzuknabbern, wenn es schon einmal da war.

Hope brach in Tränen aus. Sie mochte dieses Viech kein bisschen.

»Alles in Ordnung, Hope. Es tut dir nichts.« Julian drückte die Nase des Lamas sanft nach draußen und schloss das Fenster.

»Es war schon ein bisschen unheimlich«, räumte Tracy ein, als sie weiterfuhren. Amber schien der Vorfall nichts ausgemacht zu haben, aber es wurde auch immer klarer, dass sie Tieren mehr abgewinnen konnte als ihre Schwester.

Sie wussten, was Hope aufheitern würde – die leckeren Törtchen, die sie in den Picknickkorb gepackt hatten.

Julian und Tracy wählten eine ruhige Stelle auf dem Parkplatz, um ihren Lunch einzunehmen. Es war ein herrlicher Frühlingstag, deshalb machten sie die Autotüren alle weit auf, um die milde Luft zu genießen.

Es war ein Bilderbuchmoment – die Zwillinge standen nebeneinander auf dem Rücksitz, mümmelten Törtchen und beobachteten die Leute, die vorbeigingen.

Meistens war schwer zu verstehen, was Hope sagte – ihre Aussprache ließ immer noch zu wünschen übrig –, aber was immer sie brabbelte, es war an Amber gerichtet.

»Sieh mal, sie unterhält sich mit ihr!« Tracy stieß Julian an.

Es war das erste Mal, dass sie die beiden Mädchen interagieren sahen. Amber war für Hope immer unsichtbar gewesen – ein Teil der Einrichtung, über den sie hinwegkrabbeln konnte. Der Abstand zwischen den Zwillingen wurde täglich geringer, und vielleicht spürte Hope die Veränderung?

Julian und Tracy wechselten einen Blick. Sie mussten nichts sagen, sie dachten beide dasselbe: *Wir haben einen Familienausflug gemacht!*

Endlich.

»Das sollten wir bald wiederholen«, raunte Tracy mit frechem Grinsen.

Typisch Tracy – immer Feuer und Flamme für den nächsten Schritt.

»Na ja, vielleicht sollten wir erst mal heil nach Hause kommen«, seufzte Julian.

Was wiederum typisch Julian war – Schritt für Schritt und nichts überstürzen.

Erste Schritte

Sutton Park, Birmingham, Juni 2013

»Jetzt kriegt sie's hin, sie schafft es …« Julian griff nach der Videokamera.

Zu früh gefreut, Amber schwankte zurück zum Sofa. Sie hatte noch zu große Angst, das Wagnis einzugehen und zu laufen, ohne sich am Couchtisch festzuhalten.

Aber sie war nah dran. Die Muskulatur an Bauch, Rücken und Beinen war viel kräftiger geworden, seit sie vor sechs Monaten angefangen hatte, auf Shocks zu reiten, und jetzt stand sie – mit drei Jahren – kurz davor, ihre ersten eigenständigen Schritte zu tun.

Julian und Tracy mochten sie kaum noch aus den Augen lassen, um den großen Moment ja nicht zu verpassen.

»Wahrscheinlich geschieht es, wenn gerade keiner von uns hinguckt«, lachte Tracy.

»Ja, je weniger Wirbel wir darum machen, desto eher wird es wahrscheinlich passieren«, schlussfolgerte Julian.

Mit diesem Gedanken im Kopf beschloss er, dass er Hope heute zu Fuß von der Kita abholen würde, anstatt das Auto zu nehmen. Er hatte das Gefühl, dass sie Hope in letzter Zeit ein bisschen vernachlässigten. Natürlich nicht mit Absicht, aber es war schwer, die Zuwendung gerecht zu verteilen, weil Amber so viel Aufmerksamkeit brauchte.

Die halbe Stunde, die wir für den Spaziergang durch die Vor-
stadt brauchen, ist eine perfekte Gelegenheit, um Hope etwas
»Qualitätszeit« zu geben, dachte er.

Julian war ein bisschen zu früh dran. Er hörte Singen und
Klatschen durch die Fenster der Kita. Neugierig spähte er durch
die Scheibe und entdeckte Hope im Zentrum der Aufmerksamkeit: Sie saß im Schneidersitz auf dem Teppich, neben dem Mu-
siker. Hope sang und klatschte – brachte die Party in Schwung.

Das ist mein Mädchen! Julian lachte stolz.

Hope tapste aus dem Raum und wedelte aufgeregt mit ihrem
neuesten Kunstwerk, das sie an diesem Tag erschaffen hatte. Das
DIN-A4-Blatt war mit zahlreichen Daumenabdrücken bestem-
pelt – nicht ganz ein Monet, aber Julian war trotzdem stolz. Der
Kühlschrank war inzwischen fast vollständig mit Hopes Bildern
bedeckt.

»Hattest du einen schönen Tag, Hope?«, fragte Julian.

»Ja!« Sie nickte fröhlich.

Hopes Wortschatz hinkte immer noch etwas hinter dem der
anderen Kinder in ihrer Gruppe hinterher, aber verbesserte sich
allmählich. Sie unterhielt sich jetzt häufiger mit Amber oder redete besser gesagt auf sie ein. In Gegenwart ihrer Schwester mar-
kierte Hope gern den Boss. Amber schien das allerdings nicht zu
stören – seit sie Shocks ritt, war sie viel entspannter geworden.

Julian und Hope wanderten friedlich durch die Straßen, als
ihnen ein Blatt vor die Füße wehte.

Hope blieb abrupt stehen und deutete darauf. »Blatt.« Das
Wort tauchte aus dem Nichts auf.

Julian war baff. Er hatte sie dieses Wort noch nie vorher sagen
hören. *Vielleicht wird alles gut. Hope lernt sprechen. Amber lernt*
laufen. Bei dem Gedanken wurde ihm warm ums Herz.

Julian konnte es kaum abwarten, Tracy die Neuigkeit zu

verkünden, und platzte sofort damit heraus, als sie durch die Haustür kamen. Trace war in der Küche und kochte Tee. Amber klammerte sich an den Türrahmen und verfolgte jede Bewegung ihrer Mutter.

»Eine Tasse Tee ist jetzt genau das Richtige«, sagte Julian und ließ sich lächelnd auf seinen Lieblingsplatz auf dem Sofa plumpsen. Hope kam und kuschelte sich neben ihn. Julian schielte mit einem Auge zum Fernseher und mit dem anderen zu Amber, die immer noch zauderte und zu überlegen schien, ob sie weiter die Tür festhalten oder sich zum Sofa bewegen sollte.

»Komm, Amber, komm her und sag Hallo«, sagte Julian und schlug auffordernd mit der Hand aufs Polster.

Plötzlich hatte er das Gefühl, dass dies der große Moment sein könnte.

Schnell schnappte er sich die Kamera vom Couchtisch.

»Trace, komm mal gucken«, rief er. Das durfte sie auf keinen Fall verpassen.

Tracy war sich sicher, dass es wieder nur falscher Alarm war, aber sie tat ihrem Mann trotzdem den Gefallen. Sie kniete sich neben das Sofa und winkte Amber zu.

»Komm, du schaffst das«, flöteten beide im Chor. Amber klammerte sich haltsuchend an den Türrahmen.

Ihre Augen verengten sich und visierten das Ziel an. Soweit ein Kleinkind wilde Entschlossenheit ausstrahlen kann, zeigte Ambers Gesicht alle Anzeichen dafür.

»Super! Du hast es fast geschafft.« Julian lächelte. Die Kamera war scharf gestellt. Alle Augen ruhten auf Amber.

Amber löste vorsichtig erst eine Hand vom Türrahmen, dann die andere. Sie machte einen Schritt vorwärts und dann noch einen. Tracy bedeckte den Mund mit der Hand, um nicht vor Freude laut aufzuschreien. Ihr kleines Mädchen konnte laufen!

Amber strahlte, ihre Augen leuchteten.

»Es ist dieselbe Art von Blick, die man nach einem Bungee-Sprung hätte«, sagte Julian.

»Wie meinst du das?«, fragte Tracy und kicherte über den Vergleich.

»Du weißt schon, durch diesen Adrenalinschub, den du beim Loslassen bekommst«, erklärte er.

Julian hatte recht. Nachdem Amber schließlich den Sprung ins kalte Wasser gewagt hatte, fühlte sie sich jetzt wie berauscht. Anschließend konnte sie nicht still sitzen. Sie wollte es immer wieder ausprobieren.

Tracy rief ihre Schwester Debs an, um ihr die Neuigkeit zu verkünden. Tracy hatte sich ein gutes halbes Jahr lang von Familie und Freunden zurückgezogen, weil sie die anderen nicht mit ihren Problemen belasten wollte. Die anhaltende Depression hatte ihr das Gefühl gegeben, dass sie anderen Menschen nichts mehr zu bieten hatte. Debbie hatte bei vielen Gelegenheiten versucht, ihr entgegenzukommen, war aber immer wieder auf eine Mauer des Schweigens gestoßen. Genauso wie Amber und Shocks kam Tracy endlich aus ihrem Schneckenhaus heraus, um die Welt zu umarmen.

»Debbie, sie kann laufen! Amber kann endlich laufen.« Tracy musste die Tränen zurückhalten.

»Ich bin sofort da«, sagte Debbie und legte gleich wieder auf.

Amber war mehr als bereit, ihr neues Talent vorzuführen. Was in Anbetracht ihrer früheren fast krankhaften Schüchternheit eine weitere große Veränderung war.

Alle Aufmerksamkeit war auf sie gerichtet: Sie stand in der Mitte des Wohnzimmers, hielt sich am Couchtisch fest, um das Gleichgewicht zu bewahren, und wappnete sich für die Herausforderung.

»Super. Du schaffst das für Tante Debs«, ermutigte Tracy sie. Die drei Erwachsenen plus Hope warteten im Halbkreis auf der anderen Seite des Raums. Debbie kniete sich hin und breitete die Arme weit aus.

Eins, zwei, drei – *und los!* Nichts hielt dieses Mädchen jetzt noch vom Laufen ab.

Debbie konnte ein Kichern nicht unterdrücken. »So wie sie die Arme vor sich ausstreckt, sieht sie aus wie eine kleine Schlafwandlerin«, scherzte sie.

Es stimmte. Ihre Art zu gehen sah ein bisschen zombiehaft aus.

»Meinetwegen kann sie für den Rest ihres Lebens wie ein Zombie laufen – Hauptsache, sie läuft«, lachte Julian.

Was die Austwicks nicht erwartet hatten, war die enorme Veränderung, die es für ihr Leben bedeutete, dass Amber jetzt laufen konnte. Es war, als ob ihre kleinen Krabben sich über Nacht in Wildfänge verwandelt hätten. Sie sausten in der ganzen Wohnung umher wie zwei Autoscooter auf dem Jahrmarkt. Ein Stückchen vorwärts, *Crash*, hinfallen, wieder vorwärts und beschleunigen.

Julian und Tracy mussten das Absauggerät überall mit hinschleppen, um mit ihrem neuen Rennauto Schritt zu halten.

Einige Wochen später ließ sich das Paar erschöpft aufs Sofa fallen.

»Erinnerst du dich noch an die Zeit, als sie auf den Kissen lagen und wir uns den Tag herbeisehnten, an dem sie herumlaufen würden?«, seufzte Julian.

»Ja«, grinste Tracy.

»Jetzt, wo sie nonstop unterwegs sind, bedaure ich diesen Wunsch«, scherzte er.

Tracy gab ihm einen liebevollen Klaps aufs Bein. »Ich mach dir 'ne Tasse Tee«, sagte sie. Sie wusste, das half immer.

Dass Amber jetzt laufen konnte, hatte nicht nur das Leben ihrer Tochter verändert und eine neue Leichtigkeit in die Familie gebracht, es gab noch eine weitere wundersame Wendung. Die Beziehung zwischen Amber und ihrer Schwester hatte sich fast über Nacht verwandelt.

Der Anfang war, dass sie sich an die Hand nehmen konnten. Wie zwei alte Ladys schlurften sie im Wohnzimmer hin und her.

Tracy brüllte vor Lachen. Der Anblick war einfach urkomisch.

Außerdem hatte Hope sich angewöhnt, auf »Lehrerinnen-Art« mit Amber zu sprechen. Weil Amber keine Widerworte geben konnte, kommandierte Hope sie gern herum. Sie gab ihr Anweisungen wie »Folge mir« oder »Setzen« und drohte ihr sogar mit dem Finger.

Amber schien das jedoch nicht im Geringsten zu stören. Hopes Feldwebel-Allüren prallten an ihr ab, und sie fügte sich gelassen allen Wünschen, die ihre Schwester äußerte. Sie entwickelte sich zu einem sehr entspannten, unkomplizierten Kleinkind.

Sie konnte allerdings durchaus ein bisschen kommunizieren. Dank der Dame, die für die Sprech- und Lernförderung zuständig war und einmal in der Woche vorbeikam, hatte Amber etwas Gebärdensprache gelernt. Sie konnte »bitte« sagen, indem sie die flache Hand auf der Brust kreisen ließ. Sie beherrschte die Gebärde für »danke« und – noch wichtiger – die Gebärde für »Keks«. Und sie konnte natürlich »Shocks« sagen, wenn auch in ihrer eigenen selbstkreierten Sprache.

Tracy konnte es kaum erwarten, die Mitarbeiter vom Sanctuary zu sehen und ihnen Ambers neue Fähigkeit zu zeigen. Sie hatte stundenlang mit den anderen Müttern, mit Andy, der großen Amber und Sara darüber geredet, wie sie von dem Moment geträumt hatte, in dem Amber endlich laufen lernen würde.

Ohne das Team und ohne Shocks hätte Amber das nie geschafft, und Tracy wollte ihre Dankbarkeit zum Ausdruck bringen.

Amber war mehr daran gelegen, ihre neue Brille vorzuführen. Durch ihre Zerebralparese schielte sie auf dem linken Auge, deshalb hatte der Optiker eine hübsche Brille mit pinkfarbenem Gestell für sie angefertigt. Tracy sorgte für die Auswahl des dazu passenden Kleides.

Sobald sie auf dem Parkplatz eintrafen, zappelte Amber wie wild in ihrem Kindersitz hin und her. Sie war wie ein Rennpferd, das auf den Startschuss wartet. Tracy hob sie heraus und stellte sie auf dem Boden ab. Amber verwandelte sich in ein Turnierpferd, das auf dem Reitplatz paradiert. Sie hob einen Fuß hoch in die Luft, dann den anderen.

»Schaut her, ich kann laufen!«, hätte sie gerufen, wenn sie es gekonnt hätte.

»So, jetzt komm schon.« Tracy nahm sie an die Hand und trieb sie zur Eile an. Amber gefiel das gar nicht. Sie war entschlossen, den Empfang ohne fremde Hilfe zu erreichen.

Lächelnd fragte Tracy sich, ob Amber ihren Dickkopf wohl von ihrer Mutter geerbt hatte.

Sie betätigte die Klingel und wartete auf den großen Auftritt. Amber wackelte an der Rezeption vorbei und winkte nonchalant. Jenny, eine der ehrenamtlichen Helferinnen, spähte über den Schreibtisch, als Amber vorbeiging. Sie wollte ihren Augen nicht trauen.

»Sie kann laufen«, sagte Jenny ungläubig.

Tracy strahlte. Sie war die stolzeste Mutter der Welt.

Die dröhnende Stimme der großen Amber schallte in den Empfangsbereich. Wie ein Marschflugkörper richtete die kleine Amber sich daran aus; sie wollte ihrer Freundin ihre neuen Fähigkeiten zeigen.

»Amber, du läufst ja!«, rief die große Amber.

Amber kicherte glücklich. Sie streckte die Arme aus, um sich hochheben zu lassen.

Inzwischen waren mehrere Mitarbeiter dazugekommen. Es war unglaublich befriedigend, einen solchen Wandel mitzuerleben. Für diese magischen Momente lohnte sich die ganze Arbeit.

Die große Amber schwang die kleine im Kreis herum. Sie war vernarrt in das Mädchen. Man konnte gar nicht anders. Mit ihrem blonden Haar und der freakigen neuen Brille war sie einfach zum Knuddeln.

Die kleine Amber drehte sich weiter im Kreis, als Amber sie wieder absetzte – sie genoss das Publikum.

Andy entdeckte den kleinen Menschenauflauf und kam herüber, um Hallo zu sagen. Tracy meinte zu sehen, dass seine Augen ein bisschen feucht waren.

»Ich freue mich so für euch beide«, sagte er und blinzelte die Tränen weg.

Andy war ein sensibler Mann. Andernfalls wäre es ihm gar nicht möglich gewesen, die Esel so gut zu verstehen. Es war Fluch und Segen zugleich – manchmal wurde Andy von seinen Gefühlen überwältigt.

Er hatte viele Happy Ends auf dem Sanctuary erlebt und erzählte Tracy eine Geschichte, die er niemals vergessen würde.

»Wir hatten hier einmal einen autistischen Jungen, der eine Zeitlang ausgeholfen hat ...« Andy erklärte, dass der Junge ein bisschen älter gewesen war als die anderen Kinder, die normalerweise zum Eselreiten kamen. Er war siebzehn und hatte in seinem ganzen Leben noch kein einziges Wort gesprochen.

Tracy sah ihn gespannt an. Sie fand es immer wieder tröstlich, Geschichten über den Genesungsweg anderer Kinder zu hören.

»Er half mir, die Ställe sauberzumachen und hat sich dabei richtig ins Zeug gelegt. War bei der Arbeit kaum zu bremsen.«

Amber kam zu ihnen gewackelt, um Andys Geschichte ebenfalls zu hören.

»Er liebte die Esel, sein Gesicht leuchtete auf, wenn er mit ihnen zusammen war. Uns gegenüber war er sehr schüchtern«, fuhr Andy fort.

Er erklärte, dass die Ärzte und seine Eltern nicht wussten, ob er je würde sprechen können.

»Und dann eines Tages, als ich die Ställe ausfegte, sagte er etwas.« Andy lächelte, als er an den Moment zurückdachte. »*Bürste*, sagte der Junge, als er zu Bob ging, um sein Fell zu striegeln.«

Andy dachte zuerst, er hätte sich verhört, aber der junge Mann sagte es noch einmal und dann noch einmal.

Genauso wie Amber beim Laufenlernen, dachte Tracy. Sie hatte es immer wieder ausprobieren wollen.

»Was ist mit ihm passiert?«, fragte Tracy, fasziniert von der Geschichte.

»Es war wie bei vielen Kindern, die ins Sanctuary kommen«, antwortete Andy. »Durch die Fortschritte, die er hier gemacht hat, konnte er ein ganz neues Kapitel in seinem Leben aufschlagen. Er fing allmählich an, mehr zu sprechen. Heute ist er am College«, sagte Andy triumphierend.

Das war eine von vielen Erfolgsgeschichten, die das Sanctuary in den elf Jahren seit seiner Gründung in Birmingham erlebt hatte. Als Tracy vor sieben Monaten zum ersten Mal ins Zentrum kam, hätte sie nie geglaubt, dass ein Esel das Leben eines Menschen tiefgreifend beeinflussen könnte. Doch seitdem Shocks dazu beigetragen hatte, Ambers Leben – und ihr eigenes – zu verändern, war sie felsenfest davon überzeugt.

Die positive Einstellung des Sanctuary war ansteckend.

Doch natürlich hatte Amber immer noch einen weiten Weg vor sich. Mit drei Jahren hatte sie jetzt gerade erst laufen gelernt. Es war fraglich, ob sie in der Lage sein würde, eine Schule zu besuchen. Und ob sie je würde sprechen können.

Tracy schob die dunklen Gedanken beiseite – heute war ein Freudentag.

»Komm, Amber, wir sagen Shocks Hallo«, sagte Tracy.

Amber nutzte ihre Arme wie Flugzeugflügel, um auf dem Weg zu ihrem Freund das Gleichgewicht zu halten.

Plötzlich blieb sie abrupt stehen.

»Was ist los, Amber?« Tracy warf ihr einen prüfenden Blick zu.

Amber verschränkte die Arme vor der Brust und starrte missmutig über ihren Brillenrand.

Ein anderes Kind machte sich gerade fertig, um auf Shocks – *ihrem* Esel! – zu reiten.

Andy spürte sofort, wo das Problem lag. Er kniete sich neben Amber, um ihren wütenden Blick einzufangen. »Es ist wichtig, dass auch andere Kinder auf Shocks reiten, weil er Freundschaften schließen muss – genau wie du.« Andy versuchte Amber zu erklären, dass sie beide auf dem Weg zu ihrer Genesung waren.

Amber zog einen Flunsch und stampfte leicht mit dem Fuß auf.

»Okay, das reicht, Madam.« Tracy schritt ein.

Diese Seite kannte sie noch nicht an Amber, und sie war sich nicht sicher, wie sie damit umgehen sollte.

»Nimm erst mal Moses, und später reitest du dann Shocks«, versuchte Tracy, ihre Tochter aus ihrem Schmollwinkel zu locken.

Doch Amber schüttelte protestierend den Kopf. Sie wollte auf ihren Freund warten. Auf gar keinen Fall würde sie auf einem anderen Esel reiten. Tracy verdrehte die Augen in Andys Richtung, der verständnisvoll lachte.

»Tja, Kinder eben …«, sagte er.

Amber stand wie angewurzelt am Tor und verfolgte jede Bewegung ihrer Rivalin mit Argusaugen. Mit ihren verschränkten Armen und dem wütenden Blick hatte sie die Pose der beleidigten Leberwurst wahrhaft perfektioniert.

Dann winkte sie Shocks zu, um ihn wissen zu lassen, dass sie da war. Shocks bemerkte sie sofort. Er drehte den Kopf und legte ihn schräg, als ob er sagen wollte: »Ich bin gleich bei dir.«

Das zauberte wieder ein Lächeln auf Ambers Gesicht.

Da sie ihre Eifersucht nicht an dem unbekannten Mädchen auslassen konnte, bekam stattdessen jemand anderes sie zu spüren. Sobald Hope aus der Kita zurück war, ließ Amber ihre Wut an den Spielsachen ihrer Schwester aus.

Wenn Hope mit einem Bauklotz spielte, versuchte Amber, ihn ihr wegzunehmen.

»Nein, Amber«, wies Julian sie zurecht, genauso wie er es vor langer Zeit mit Hope getan hatte, als sie sich so verhielt.

»Und ich dachte, Amber wäre entspannt …« Tracy schlug die Hände über dem Kopf zusammen, perplex von dem plötzlichen Umschwung.

Sie berichtete Julian, was bei den Eseln passiert war. Wie besitzergreifend Amber in Bezug auf Shocks reagiert hatte. Einerseits war es liebenswert zu sehen, wie sehr sie an ihrem Freund hing, andererseits war auch klar, dass sie dieses Verhalten im Keim ersticken mussten.

»Sie wird sich daran gewöhnen müssen, dass auch andere Kinder auf Shocks reiten«, meinte Julian.

Tracy schlug vor, dass sie mit beiden Mädchen am Wochenende zum Reiten fahren sollten – zum Saturday Club. Vielleicht würde Amber entspannter auf die Situation reagieren, wenn ihre Schwester auch dabei war.

Der Morgen fing gut an. Überraschend trafen sie sogar noch Liz und Sam mit ihrer Tochter Abbie.

Liz und Sam konnten kaum glauben, was für Fortschritte Amber gemacht hatte.

»Ich hab's euch ja gesagt, ich hab's euch ja gesagt.« Liz rieb den Austwicks scherzhaft unter die Nase, dass sie recht gehabt hatte, was die heilenden Kräfte der Esel anging.

Die Atmosphäre war entspannt, und alle waren guter Stimmung. Amber nahm Hopes Hand. Sie wollte ihr den Spielbereich im Freien zeigen. Dort wartete Amber gern, bis ihre Nummer aufgerufen wurde, weil sie hier den ganzen anderen Eseln auf der Koppel beim Grasen zusehen konnte.

Amber deutete auf Bob und Lob, die beiden irischen Jungs, die neugierig an den Zaun gekommen waren. Die Mitarbeiter nannten die beiden »die Zwillinge«, weil sie von derselben Farm gerettet worden waren. Sie waren keine echten Zwillinge, obwohl man es durchaus denken konnte, weil sie einfach unzertrennlich waren. Amber wollte dem frechen Duo ihren eigenen Zwilling vorstellen.

Hope interessierte sich nicht die Bohne für die zwei. Sie war mehr darauf erpicht, mit den Spielsachen im Hof zu spielen und die anderen Kinder zu beobachten.

»Hope, Amber, Zeit für euren Ritt!« Tracy winkte die Mädchen zu sich.

Amber war ein kleiner Mensch mit einem großen Ziel. Sie versuchte, Hope auf dem Weg zum Reitplatz zu überholen, und stolperte dabei praktisch über ihre eigenen Füße.

»Langsam, Amber«, signalisierte Julian mit einer beschwichtigenden Handbewegung.

Amber wollte aber nicht langsamer werden, sie musste zu Shocks.

Tracy entdeckte von fern eine Gefahr.

»Da ist ein anderes Mädchen, das gerade von Shocks absteigt«, berichtete sie Julian. Als Erwachsene hatten sie einen etwas besseren Blick auf die Reiter.

»Lenk sie ab«, sagte Julian augenzwinkernd.

»Freust du dich darauf, Shocks zu reiten?«, flötete Tracy und tat so, als wäre alles in bester Ordnung.

Amber machte eine Vollbremsung am Tor. Keuchend rang sie nach Luft.

Tracy kniete sich hin, um den Schleim abzusaugen. »Beruhig dich, Amber.« Tracy schlug einen strengeren Ton an. Dass ihr kleines Mädchen sich so aufregte, gefiel ihr nicht.

Sobald Hope Amber eingeholt hatte, ging Amber auf sie los.

Als Hope die Finger um die Torstange legte, bürstete Amber sie sofort wieder ab.

Als Hope sich der Stelle näherte, von der aus das Tor geöffnet wurde, hielt Amber sie mit dem Arm zurück, so wie Kinder es machen, wenn sie sich um den vorderen Sitzplatz im Auto zanken.

»Das ist lächerlich«, murmelte Tracy. »Wartet, bis ihr dran seid, alle beide.« Sie drohte den Mädchen mit dem Finger.

Andy stand auf seinem gewohnten Posten und hielt die Zügel. Doch da heute Samstag war, kam eine freiwillige Helferin, die sie noch nie zuvor gesehen hatten, ans Tor, um sie zu begrüßen.

Sie sprach sehr leise, und Tracy vermutete, dass sie sich in einer ähnlichen Situation befand wie sie auch. Ein Großteil der ehrenamtlichen Helfer hatte selbst Kinder mit sonderpädagogischen Bedürfnissen. Ähnlich wie Julian und Tracy hatten sich viele Eltern in einem letzten verzweifelten Versuch, ihren Kindern zu helfen, an das *Donkey Sanctuary* gewandt. Nachdem sie die Welt der Esel dann einmal kennengelernt hatten, war es schwierig, wieder den Absprung zu finden.

Die Frau, die aschfarbenes Haar und eine tief gebräunte Haut hatte, hob zuerst Hope hoch. Sie fing an, sie zu Shocks herüberzutragen, der geduldig hinter seinem Freund Jacko wartete.

Julian wurde aktiv. Die Frau wusste nicht Bescheid.

»'tschuldigung, 'tschuldigung«, rief er mit der Hand wedelnd. Ein bisschen überrascht drehte sie sich um.

»Tut mir leid, ich möchte nicht pingelig klingen, aber könnte Hope bitte auf dem anderen Esel reiten, weil der da Ambers Esel ist.« Verlegen deutete er auf Shocks.

Julian und Tracy befanden sich in einer heiklen Lage. Einerseits wollten sie Amber nicht verziehen oder ihr ein schlechtes Benehmen durchgehen lassen, andererseits würde Amber ohne Shocks keine Fortschritte machen. Sie durften nicht zulassen, dass ihre Genesung behindert wurde.

»Klar, kein Problem«, sagte die Frau entgegenkommend.

Das war das Tolle am Eseltierheim, alle waren freundlich und verständnisvoll und fällten keine vorschnellen Urteile. *Für einen Außenstehenden hätte die Bitte lächerlich geklungen*, dachte Julian im Stillen.

Hope kratzte das natürlich nicht im Geringsten. Sie hätte auch Bob oder Lob geritten, das war ihr völlig schnuppe.

Amber war so kräftig geworden, dass die ehrenamtliche Helferin sie mit einem Arm im Sattel festhalten konnte. Begeistert winkte sie ihrer Mum und ihrem Dad jedes Mal zu, wenn sie am Tor vorbeikam.

Für Andy war es auch interessant, Shocks' Verhalten zu beobachten. Seit einiger Zeit hoffte er, dass Shocks die Führung auf der Reitbahn übernehmen würde. Andy hatte alles versucht, hatte sogar einen Ingwerkeks vor Shocks' Nase baumeln lassen (Ingwerkekse sind bei Eseln noch beliebter als Möhren!). Aber Shocks machte immer hinter dem vorausgehenden Esel Halt. Es hatte etwas mit seinem Selbstvertrauen zu tun, er glaubte nicht genug an sich selbst. Es war ähnlich wie mit seinem Verhalten auf der Koppel – er blieb lieber im Schatten.

Andy dachte, dass mit Hilfe von Jacko vielleicht eine Wende eintreten könnte. Wenn Shocks irgendjemanden überholen würde, dann seinen tiefenentspannten Stallgefährten!

Sacht zog er an den Zügeln, um zu sehen, ob Shocks es diesmal probieren würde. Nein, Shocks wollte davon nichts wissen. Geduldig wartete er, bis Jacko und Hope ihre Aktivitäten beendet hatten und folgte dann mit Amber.

»Ist okay, mein Junge, du brauchst nichts zu tun, was du nicht willst.« Andy kraulte ihn hinter den Ohren.

Shocks' Nase zuckte, und dann stieß er einen gewaltigen Nieser aus, der seinen ganzen Kopf erbeben ließ. Aus irgendeinem Grund fing er immer an zu niesen, wenn man ihn kraulte.

Als der Ritt zu Ende ging und die nächsten Kinder sich aufstellten, wurde Amber nervös. Sie warf Andy einen verunsicherten Blick zu.

»Keine Sorge, Amber, heute reitet niemand mehr auf Shocks.« Er spürte intuitiv, was sie wissen wollte.

Sie gewöhnten Shocks behutsam an seine neue Aufgabe. Nur wenige neue Kinder durften ihn wöchentlich reiten. Es war sehr wichtig, dass das Team die richtige Mischung aus Fördern und Fordern fand, damit er sich nicht wieder in sich zurückzog.

Amber ließ sich nach vorn fallen und schlang die Arme um ihren besten Freund. Sie wollte nicht von ihm weg.

»Komm, Amber, Zeit sich zu verabschieden.« Andy versuchte, ihren Griff zu lockern.

Amber rieb mit den Händen über Shocks' vernarbten Hals. Ihr Freund stieß einen tiefen Seufzer aus, als verstünde er, dass sie einen schweren Tag hatte.

Julian und Tracy winkten vom Rand des Reitplatzes, um Amber daran zu erinnern, dass sie so weit waren, nach Hause zu fahren.

»Irgendjemand wird hier schwerer«, sagte Andy neckend, als er Amber aus dem Sattel hob.

Shocks wartete auf sie, die Nase gesenkt, die Augen fest auf sie gerichtet. Amber umarmte und küsste ihn, als wäre es ein Abschied für immer.

»Shocks«, formte sie lautlos mit den Lippen. Es kam kein Ton heraus, aber Shocks verstand sie.

Auf der Heimfahrt war Amber ungewöhnlich ruhig. Tracy fing an, sich Sorgen zu machen, dass etwas nicht stimmte. Alles war so gut gelaufen, und jetzt spürte sie, wie sich ihr Magen vor Angst verknotete.

Beim Mittagessen beobachtete sie die Mädchen mit Argusaugen.

»Amber scheint keinen Appetit zu haben«, sagte Tracy mit einem Anflug von Panik.

Julian war an der Reihe, ihre Sorgen zu zerstreuen. Doch Tracy konnte nicht anders, sie hatte so hart gekämpft, damit es Amber besser ging, und sie hatte schreckliche Angst vor einem Rückschlag.

Sie fiel in alte Muster zurück, um sich selbst zu beruhigen. Erledigte den Abwasch, machte die Küche sauber – vergrub ihre Gefühle.

Amber musste an diesem Nachmittag häufiger abgesaugt werden als sonst, was Tracys Besorgnis weiter verstärkte. Sie war ein Nervenbündel, kurz vorm Durchdrehen.

Mit dieser neuen Seite an Amber hatte sie nicht gerechnet – mit ihrer Eifersucht. Mit dieser blanken Angst bei dem Gedanken, ihren Freund zu verlieren.

Sie erinnerte sich daran, was Julian gesagt hatte, kurz bevor sie angefangen hatte, zum Eselhof zu fahren – dass sie mit ihm über ihre Probleme reden sollte.

Sie ging zu Julian und räusperte sich. Es war schwer für Trace, sich zu öffnen.

»Was ist denn, Liebes?« Julian erkannte ihre Stimmung.

Sie setzte sich auf die Sofakante, wie ein Vogel, der jeden Moment davonfliegen will.

»Vielleicht müssen wir dafür sorgen, dass Amber Shocks nicht mehr sieht«, platzte es aus ihr heraus.

Julian runzelte die Stirn, während seine Frau fortfuhr. »Ich möchte nicht, dass Amber wieder krank wird. Sie keucht den ganzen Tag, es macht ihr eindeutig schwer zu schaffen, dass sie ihn mit anderen Kindern teilen muss. Ich kann es einfach nicht ertragen, sie so …«

Julian fiel ihr ins Wort. »Das ist nur eine Phase, Schatz. Sie kommt darüber hinweg«, sagte er zuversichtlich.

Tracy nickte. Aber ihr Magen drehte sich um.

Vielleicht ist dies das Ende von Amber und Shocks?, dachte sie. Sie entschied, eine Weile auf Abstand vom Sanctuary zu gehen. Ambers Verhalten und ihre hektische Atmung an diesem Tag beunruhigten sie, und sie war nicht bereit, die Genesung ihrer Tochter aufs Spiel zu setzen – für was auch immer.

Einer von den »Jungs«

Sutton Park, Birmingham, Sommer 2013

Das Team vom *Donkey Sanctuary* hätte wissen müssen, dass es keine gute Idee war, Mackenzie zusammen mit Bob und Lob in einen Stall zu stecken.

Bei einigen der Jungs war die sogenannte *White Line Disease* ausgebrochen – eine ansteckende Erkrankung, bei der sich ein hässlicher Pilz ins Innere des Hufes frisst und ihn aushöhlt. Unbehandelt kann diese Infektion zur Lahmheit führen. Jacko hatte es geschafft, sich die schmerzhafte Erkrankung einzufangen und musste eine Weile von den anderen abgeschirmt werden.

Das bedeutete, dass Shocks sich einen Stall mit dem Gangleader Mackenzie und den irischen Zwillingen teilen musste.

»Es wird ihm guttun«, sagte Andy zur großen Amber und zu Sara, »dass er mal mit einigen der populären Jungs auskommen muss.«

Irgendjemand übernimmt im Sanctuary immer die »Nachtwache«, um dafür zu sorgen, dass den Eseln kein Leid geschieht. Kürzlich hatte man eine Frau namens Jess eingestellt. Sie war mit ihrer zweijährigen Tochter ins Wärterhäuschen eingezogen, das nur 100 Yards von den Ställen entfernt liegt.

Die Esel kapieren schnell, wer der neue Aufseher ist, und sie wissen genau, wo sich das Wärterhäuschen im Verhältnis zur Weide befindet. Um etwa fünf Uhr nachmittags stimmen sie ihr

Eselgeschrei vor dem Fenster an und teilen der verantwortlichen Person mit – beziehungsweise brüllen ihr zu –, dass sie jetzt gern ihr Heu und ihr Bett hätten.

Shocks war an diesem speziellen Abend wie üblich der Letzte, der hereinkam. Er hatte die Angewohnheit, so lange zurückzubleiben, bis jemand losging, um ihn zu holen.

»Heute verbringst du die Nacht mit den Rabauken«, sagte Andy sanft und führte ihn über die Weide.

Es gab einen Stall auf dem Hof, der einen Doppelriegel hatte – so ähnlich wie bei den Schwingtüren, die man aus alten Westernfilmen kennt. Wenn die Riegel der beiden Türen nicht fest genug geschlossen werden, kann ein vorwitziger Esel wie Mackenzie sie mit den Hufen öffnen.

Aber Andy hatte keine andere Wahl, als Shocks in diesen Stall zu bringen, weil er der einzige war, der genügend Platz für vier Esel bot.

»Na los, hab keine Angst«, sagte Andy und führte ihn hinein. Bob und Lob sahen nicht einmal von ihrem Heu hoch. Mackenzie funkelte Shocks kurz an, als ob er sagen wollte: »Wehe, du denkst auch nur daran, mein Heu zu berühren!«

Shocks versteckte sich in der Ecke. Er war zu schüchtern, um auch nur seine eigene Heuration zu fressen. »Also ihr drei, seid nett zu eurem Gast«, sagte Andy und drohte mit dem Finger.

Alle anderen Esel steckten die Köpfe über die Stalltüren und verfolgten fasziniert, was Andy trieb. Er fegte nur noch ein letztes Mal über den Hof, aber für die Esel war das viel interessanter als das, was in ihren Ställen geschah. Esel sind sehr neugierig.

»Okay, Jungs, ab in die Koje!«, rief Andy wie ein Vater, der seine unwilligen Kinder ins Bett scheuchen will.

Tony stieß einen jammernden Schrei aus, als Andy vom Hof ging – einen »Geh-nicht-weg!«-Schrei.

Es zerriss Andy jedes Mal das Herz.

Er wandte sich um und sah in tieftraurige Eselsaugen, die ihn von den Stalltüren aus beobachteten.

»Ich geh jetzt. Schlaft gut!« Andy würde sich nicht erweichen lassen. Er musste konsequent mit den Jungs sein, oder sie würden ihm auf der Nase herumtanzen.

»Liebevolle Strenge«, murmelte er vor sich hin.

Er entdeckte Jess, als er den Weg zum Sutton Park einschlug. Es war ein herrlicher Sommerabend. Sonnenlicht fiel durch das Blätterdach der Bäume am Wegrand.

»Na, schon eingewöhnt?«, fragte er und schirmte die Augen mit der Hand ab, um sich vor der grellen Sonne zu schützen.

»Bin ganz in meinem Element«, grinste Jess. Die Dreiundzwanzigjährige hatte als freiwillige Helferin im Sanctuary angefangen, aber als die Stelle frei wurde, die auch die Möglichkeit bot, auf dem Eselhof zu wohnen, hatte sie die Gelegenheit beim Schopf gepackt.

»Ich finde es toll, von so viel Ruhe und Frieden umgeben zu sein.« Mit einer ausholenden Geste zeigte sie auf die Felder, die Bäume und den Park.

»Ruhe und Frieden …« Andy zog wissend die Augenbrauen hoch und dachte an die lauten Schreie der Esel, die sich in Jess' Obhut befanden.

Die Esel haben eine feste Routine. Um etwa fünf Uhr morgens wachen sie auf, werden aber erst um sieben nach draußen gelassen. Im Winter ein bisschen später, so gegen acht. Esel schlafen meistens im Stehen, aber wenn sie entspannt sind, legen sie sich manchmal auch hin. Allerdings immer nur für ein paar Stunden – ein natürlicher Instinkt, um sich vor Raubtieren zu schützen. Sie genießen auch ein Sonnenbad auf der Koppel, aber nur, wenn ein anderer Esel aus der Herde Wache hält.

Später an diesem Abend brachte Jess ihre Tochter Phoebe ins Bett, so wie Andy es mit seinen »Kindern« getan hatte, und machte es sich dann mit ihrem Freund Marc vor dem Fernseher gemütlich.

Sie legte die Füße auf den Couchtisch und räkelte sich auf dem verschlissenen Sofa, das die Spuren früherer Eselwärter trug. Jess und Marc zappten durch die Programme, unschlüssig, welchen Film sie sich anschauen sollten. Schließlich entschieden sie sich für die klassische Liebeskomödie *Verrückt nach Mary*.

Jess fühlte sich wohl in ihrem kleinen Haus auf dem Land. Es war schön, es so ruhig und friedlich zu haben. Abgesehen vom Hintergrundgeräusch des Fernsehens hörte sie nur das beruhigende Schreien einer Eule von draußen.

Ihre Augenlider wurden schwer und klappten zu wie Fensterläden. Jess merkte erst, dass sie auf dem Sofa eingedöst war, als sie jäh von einem ohrenbetäubenden Sirengeheul wachgerüttelt wurde.

»Die Esel!«, schrie sie, sprang in ihre Stiefel mit den Stahlkappen und warf sich den Mantel über.

»Soll ich mitkommen?«, fragte Marc.

»Nein, du bleibst hier bei Phoebe«, antwortete Jess, schon halb aus der Tür.

Auch wenn die Ställe ein bisschen so aussehen, als stammten sie aus einem Roman des 19. Jahrhunderts, sind sie doch mit einer hochmodernen, lasergestützten Alarmanlage ausgestattet. Über jeder Stalltür befindet sich ein Laser, und wenn der Strahl durchbrochen wird, geht der Alarm los.

Jemand stiehlt die Esel, dachte Jess und geriet in Panik.

Sie sprintete über den Parkplatz und über den Weg zu den Ställen. Die Temperatur war in den Keller gefallen – die kalte

Luft brannte in ihrer Lunge. Ihr Herz klopfte so stark, dass sie es in den Ohren pochen hörte.

Am Tor bremste sie aus vollem Lauf – und traute ihren Augen nicht.

Drei Esel tänzelten im Mondlicht auf dem Hof herum. Sie amüsierten sich wie Bolle.

Die Rabauken waren aus dem Stall ausgebrochen und hatten ihre ganze Strohstreu mitgebracht.

»Ihr Lausebengel!«, rief Jess. Sie war echt sauer.

Shocks stand am Rand und beobachtete die anderen. *Soll ich? Soll ich nicht?* Jess konnte sehen, dass er überlegte, ob er mitmachen sollte.

»Wag es ja nicht!«, warnte sie ihn.

Doch Shocks, der Tugendbold, machte einen Schritt nach vorn und dann noch einen und war in Nullkommanichts ins Chaos verstrickt. Entzückt schlug er mit den Hinterbeinen aus, während Jess im Kreis hinter ihnen herjagte.

Wenn die Jungs sprechen könnten, hätten sie wahrscheinlich im Chor gesungen: »Fang mich doch, du Eierloch!«

Alle anderen Esel beobachteten das Treiben von ihren Stalltüren aus und feuerten ihre Kumpel an. Eselgeschrei von allen Seiten. Jess taten die Ohren weh. Die Langohren waren aufgekratzt und ärgerten sich, weil sie nicht mitspielen konnten.

Bob trug eine wärmende Decke, weil sein Fell gerade geschoren worden war. Mackenzie fing an, sie herunterzuziehen. Lob machte mit.

»Nein, lasst das!«, schimpfte Jess.

Es stieß auf taube Eselsohren.

Jess stemmte die Hände in die Hüften und starrte auf das heillose Durcheinander.

»Ihr kriegt heute kein Frühstück«, murmelte sie.

Sie schnappte sich ein Halfter und einen Führstrick und steuerte damit auf den Anführer Mackenzie zu. Sie wusste, wenn sie ihn unter Kontrolle hatte, würden die anderen sich anschließen.

»Komm her, du Schlingel.« Jess machte einen Satz nach vorn, um ihn sich zu greifen. Glücklicherweise hatte sie Stahlkappen an den Schuhen, sonst hätte sie einen gebrochenen Fuß riskiert!

Mackenzie wich ihrer Hand aus und drehte eine weitere Ehrenrunde um den Hof. Plötzlich hatte Jess eine viel bessere Idee. Sie wühlte in ihrer Manteltasche.

»Ha! Ich wusste doch, dass da noch einer war«, jubelte sie und zog einen Ingwernusskeks heraus. Die Liebe geht bekanntlich durch den Magen – auch bei Eseln.

Jess wedelte mit dem Keks vor Mackenzies Nase. Der Frechdachs drosselte ganz allmählich sein Tempo und blieb dann stehen.

Er schnupperte in der Luft und machte einen Schritt nach vorn, um seine Belohnung einzuheimsen.

»Hab dich!«, triumphierte Jess und stülpte das Halfter und den Führstrick über Mackenzies Hals.

Jess hatte recht. Sobald Mackenzie wieder im Stall war, beruhigten sich Lob und Bob und folgten ihr aufs Wort. Nur Shocks blieb, umgeben von Stroh und Chaos, allein auf dem Hof zurück. Er wusste nicht, was er mit sich anfangen sollte.

Jess dachte, er hätte vielleicht Angst vor Strafe. Die Wahrheit war, dass es eigentlich eine gute Sache war, dass er zusammen mit den unartigen Jungs ausgebrochen war. Es bedeutete, dass er mehr Selbstvertrauen entwickelte.

Die Situation ähnelte der, vor der Julian und Tracy mit Amber standen – sie wollten ihr schlechtes Betragen (in Form der Eifersucht auf ihre Schwester und die anderen Kinder) nicht fördern, aber gleichzeitig war gerade dieses schlechte Betragen – wie bei Shocks – ein Zeichen dafür, dass sie auf dem richtigen Weg waren.

»Ich tu dir nichts, du Dummerchen.« Jess zog ihn sanft zurück zu seinem Schlaflager.

Sie verschloss die Stalltür und überprüfte die Verriegelung sicherheitshalber doppelt und dreifach.

Das Stroh ließ sie auf dem Hof liegen. Das fehlte gerade noch, dass sie mitten in der Nacht anfing, hinter den Jungs sauberzumachen.

Jess fragte sich, wie spät es eigentlich war, als sie durch die Haustür trat. Die roten Leuchtziffern am Herd zeigten 1:54 Uhr an.

»Diese verflixten Langohren!«, brummte sie und ging ins Bett.

Am folgenden Morgen wurden die nächtlichen Ereignisse ausführlich bei einer Tasse Tee diskutiert.

Andy, der gerade den Schmutz auf dem Hof zusammengekehrt hatte, äußerte den Verdacht, dass Mackenzie der eigentliche Übeltäter war und diesmal einen anderen Trick angewandt hatte, um auszubüxen.

Die Esel, die mit Pferden zusammengelebt haben, bevor sie zum Sanctuary kommen, haben ein einzigartiges Fähigkeitsrepertoire von ihren großen Freunden erworben. Pferde sind gewiefte Fluchttiere: Sie können die Verriegelungen von Stalltüren mit den Zähnen öffnen. Da Mackenzie mit Pferden groß geworden war, war Andy sich sicher, dass er diesen Trick angewandt hatte, um herauszukommen. Er war schon aus allen Ställen auf dem Hof ausgebrochen, mit Ausnahme dieses einen, den er nun gestern Nacht auch »geknackt« hatte.

»Ich glaube, das hat der Schlingel gemacht, um vor Shocks

anzugeben«, sagte Andy. »Wie ein kleiner Macker auf dem Schulhof.«

Er wischte sich die schmutzigen Hände an der Hose ab. Alle anderen grinsten verstohlen hinter ihren Teebechern.

»Ich hoffe, er guckt sich keine schlechten Gewohnheiten von diesen Schlawinern ab«, seufzte Andy.

Sara konnte ihr Lachen nicht länger unterdrücken und prustete los. Man musste das Ganze einfach urkomisch finden. Sie steckte alle anderen mit ihrem Lachanfall an.

»Schön, dass ihr das lustig findet.« Andy warf die Arme in die Luft.

»Na ja, wenigstens hat er endlich mal mitgemischt«, kicherte sie.

Sara hatte natürlich recht, und die scheinbare Kleinigkeit, dass Shocks bei dem Streich mitgemacht hatte, führte sogar über Nacht zu einer großen Veränderung auf der Weide. Andy fiel auf, dass Shocks sich an diesem Morgen beim Frühstück an den Heunetzen viel besser behauptete.

Natürlich wartete er, bis die Chefs ihre Mahlzeit beendet hatten, aber nachdem sie das Netz auseinandergezogen hatten und mit dem Mampfen fertig waren, mischte Shocks sich selbstbewusst unter die anderen. Es war, als wäre er in der Hackordnung mehrere Stufen nach oben gefallen.

»Gut für dich, mein Junge«, grinste Andy. Seinen Groll über das Chaos am Morgen hatte er vergessen.

Wie zum Beweis seiner nächtlichen Missetat trug Shocks deutliche Schmutzspuren im Fell.

»Du könntest ein Bad vertragen«, sagte Andy zu ihm.

Shocks starrte ihn verdutzt an. *Ein Bad? Was ist das denn?* Man konnte fast sehen, wie es in seinem Kopf arbeitete.

Da Shocks immer davongeprescht war, wenn er Andy mit einem Schlauch kommen sah, war es nicht verwunderlich, dass der Eselpfleger ihn noch nie benutzt hatte, um Shocks zu waschen.

Aber vielleicht sollten wir es heute mal versuchen, dachte Andy.

Er ging in Gedanken die Eventualitäten durch: Es war immer noch schön warm, also musste er sich keine Sorgen machen, dass Shocks sich erkältete. Shocks hatte keine Angst mehr vor dem Schlauch. Und er ließ sich von Andy bürsten. Was konnte also schlimmstenfalls passieren? Vielleicht würde es Shocks sogar gefallen?

»Warte hier, du Strolch, ich habe eine Überraschung für dich«, wies Andy ihn an und ging los, um den blauen Schlauch und den Eimer mit den Utensilien für eine Eselwäsche zu holen. So wie Menschen ihre Schwämme und Luffabürsten und Rubbelhandschuhe haben, haben Esel ihr »Schweißmesser«. Das ist eine Art Gummiwischer wie fürs Auto, nur dass man es nicht benutzt, um eine Windschutzscheibe, sondern einen Esel zu putzen.

Andy war sich nicht sicher, ob Shocks ihm erlauben würde, den Wischer zu benutzen; er musste erst mal mit dem Wesentlichen anfangen – mit dem Wasser.

Vorsichtig ging er auf Shocks zu und hielt dabei den Schlauch mit beiden Händen. Der Wasserhahn war nur halb aufgedreht, sodass ein leichtes Rinnsal über den Betonboden floss.

Andy zog kräftig an dem Schlauch, der daraufhin hin und her zuckte wie eine Klapperschlange.

Shocks schreckte zurück.

»Ganz ruhig, Kumpel, ich tu dir nichts, das ist bloß Wasser.« Andy ließ den kalten Strahl über seine Hände laufen, um Shocks zu zeigen, dass keine Gefahr drohte.

Shocks blähte die Nüstern weit auf und nieste – seine Allzweckantwort.

Andy testete das Wasser an Shocks Beinen. Der Esel schien sich nicht im Geringsten daran zu stören, und Andy ließ den Strahl ein bisschen höher wandern, an Schocks langen Beinen hinauf und über den Rücken. Shocks schloss die Augen und schnurrte fast vor Wohlbehagen. Es musste sich erfrischend anfühlen, wie ein eiskalter Drink an einem heißen Sommertag.

»Das gefällt dir, was?«, setzte Andy die Unterhaltung fort.

Dann holte er den Wischer hervor und fing an, das restliche Wasser zusammen mit dem Matsch aus dem Fell zu streifen. Shocks hielt ganz still und ließ Andy gewähren. Es war offensichtlich, dass er die Aufmerksamkeit genoss.

Andy überlegte einen Moment, ob er das Wasser über Shocks' Hals laufen lassen sollte. Die Wunden waren seit Langem verheilt, aber die Narben waren im hellen Tageslicht immer noch deutlich erkennbar. Sie sahen aus wie ein silberner Blitzstrahl, der den Kopf vom Körper trennte.

Shocks sah durch seine langen dunklen Wimpern zu ihm hoch, wie um zu sagen: »Warum hast du aufgehört, mich zu waschen?«

»Sorry, Sir«, scherzte Andy.

Er ertappte sich oft dabei, dass er in Gedanken abdriftete und über Shocks' schlimme Vergangenheit nachgrübelte, wenn er die Narben an seinem Hals sah.

»In diesen fünf glücklichen Jahren, die ich hier gearbeitet habe, hast du lauter Schmerz und Elend erlebt.« Andy versuchte nachzurechnen, wie lange Shocks gelitten hatte. »Es ist an der Zeit, die Vergangenheit fortzuspülen.« Andy hob den Schlauch an Shocks' Hals.

Der sanfte Riese zuckte nicht mit der Wimper. Im Gegenteil, er schien das Gefühl des kalten Wassers über seinem struppigen Fell zu genießen.

Andy bekam eine Gänsehaut. Er konnte kaum glauben, dass er schließlich in der Lage war, Shocks überall zu berühren, ohne ihn zu ängstigen.

Es war ein echter Durchbruch. Endlich hatte er Shocks' Vertrauen gewonnen. Andy hätte am liebsten laut *Iiih-Aaah!* gebrüllt.

Stattdessen begnügte er sich damit, selbst eine Dusche zu nehmen. Denn Shocks schüttelte sich wie ein Hund und bespritzte Andy mit Wasser.

Erst völlig verdreckt vom Hofkehren, jetzt pitschnass … Gut, dass er die Esel liebte. Das war definitiv kein Job für einen Sauberkeitsfanatiker!

Auf der anderen Seite von Sutton Park erlebte auch Amber ihr erstes – physiotherapeutisches – Bad. In den letzten drei Jahren war sie natürlich schon oft gebadet worden – was so aussah, dass Tracy sie in eine Babywanne tauchte, in der das Wasser nur zwei Zentimeter hoch stand, damit keine Flüssigkeit in ihr Tracheostoma geriet. Es war die einzige Elternpflicht, der Julian sich einfach nicht stellen mochte. Der Gedanke an Wasser in Verbindung mit Ambers Tracheostomie war für ihn viel zu nervenaufreibend. Julian konnte sich nicht einmal dazu durchringen, Trace zuzusehen, wenn sie Amber badete.

Von daher war es nicht überraschend, dass er ein wenig zögerlich reagierte, als Lucy – die Physiotherapeutin – vorschlug, dass Amber es mit Hydrotherapie versuchen solle. Schon das Wort rief lauter Schreckensbilder wach – Amber, wie sie unter die Wasseroberfläche rutschte und gegen das Wasser kämpfte, das ihre Lunge füllte …

Er schüttelte den Kopf, um die grausige Vorstellung zu vertreiben.

»Das ist überhaupt kein Problem. Wir bleiben auf der flachen Seite des Pools«, versicherte Lucy den Eltern.

Beim Laufen hatte Amber unglaubliche Fortschritte gemacht, aber sie stakste noch immer auf den Zehen. Lucy wollte versuchen, sie durch bestimmte Übungen dazu zu bringen, den linken Fuß flach auf den Boden zu setzen. Die reguläre Physiotherapie verursachte Amber Schmerzen, deshalb hatte Lucy den Pool vorgeschlagen.

»Ich weiß nicht so recht«, sagte Julian zögernd.

Tracy warf ihm ihren üblichen »Nun-mal-los!«-Blick zu.

»Lass es uns einfach versuchen«, drängte sie.

Es war jedes Mal dieselbe Dynamik. Tracy trieb Julian dazu an, etwas Neues auszuprobieren, und Julian beruhigte im Gegenzug Tracys Nerven. Das war der magische Kitt, der sie zusammenhielt. Die meisten Paare hätten Mühe gehabt, eine Ehe aufrechtzuerhalten, die so vielen Belastungen ausgesetzt war wie die von Julian und Tracy. Die Tatsache, dass ihre Partnerschaft immer noch so gut funktionierte, zeigte, wie groß ihre Liebe und ihr gegenseitiger Respekt waren.

Trotz seiner Skepsis gegenüber der Hydrotherapie hatte Julian durchaus Lust auf den dafür notwendigen Shopping-Trip. Er freute sich darauf, den allerersten Badeanzug für die kleine Amber auszusuchen. Dabei hätte er eigentlich wissen müssen, dass der elterliche Einfluss auf die Kaufentscheidung gegen null ging!

Ambers Augen leuchteten auf, als ihre Eltern sie im Einkaufswagen durch die Bekleidungsabteilung des Kaufhauses schoben. Ihr Kopf schwenkte von rechts nach links, als sie die ganzen Farben und Muster in sich aufnahm. Sie träumte zweifellos von einem neuen Party-Outfit, das sie Shocks vorführen könnte.

In der Abteilung mit den Bademoden für Kinder hielten sie an. Tracy und Julian hatten nicht geahnt, dass die Auswahl so groß war – von Bikinis bis hin zu Badekostümen, einige verziert mit Zeichentrickfiguren wie den Minions oder »My Little Pony«. Tracy hielt Amber einige Modelle zur Auswahl hin.

»Welchen möchtest du?«, fragte sie.

Amber zog die Nase kraus und überlegte.

Barbara, die Frau von der Frühförderung, hatte Tracy einmal erklärt, dass sie die Kinder immer zu eigenen Entscheidungen ermutigen solle, weil das die Hirnentwicklung fördere. Auf diese Theorie schwor man auch im *Donkey Sanctuary*, deshalb umfassten alle Aufgaben während des Eselreitens bestimmte Entscheidungen. *Nach welcher Karte soll ich greifen? Über welchen Briefkasten soll ich sie schicken?* Man hatte Dutzende von Situationen ausgearbeitet, in denen die Kinder eine Wahl, zum Beispiel zwischen Farben und Formen, treffen mussten.

Amber musste jetzt entscheiden, ob sie Peppa Wutz, der kleinen Meerjungfrau oder Minnie Mouse den Vorzug geben wollte.

Sie deutete auf den roten Minnie-Mouse-Badeanzug mit den weißen Tupfen.

»Gute Wahl, Amber«, sagte Julian ermunternd.

Amber konnte es kaum erwarten, nach Hause zu kommen und ihre neue Errungenschaft anzuprobieren. Sobald sie durch die Tür kam, griff sie nach der Tüte und trippelte ins Wohnzimmer, um sich umzuziehen. Ein kleiner Haufen Kleidungsstücke auf dem Boden zeigte an, wo Amber gewesen war.

In ihrem neuen Outfit stolzierte sie im Wohnzimmer auf und ab, wie ein Pfau, der seine Federn zeigt.

Sie strahlte übers ganze Gesicht. Es bestand keine Aussicht, dass sie sich in absehbarer Zeit wieder umziehen würde.

Amber bestand sogar darauf, der Teestunde im Badeanzug beizuwohnen.

Am nächsten Tag war sie noch genauso wild darauf, ihr neues

Kleidungsstück vorzuführen. Das Schwimmbecken, das Lucy nutzen wollte, war an die Wilson Stuart School angeschlossen – wo sie vor eineinviertel Jahren Miss Christmas getroffen hatten. Es war speziell für Kinder mit sonderpädagogischen Bedürfnissen gestaltet.

Amber war der Hingucker im Umkleideraum. Mindestens ein halbes Dutzend weiterer Mütter machten sich mit ihren Kindern für den Pool fertig. Die Kids unterschieden sich stark in Alter und Behinderung. Da war ein siebzehnjähriges Mädchen, das von der Taille abwärts gelähmt war. Tracy dachte darüber nach, wie sie denn schwimmen sollte. Die Situation erinnerte sie an ihren ersten Besuch im Eseltierheim, als sie und Julian sich bang gefragt hatten, wie sich ihre Mädchen auf den Eseln halten sollten.

Da Amber hier von allen die Kleinste war, zog sie mit ihrem Minnie-Mouse-Outfit eine Menge Aufmerksamkeit auf sich.

»Was für ein Engel«, gurrten die Mütter.

Amber blickte kokett zu den Erwachsenen hoch – fast so wie Shocks, könnte man sagen; sie beherrschten beide einen hinreißenden Wimpernaufschlag!

Tracy lächelte stolz – nicht nur, weil Amber so viel Aufmerksamkeit erhielt, sondern auch, weil ihr bewusst wurde, wie weit ihre Tochter gekommen war, seit sie das letzte Mal ihren Fuß in diese Schule gesetzt hatten. Vor eineinhalb Jahren hätte Amber das Bedürfnis gehabt, sich in der hintersten Ecke zu verkriechen, aber jetzt genoss sie es, im Mittelpunkt des Interesses zu stehen.

Tracy nahm das Absauggerät in die eine Hand und hielt mit der anderen die Hand von Amber fest, während sie in den Poolbereich gingen. Julian und Lucy warteten auf sie. Der arme Julian sah ziemlich nervös aus. Die Hitze und die Feuchtigkeit in der Halle hatten Rekordmaße. Für die Kinder mit ihren eingeschränkten Bewegungsmöglichkeiten musste es warm sein, aber es verhieß nichts Gutes für Ambers Lunge.

»Wird sie hier normal atmen können?«, fragte Julian besorgt.

»Wir können jederzeit gehen, wenn es zu viel wird«, beruhigte Tracy ihn.

Amber, die sich der Sorgen der Erwachsenen glücklicherweise nicht bewusst war, strahlte unterdessen übers ganze Gesicht. So freudig erregt hatten die Eltern sie vor einer Physiotherapie noch nie erlebt!

Lucy führte die Austwicks zu der Rampe, die in das Schwimmbecken hineinführte. Dort wurden die Rollstühle hinein- und hinausgeschoben. Lucy versicherte ihnen, dass sie oben auf der Rampe bleiben würden, wo das Wasser am flachsten war und Amber nur bis zur Taille reichte.

Amber testete das Wasser, indem sie ihre kleinen Zehen hineinsteckte.

»Oh Gott, ich mag gar nicht hingucken«, sagte Julian mit einem Anflug von Panik.

Lucy hielt Amber mit beiden Händen fest, aber das änderte nichts daran, dass Julian von furchterregenden Vorstellungen geplagt wurde.

Eine falsche Bewegung, und Amber könnte untergehen. Ihr Leben lag in Lucys Händen. Es war mehr, als er ertragen konnte.

Julian wollte Amber nicht den Spaß verderben, indem er sie mit seiner Angst ansteckte, deshalb schwamm er an die tiefe Seite des Pools.

»Ist mit Julian alles in Ordnung?«, fragte Lucy verwirrt.

»Oh ja, ihm geht's gut. Er kann nur nicht hinsehen, wenn Wasser und Amber miteinander in Berührung kommen«, erklärte Tracy.

Sie setzte sich mit gekreuzten Beinen an den Poolrand, das Absauggerät griffbereit, um nötigenfalls sofort ins Wasser zu springen.

Lucy hielt Amber dazu an, sich am Rand festzuhalten und mit den Beinen nach hinten ins Wasser zu treten. Dann versuchte sie, Ambers Knie hochzubeugen und ihre Hüfte hin und her zu bewegen. Dadurch wollte sie Ambers Muskeln lockern, weil die Fehlstellung des Fußes, der Fersenhochstand, durch die Verspannung der Muskeln verursacht wurde. Amber gefiel diese Übung ganz und gar nicht.

Trace wollte schon zur üblichen Eselbestechung greifen, konnte sich aber gerade noch bremsen. Wie lange konnte sie Amber und Shocks noch getrennt halten? Vielleicht hatte Julian recht – vielleicht war die Eifersucht nur eine Phase. Es war jetzt eine Woche her, seit sie das letzte Mal bei den Eseln gewesen waren, und die Wahrheit war, dass Tracy selbst schwere Entzugserscheinungen zu entwickeln begann! Sie schob die Gedanken fürs Erste beiseite.

Lucy mischte die weniger angenehmen Aufgaben geschickt mit anderen Übungen, die mehr Spaß machten. Sie reihte einige Spielsachen am Beckenrand auf, sodass Amber ihre Muskeln einsetzen musste, um danach zu greifen. Ambers Lieblingsteil war eine pinkfarbene Plastikgießkanne. Julian schaute genau in dem Moment zu Amber, als sie die Kanne über ihren Kopf hob und den Inhalt wie einen Mini-Wasserfall über sich ausschüttete.

»Oh Gott!« Er sah weg.

Tracy kicherte. »Willst du das alle fünf Minuten sagen?«, neckte sie ihn.

Julians Sorge wegen der Feuchtigkeit war allerdings berechtigt. Es war die einzige Kehrseite der Erfahrung. Tracy musste

Ambers Luftwege häufiger also sonst absaugen, weil die Hitze den Schleim in ihrer Brust gelöst hatte.

Amber kam mit alldem sehr gut zurecht. Sie lächelte sogar ein paar Mal während der Therapie, zum Beispiel als das junge Mädchen im Rollstuhl, das mit ihr im Umkleideraum gesessen hatte, ihr von der anderen Seite des Pools zuwinkte. Amber war fasziniert von der Tatsache, dass das Mädchen auf dem Rücken trieb. Sie warf Lucy einen Blick zu, als ob sie sagen wollte: »Kann ich das auch?«

»Nein, Amber, du musst dich im Moment noch mit der Gießkanne begnügen«, mischte Tracy sich ein.

Obwohl die Sitzung viel mehr Spaß machte als sonst, zog Amber trotzdem ihren üblichen »Flunsch«. Und nach etwa einer halben Stunde war klar, dass sie erschöpft war, also machten sie Schluss für heute.

Amber schaffte es aber noch, ihren neuen Freunden im Pool zuzuwinken, bevor sie wieder im Umkleideraum verschwanden. Kurz darauf tauchte Tracy mit Amber auf dem Arm wieder auf. Der Kopf der Kleinen ruhte schwer an ihrer Schulter, ihre Lider waren halb geschlossen.

Die Schule lag nur einen Katzensprung von ihrem Zuhause entfernt, aber Julian sorgte dafür, dass Amber warm eingepackt wurde. Das Letzte, was sie brauchte, war eine Erkältung – die könnte sie um Wochen zurückwerfen. Er wickelte sie in mehreren Wolldecken ein, sodass sie aussah wie das Michelin-Männchen, als sie schließlich wieder auf den Rücksitz des Autos verfrachtet wurde.

Als sie in ihre Auffahrt einbogen, schlief Amber tief und fest. Julian trug sein kleines Eskimomädchen aufs Sofa, wo sie bis zur Teestunde weiterschlief.

Beim Aufwachen fand Amber ihre Schwester neben sich vor.

Mehr noch, sie hatte ein Geschenk für sie – ein Bild, das sie in der Kita gemalt hatte. Es war das erste Mal, das Hope ihrer Schwester etwas schenken wollte. Der Rest ihrer Kunstsammlung war für Mum und Dad bestimmt gewesen.

»Ach, wie schön, Hope!«, ermutigte Julian die neue fürsorgliche Seite an seiner Tochter.

»Was hast du denn da gemalt?«, fragte er. Die Schnörkel auf dem Papier waren schwer zu deuten.

»Shocks«, sagte Hope und grinste stolz.

»Ach ja, klar!« Julian verkniff sich das Lachen.

Amber legte die Hände an den Kopf, um Eselsohren zu imitieren. Dann drehte sie sich zu ihrer Mutter, als ob sie fragen wollte: »Wann fahren wir denn wieder zu Shocks?«

Tracy bekam heftige Gewissensbisse.

Wie konnte sie Amber und Shocks nur voneinander trennen? Was hatte sie sich bloß dabei gedacht?

Die Mädchen kamen gut miteinander aus, von Eifersucht war nichts mehr zu spüren. Ganz im Gegenteil. Und auch Tracy vermisste Shocks. Sie hatte den Einfluss der Esel auf ihre eigene Stimmung unterschätzt. Ihre Depression hatte sich gebessert, und sie hatte keinen Zweifel, dass sie das dem Sanctuary zu verdanken hatte.

Seit dem letzten Besuch war erst eine Woche vergangen, aber Tracy hatte bereits das befreiende Gefühl vermisst, das sie jedes Mal überkam, wenn sie in den Sutton Park einbog. Diesen Moment, in dem sie wieder Luft bekam, die frische Landluft tief ein- und ausatmen konnte …

Gleich am nächsten Tag fuhren sie zum Sanctuary.

Tracy hatte eine Packung Ingwerkekse als Belohnung für die Esel mitgebracht. Die Mitarbeiter waren sehr streng, was das Füttern anging – nur sie selbst durften den Eseln eimerweise

Leckerbissen wie Äpfel, Ingwerkekse und Pfefferminzkringel geben. Überließe man das den Besuchern, wären alle Esel kugelrund! Aber Tracy wusste, dass die Mitarbeiter ihre Mitbringsel bei passender Gelegenheit weitergeben würden.

Als sie ankamen, steuerte Amber schnurstracks die Koppel an. Tracy fiel sofort auf, wie sauber Shocks' Fell war.

Shocks für seinen Teil bemerkte sofort, dass Amber da war – und trippelte zum Tor, um ihr Hallo zu sagen. Der große hohe Zaun zwischen ihnen konnte Shocks nicht davon abhalten, seinen Kopf herunterzubeugen, damit Amber sein Fell durch die Lücken im Draht streicheln konnte.

»Sie haben einander vermisst.« Andy tauchte hinter Tracy auf. »Es klingt ein bisschen kitschig«, fuhr er fort, »aber man sieht sofort den Unterschied in Shocks' Stimmung. Für den Rest des Tages wird er jetzt dieses Lächeln im Gesicht behalten.«

Tracy musste sich auf die Lippen beißen, um die aufsteigenden Tränen zu unterdrücken.

»Das ist nicht kitschig«, sagte sie schließlich. »Amber geht es genauso. Ohne Shocks ist sie verloren.«

Eine grausame Welt

Sutton Coldfield, Birmingham, Sommer 2013

Tracy war so an die liebenswürdige und unvoreingenommene Art der Mitarbeiter im Sanctuary gewöhnt, dass sie vergessen hatte, wie grausam andere Menschen sein konnten.

Bei einem Einkauf im Supermarkt wurde sie daran erinnert. Amber stakste neben dem Einkaufswagen her, deutete auf Sachen, die ihre Mutter ihrer Ansicht nach kaufen sollte. Tracy hörte das vertraute rasselnde Geräusch in Ambers Trachealkanüle und sagte ihr, sie solle einen Moment anhalten.

Sie hockte sich an Ambers Seite, führte den Katheter ein, schaltete das laute Absauggerät ein und machte sich daran, den Schleim zu entfernen.

Aus dem Augenwinkel entdeckte Tracy ein kleines Mädchen, ungefähr so alt wie Amber, das neugierig zu ihnen herübersah. Sie wirkte nicht verängstigt, nur neugierig, wie alle Kinder in diesem Alter.

Tracy wollte ihr gerade zulächeln, als die Mutter das Mädchen an der Hand packte und hastig weiterzog.

»Komm weiter, das Mädchen hat was Schlimmes«, sagte sie in einem Ton, als hätte Amber die Beulenpest, und zerrte ihre Tochter hinter sich her.

Es war so ein Schlag, dass Tracy das Gefühl hatte, jemand hätte ihr in den Magen geboxt. »Sie hat nichts Schlimmes, sie hat nur ein Tracheostoma«, hätte sie der Frau am liebsten nach-gerufen. Sie wollte für ihre Tochter kämpfen, aber die Frau war bereits aus dem Blickfeld verschwunden.

Es war schon ein paar Mal vorgekommen, dass Fremde nach Ambers Tracheostomie gefragt hatten, wobei einige die Kanüle sogar mit einer Halskette verwechselt hatten! Aber das hier war das erste Mal, dass sie auf Feindseligkeit gestoßen war. Tracy war es lieber, wenn die Leute fragten, anstatt nur zu starren. Die Wahrheit war, dass Amber bis jetzt ein sehr behütetes Leben zwischen Zuhause und Eselhof geführt hatte.

»Na komm, Amber, wir gehen nach Hause«, sagte Tracy und brach den Einkaufsausflug ab, aber das schreckliche Gefühl dau-erte den ganzen Tag an und hing über ihr wie eine dunkle Wol-ke. *Wie soll Amber je allein zurechtkommen?*, fragte Tracy sich bekümmert. *Wir werden nicht immer da sein, um sie vor Leuten zu schützen, die mit dem Finger auf sie zeigen und sie anstarren.* Sie und Julian hatten geplant, Amber im September in den Kin-dergarten zu schicken, und der Gedanke, ihre Tochter loszulas-sen, beunruhigte Tracy mehr denn je.

Als Julian nach Hause kam und fragte, was an ihr nage, hatte sie sich so in ihre Ängste hineingesteigert, dass sie fast aus ihr herausplatzten.

»Wir können Amber erst dann in den Kindergarten schicken, wenn sie sprechen kann«, brach es aus ihr heraus.

Julian warf frustriert die Arme in die Luft, aber Tracy war noch nicht fertig.

»Auf gar keinen Fall kann sie vorher hingehen. Sie hat dieses riesige Plastikteil, das aus ihrem Hals ragt; sie hat eine leichte Zerebralparese; sie muss Spezialschuhe tragen … Ich will nicht, dass sie außerdem auch noch stumm ist. Ich habe schreckli-che Angst, dass sie schikaniert wird.« Tracy wurde ganz elend bei dem Gedanken, dass die anderen Kinder ihr Baby mobben könnten, weil es »anders« war.

Julian versuchte, vernünftig mit seiner Frau zu reden. »Es spielt keine Rolle, ob sie sprechen kann oder nicht, es ist nur der Kindergarten. Über das Sprechen können wir später nachdenken. Wir sollten ihr keine Chancen verbauen«, argumentierte er.

Tracy schüttelte heftig den Kopf. »Die anderen werden sie ausgrenzen, weil sie sich nicht ausdrücken kann. Kommt nicht in Frage.«

Sie musste das Zimmer verlassen, um sich zu beruhigen.

»Liebes«, rief Julian ihr nach, aber Tracy war zu sehr von ihren Gefühlen überwältigt, um zu antworten. Das Bedürfnis, ihre Tochter zu beschützen, war einfach unbeschreiblich.

In gewisser Hinsicht war dies die größte Herausforderung, vor der die Austwicks bisher gestanden hatten – es war eine echte Krise.

Einerseits war es unglaublich, dass sie überhaupt in Erwägung ziehen konnten, Amber im September 2013 zusammen mit ihrer Schwester in den Kindergarten zu schicken. Ohne Shocks wäre Amber nie so zu Kräften gekommen, dass diese Möglichkeit überhaupt zur Debatte gestanden hätte. Sie würde noch nicht einmal laufen können.

In diese Richtung pflegte Julian dann meist zu argumentieren: »Wir sollten einfach froh sein, dass sie am Leben ist …«

Andererseits wusste Tracy, wie grausam Kinder sein können, und sie wollte nicht, dass ihre Tochter nach allem, was sie schon durchgemacht hatte, noch mehr leiden musste. Wenn die Möglichkeit bestand, dass Amber sprechen lernte, dann mussten sie alles in ihrer Macht Stehende tun, um diese Chance zu nutzen. Sie wollte, dass ihre Tochter den bestmöglichen Start ins Leben bekam.

Immerhin hatten sie auch nie geglaubt, dass Amber in der Lage sein würde, laufen zu lernen oder eigenständig zu essen – und doch war es wider Erwarten geschehen! *Wunder gibt es immer wieder*, dachte Tracy.

Nachdem Tracy sich gestählt und einige Male tief durchgeatmet hatte, kehrte sie ins Wohnzimmer zurück. Julian blickte in ängstlicher Erwartung zu ihr hoch.

»Ich denke, es ist an der Zeit, dass wir Mr. Kuo noch mal aufsuchen, den Chirurgen«, verkündete Tracy.

Julian zuckte zusammen. Er wusste, dass er sich auf einem emotionalen Minenfeld bewegte, wenn seine Frau so getrieben wirkte wie jetzt – die geringste Kleinigkeit konnte zur Explosion führen. Er machte sich Sorgen, dass Tracy auf einen Zusammenbruch zusteuerte. Was war, wenn es keine Methode gab, die Amber das Sprechen ermöglichte? Sosehr er sich wünschte, dass Amber keine Rückschritte machte, so sehr fürchtete er doch auch, dass seine Frau wieder in eine Depression verfallen könnte.

Er erinnerte sie daran, was der Chirurg vor zweieinhalb Jahren gesagt hatte, als Amber sechs Monate alt gewesen war.

»Die Chancen für eine erfolgreiche Operation stehen schlecht«, warnte Julian.

Aber Tracy akzeptierte kein »Nein« als Antwort. Sie war entschlossen. Sie griff nach dem Telefon und wählte die Nummer des Birmingham Children's Hospital. Zum Glück mussten sie nicht lange auf einen Termin warten, weil Amber zu den ambulanten Patienten des Arztes gehörte.

Am Morgen vor dem Termin redete Julian noch einmal ein ernstes Wort mit seiner Frau. »Hör mal, Liebes, wir wissen nicht, ob Ambers Stimmbänder überhaupt intakt sind. Wenn wir nichts tun können, ist es auch egal, wir lieben sie so oder so«, erklärte er. »Wir finden einen Weg, um ihr zu helfen, ob durch Gebärdensprache oder …«

Er brach ab. Seine Worte schienen auf taube Ohren zu stoßen. Als Tracy die Mädchen in ihre Kindersitze schnallte, wirkte sie, als wäre sie eine Million Meilen weit entfernt.

Eine Fahrt zum Krankenhaus wühlte immer sehr gemischte Gefühle auf. Zunächst einmal war es Julian ohnehin ein Gräuel, wenn Amber in die Nähe dieses Ortes kam, weil er immer fürchtete, dass sie sich eine Infektion einfangen könnte – aber das war nur der Anfang.

Als sie die steril riechenden Korridore entlanggingen und sich an alles erinnerten, was sie hier durchgemacht hatten, überkam sie eine Welle der Traurigkeit. Einen Moment später fühlten sie sich euphorisch, weil sie ihre Töchter ansahen, die jetzt neben ihnen herliefen: Es war unglaublich, wie weit sie schon gekommen waren! Hope wirkte ganz fasziniert von den Menschen und den Geräuschen. Amber dagegen marschierte mit eng angelegten Armen und finsterer Miene neben ihnen her. Krankenhäuser bedeuteten nur eines für sie – Schmerz – und bewirkten, dass sie sich sofort in ihr Schneckenhaus zurückzog.

»Du erinnerst dich doch bestimmt an Mr. Kuo, Amber«, sagte Julian, als die Familie hintereinander ins Sprechzimmer trat.

Amber spähte mürrisch und ein bisschen misstrauisch über ihre Brille.

Mr. Kuo nahm es gelassen und begrüßte die Zwillinge mit einem strahlenden Lächeln. »Hereinspaziert! Hereinspaziert!« Mit einer weit ausholenden Armbewegung winkte er sie herein.

Mr. Kuo war ein sehr selbstsicherer Mann. Julian würde nie vergessen, wie er zusammen mit Tracy an Ambers Bett gesessen und gewartet hatte, dass Mr. Kuo seine Untersuchung von Ambers Atemwegen abschloss. Ein anderer Chirurg war vorbeigegangen, und Mr. Kuo hatte kurz seine Tätigkeit unterbrochen, um zu fragen: »Steht unsere Verabredung zum Skifahren noch?« Julian hatte ihn dafür bewundert, dass er im Nu von einer ernsten Stimmung auf eine Plauderei über seine Hobbys umschalten konnte.

Mr. Kuo war immer offen und ehrlich zu ihnen gewesen, wofür die Austwicks ihm sehr dankbar waren. Außerdem fanden sie es beruhigend, einen Arzt zu haben, der sie vom Anfang bis zum – hoffentlich baldigen – Ende ihrer Reise begleitete.

So Gott wollte, gab es ja vielleicht endlich eine Ziellinie.

»Also, wir wollten gern etwas mit Ihnen besprechen«, setzte Julian an.

Mr. Kuo machte es sich auf seinem Stuhl bequem – er war ganz Ohr.

»Wir überlegen, ob wir Amber in den Kindergarten schicken sollen …«

»Twickenham Primary School«, fügte Tracy hinzu.

»Ja, Twickenham.« Julian lächelte seiner Frau liebevoll zu.

Er erklärte dem Arzt die Geschichte von Ambers Freundschaft mit Shocks und dass sie so viele Fortschritte gemacht hatte, dass sie jetzt über die Möglichkeit nachdachten, sie auf eine reguläre Schule zu schicken (der dieser Kindergarten angegliedert war).

»Sie hat ihre Schwester endlich eingeholt, und sie können zusammen sein.« Tracy lächelte stolz.

Die drei hielten einen Moment inne, um auf die dreijährigen Zwillinge herunterzuschauen, die zu ihren Füßen spielten. Mr. Kuo bestätigte, dass Amber erstaunliche Fortschritte gemacht hatte.

»Wir verhandeln gerade mit Complex Care über eine Betreuungsperson für Amber. Und weil sie sich dank Shocks so gut entwickelt hat, haben wir uns gefragt, ob es jetzt möglich wäre, sie zu operieren und die Tracheotomie rückgängig zu machen«, kam Julian auf den Punkt.

Tracy fügte schnell hinzu: »Wir machen uns Sorgen, dass sie schikaniert werden könnte. Ich weiß, Kindergarten ist nicht dasselbe wie Schule, aber Kinder jeden Alters können grausam zueinander sein. Ich möchte nicht, dass Amber ausgegrenzt wird.« Ihre Stimme zitterte.

Mr. Kuo verstand, dass die Austwicks vor einem großen Problem standen.

Tracys Herz schlug wie verrückt. Sie umklammerte nervös die Stuhllehne, während sie auf die Antwort von Mr. Kuo wartete. Julian war entspannter. Seit ihrem Termin bei dem Sonografie-Arzt, der ihnen in unmissverständlichen Worten gesagt hatte, dass die Chancen für ein Überleben der Babys gegen null gingen, ließ sich Julian durch schlechte Nachrichten nur noch selten erschüttern.

Mr. Kuo beugte sich auf seinem Schreibtisch vor und presste die Handflächen aneinander.

Er fing an, Julian und Tracy darzulegen, dass es eine komplexe Operation war, die sich über mindestens sechs Monate hinziehen würde. Um die Tracheotomie rückgängig zu machen, müssten beide Enden der Luftröhre gestreckt werden. Dafür würde man Knorpelgewebe von Ambers Rippen verwenden. Nach alldem blieb dennoch ein hohes Risiko, dass die Luftröhre kollabierte.

Bevor sie die Operation auch nur in Betracht ziehen konnten, musste Amber ein Gewicht von zehn Kilo erreicht haben. Zurzeit wog sie etwa sieben Kilo.

»Aber wir könnten dafür sorgen, dass sie zunimmt«, fiel Tracy ihm ins Wort.

Mr. Kuo wollte etwas sagen, aber Tracy kämpfte weiter.

»Wir könnten ihr mehr von der nährstoffreichen Milch geben«, sagte sie in dem verzweifelten Versuch, eine Möglichkeit zu finden.

Mr. Kuo stieß einen tiefen Seufzer aus. Er suchte nach den richtigen Worten, um die schlechte Nachricht zu überbringen.

»Langer Rede kurzer Sinn – es besteht nur eine vierzigprozentige Chance, dass die Operation erfolgreich verläuft«, sagte er mit seiner leisen Stimme, seiner patientennahen Stimme.

Tracy fühlte sich, als ob jemand mit einer Nadel in ihren Luftballon gestochen hätte. Na ja, eher mit einem Speer. Julian warf ihr einen Blick zu, als ob er sagen wollte: »Bleib ruhig.«

Mr. Kuo erklärte, dass die Chancen für eine erfolgreiche Operation bei Amber im Moment gering waren, weil ihre Luftröhre so eng war.

Je älter sie werde, desto höher seien die Erfolgsaussichten. Er veranschaulichte seine Aussage, indem er ihre Luftröhre mit einem Fünfcent- und einem Zehncentstück verglich. »Wenn wir jetzt operieren würden, würden wir ein Fünfcentstück in ein Zehncentstück verwandeln. Wenn wir noch eine Weile warten und bei einem Zehncentstück anfangen, kriegen wir eine Luftröhre, die so groß ist wie ein Zweipfundstück.« Mr. Kuo wedelte auf triumphierende Abrakadabra-Manier mit der Hand.

Was er sagen wollte, war, je länger sie die Operation hinausschoben, desto größer war die Chance, dass Ambers Luftröhre noch weiter wuchs und der Eingriff erfolgreich verlief.

Julian und Tracy wechselten einen Blick – es war eine sehr schwierige Entscheidung für sie.

Sollen wir sie lieber jetzt operieren lassen, solange sie noch klein und sich nicht so bewusst ist, was geschieht, obwohl ein großes Risiko besteht, dass es schiefgeht? Oder sollen wir warten, bis sie, sagen wir, ein Teenager ist und uns vielleicht hassen wird, weil wir sie dieser Tortur unterziehen? All diese und weitere Fragen schwirrten ihnen im Kopf herum.

Die Ironie war, dass die Entscheidung vielleicht leichter gewesen wäre, wenn Amber und Shocks einander nicht begegnet wären. Da sie sich dank Shocks' Hilfe so gut entwickelte, wollten sie nichts tun, das einen ernsthaften Rückschlag auslösen konnte.

Doch um eine Entscheidung kamen sie nicht herum. Und sosehr Tracy sich wünschte, dass Amber sprechen konnte, nahm sie doch Vernunft an.

»Bei einem solchen Prozentsatz ist das Ganze völlig indiskutabel.« Tracy kam als Erste aus den Startlöchern. »Ich werde sie nicht diesen ganzen Schmerzen, dem Druck und dem Kummer unterziehen, nur damit dann am Ende die Kanüle wieder eingesetzt wird.« Sie schüttelte den Kopf. Bei dem bloßen Gedanken daran kamen ihr die Tränen.

Julian nickte. »Alles unter fünfzig Prozent kommt überhaupt nicht in Betracht.«

»Ich will hundert Prozent«, platzte es aus Tracy heraus.

Mr. Kuo schüttelte den Kopf. »Eine hundertprozentige Garantie haben Sie bei einer Operation wie dieser nie.«

Julian und Tracy hatten weitere Fragen an den Arzt.

»Aber besteht denn die Chance, dass die Luftröhre sich von allein streckt?«, stellte Julian die offenkundige Frage.

»Das ist unwahrscheinlich«, sagte Mr. Kuo. »Weil sie so eng und vernarbt ist.«

Eine weitere Hoffnung zerschlagen. Tracys Anspannung wuchs mit jeder Sekunde. Ein unangenehmes Schweigen füllte den Raum, während sie die Informationen verdauten.

Mr. Kuo brach das Schweigen. »Ich finde es trotzdem großartig, dass Sie zu mir gekommen sind.« Er lächelte mitfühlend. »Normalerweise würde ich in dieser Situation vorschlagen, dass Sie mich anrufen, sobald Sie bereit sind, über eine Operation nachzudenken, aber ich habe eine vergleichbare Erfahrung mit einem anderen Kind gemacht. Das Problem war, dass dieses Mädchen, als wir das Tracheostoma entfernen wollten, sich so daran gewöhnt hatte, dass sie zu große Angst vor der Operation hatte. Um das zu vermeiden, sollten wir vereinbaren, dass wir Ambers Situation einmal jährlich überprüfen und anvisieren, das Stoma zu verschließen, bevor sie zur Schule kommt.«

Das war genau die Antwort, auf die Julian gehofft hatte. Sosehr er sich wünschte, die Operation hinter sich zu bringen, solange Amber noch klein war und wenig Erinnerungen daran haben würde, war er doch andererseits auch froh über jeden Stress, der sich vermeiden ließ. Im Moment wollte er am liebsten nach Hause und einfach ihr gewohntes Leben wiederaufnehmen.

»Perfekt. Wir werden erst mal schauen, wie sie im Kindergarten zurechtkommt«, sagte Julian und rückte seinen Stuhl zurück.

Aber Tracy hatte andere Vorstellungen.

»Und was ist mit einem Sprechventil?«, fragte sie plötzlich.

Jo Matthews, die Frau für die Sprech- und Sprachförderung, hatte das einmal als mögliche Option erwähnt. Bis zu diesem Moment hatte Tracy nicht wirklich darüber nachgedacht.

Julian sah verwirrt aus. Er hatte schon einmal davon gehört, aber er hatte keine Ahnung, was das eigentlich war. Das Wort »Sprechventil« weckte Assoziationen zu metallischen Roboterstimmen.

Tatsächlich handelte es sich um ein sehr simples Hilfsmittel, bei dem ein Einwegventil an die äußere Öffnung der Trachealkanüle angeschlossen wird, sodass Luft hinein-, aber nicht hinausfließen kann. Das Ventil würde sich öffnen, wenn Amber einatmete. Wenn sie ausatmete, schloss sich das Ventil und die Luft floss an der Trachealkanüle vorbei nach oben, vorbei an den Stimmbändern und durch Mund und Nase nach draußen.

Mr. Kuo sah zögerlich aus. »Ich glaube nicht, dass sie mit einem Ventil gut zurechtkommen würde, weil ihre Luftröhre so klein ist«, erklärte er stirnrunzelnd.

Tracys Miene verdüsterte sich. Der nächste Schlag. Die Wahrheit war, dass niemand wusste, ob Ambers Stimmbänder überhaupt funktionierten.

»Nichtsdestotrotz – wenn die Sprech- und Spracherzieherin meint, es wäre einen Versuch wert, sollten Sie es vielleicht ausprobieren«, versuchte Mr. Kuo die Stimmung zu heben.

Julian hatte es eilig, sich bei dem Arzt für das Gespräch zu bedanken. Er merkte, wie das Treffen seiner Frau zusetzte und wollte die Sache so schnell wie möglich zum Abschluss bringen. Er wollte Tracy ebenso beschützen wie seine Töchter.

Tracy behielt ihre Gedanken für sich, bis sie das Auto erreicht hatten – das in den letzten drei Jahren zu einer Art Swimmingpool der Gefühle geworden war.

Julian räusperte sich. »Hör mal, Schatz, wenn es ein Problem im Kindergarten gibt, wenn Amber gemobbt wird, wenn die Kinder die Kanüle herausziehen oder wenn die Schule Einwände gegen einen Betreuer hat, dann müssen wir noch einmal über diese Möglichkeit nachdenken. Ansonsten lassen wir erst mal alles, wie es ist, und behalten die Möglichkeit im Hinterkopf, bis es tatsächlich so weit ist, dass wir uns damit auseinandersetzen müssen«, sagte er.

Tracy starrte aus dem Autofenster. Die Worte von Mr. Kuo wirbelten in ihrem Kopf herum.

»Okay«, nickte sie.

Puuh! Julian war erleichtert, dass Tracy in dieser Sache nicht weiter mit ihm kämpfen wollte.

»Aber …«, setzte sie an.

Er wappnete sich.

»Aber ich denke, wir sollten es stattdessen mal mit diesem Sprechventil ausprobieren.«

Julian stieß einen tiefen Seufzer aus. Er wusste, er führte einen aussichtslosen Kampf.

Amber findet ihre Stimme

Sutton Coldfield, Birmingham, August 2013

Julian und Tracy lagen Kopf an Kopf mit ihren jeweiligen Vorbereitungen für Ambers Eintritt in den Kindergarten.

Julian recherchierte nach Kursen in Gebärdensprache (Makaton) für Kinder, während Tracy einen Termin mit Jo Matthews, der Sprech- und Sprachspezialistin, abmachte, damit sie das Sprechventil einsetzen konnte.

Julian war so begeistert von *seinem* Ansatz, dass er sogar mit der Grundschulleiterin in Twickenham über die Möglichkeit gesprochen hatte, die anderen Kinder nach dem Unterricht in Makaton zu unterweisen, damit sie mit Amber kommunizieren konnten. Aus seiner Sicht ergab es einfach keinen Sinn, lauter unnötigen Stress zu verursachen.

Von daher saß er auch ziemlich steif und angespannt auf dem Sofa, als der Termin für den Hausbesuch von Jo anstand und sie ins Zimmer stürmte. Vor Julians geistigem Auge spielten sich wie üblich Waggonladungen von Worst-Case-Szenarien ab. Er machte sich Sorgen, dass das Ventil Ambers Atmung durcheinanderbringen würde, dass sein kleines Mädchen sich aufregen könnte, dass sie im Begriff standen, in ein ganz neues Wespennest voller Probleme zu stechen.

Doch ob Julian sich dessen bewusst war oder nicht – was ihn am meisten ängstigte, war die Tatsache, dass sie alle bald herausfinden würden, ob Ambers Stimmbänder überhaupt funktionierten.

Die Vorstellung, dass sie zum ersten Mal Ambers Stimme hören würden – oder eben auch nicht –, war nervenzerfetzend.

»Ich frag mich, ob sie wohl Birminghamer Dialekt spricht …«, scherzte Tracy.

Jo musste schallend lachen, aber sosehr Tracy sich auch bemühte, Julian ließ sich kein Lächeln entlocken. Auf seiner Stirn hatten sich tiefe Sorgenfalten eingegraben.

Amber konnte einige Wörter wie »Mamma« und »Dada« lautlos mit den Lippen formen ebenso wie Bitten um Essen. Wenn sie also fähig wäre zu sprechen, was würde sie sagen? Wie würde ihre Stimme klingen?

Julian wollte unbedingt, dass seine Frau sich keine allzu großen Hoffnungen machte. Auch Jo versuchte, pragmatisch an die ganze Sache heranzugehen. »Wir probieren es jetzt einfach mal kurz aus«, sagte sie energisch.

Sie gab Julian und Tracy ein Zeichen, sich zu ihr und Amber auf den Teppich zu gesellen. Sie saßen im Schneidersitz im Kreis, Amber zusammengekuschelt auf Tracys Schoß.

Amber, die keine Ahnung hatte, um was es ging, strahlte einfach ihre Mum und ihren Dad an und freute sich, weil sie alle zusammen auf dem Teppich saßen.

»So, dann wollen wir deinen Eltern mal zeigen, was für eine tolle Stimme du hast«, sagte Jo an Amber gewandt.

Ambers Lachen vertiefte sich.

Jo wühlte in ihrer Tasche und zog eine rote Plastikbox heraus.

Julians Puls raste vor Nervosität. Tracys Herz hämmerte, aber eher vor Aufregung.

Bitte lass es funktionieren, bitte lass es funktionieren, betete sie im Stillen.

Julian führte unterdessen ein ganz anderes Selbstgespräch. *Bitte nicht noch mehr Probleme, bitte nicht*, dachte er, während er zuschaute, wie Jo die Box öffnete. Was ihn betraf, wurde hier eher die Büchse der Pandora geöffnet.

Das Ventil sah ganz anders aus, als sie es sich vorgestellt hatten – wie ein kleiner lila Plastikpilz.

»Okay, Tracy, ich möchte, dass du Ambers Aufmerksamkeit jetzt einen Moment lang ablenkst«, sagte Jo und gab ihr ein Zeichen.

Tracy klatschte in die Hände, um Ambers Blick auf sich zu ziehen, während Jo das Ventil aus der Box schlug.

Julian hielt die Luft an.

»Eins, zwei, drei!« Jo schraubte den Aufsatz der Trachealkanüle ab und ersetzte ihn durch den lila Pilz.

Julian und Tracy erstarrten. Im Zimmer wurde es gespenstisch still, während alle Augen auf ihrem Mädchen ruhten.

Ambers Gesicht wurde rot, Tränen traten ihr in die Augen, und sie öffnete den Mund, um zu weinen.

»Wääääh!«, jammerte sie.

Alle fuhren vor Schreck zusammen – es war so laut.

Tracy schlug die Hand vor den Mund, um nicht aufzuschreien. »Sie kann sprechen, ich kann sie hören!«, rief sie.

Julian war im Schockzustand.

»Komm, Amber, sag ›Mummy‹, sag ›Daddy‹«, lockte Tracy.

Aber Amber sah immer unglücklicher aus, und ihre Lippen nahmen eine leicht bläuliche Färbung an.

»Nehmt es ab!« Julian fürchtete, sie könnte ersticken.

»Nur noch eine Sekunde«, drängte Tracy, die Amber unbedingt sprechen hören wollte.

Julian hatte genug. »Jetzt!«, raunzte er.

Jo legte die Ventilklappe um, und die angesammelte Luft

strömte zischend heraus. Mit einem ähnlichen Geräusch atmete Julian seine ganze Anspannung heraus.

Der Augenblick war emotional so aufgeladen, dass niemand wusste, ob er lachen oder weinen sollte. Julian und Tracy waren immer noch im Schockzustand.

»Für Amber muss es sich total merkwürdig angefühlt haben, dass die Luft das erste Mal durch ihren Mund geströmt ist«, meinte Julian. Er wandte sich seinem kleinen Mädchen zu.

»Alles in Ordnung mit dir?«, fragte er.

Amber nickte. Ihre Augen waren immer noch groß und feucht.

»Ich denke, wir sollten das mit dem Sprechventil eine Weile lassen«, sagte er zu Tracy und Jo.

Tracy nickte. Selbstverständlich hatte sie nicht wirklich die Absicht aufzugeben – Tracy wollte hören, wie Amber ihr erstes Wort sprach. Aber sie wusste, wie sie mit ihrem Ehemann umgehen musste. Wenn Trace jetzt den Fuß vom Gaspedal nahm, konnte sie beim nächsten Mal wieder mehr Stoff geben.

Keine Mutter sieht ihr Kind gern unglücklich, aber Tracy war zuversichtlich, dass die Gewöhnungsphase an die andere Art des Atmens schnell vorübergehen würde. Sie war überzeugt, dass man manchmal streng sein musste, um seine Liebe zu zeigen.

Und obwohl Julian es furchtbar fand, Amber weinen zu sehen, musste er zugeben, dass auch ihm ein Stein vom Herzen gefallen war, weil er jetzt wusste, dass Ambers Stimmbänder funktionierten.

Die nächsten Wochen erforderten großes Verhandlungsgeschick von Tracy. Sie machte immer wieder den Vorschlag, das Sprechventil noch einmal auszuprobieren. Julian reagierte jedes Mal übervorsichtig und sagte, er würde es lieber nur versuchen, wenn Jo dabei wäre. Daraufhin feilschte Tracy dann um ein paar Minuten Sprechventil-Zeit, und dieses Spiel ging immer weiter.

Für Hope war die ganze Sache sehr verwirrend. Wie ihre Eltern hatte sie in den letzten drei Jahren nie gehört, dass ihre Schwester auch nur den geringsten Piep von sich gab. Von daher war sie ein wenig verstört von den neuen quieksenden Geräuschen, die Amber machte. Hope rannte durchs Zimmer und setzte sich beschützend neben Amber. Sie war wie ein Wachhund, der auf ihr Wohlergehen achtete.

»Es ist alles gut, Hope. Mummy und Daddy wollen nur herausfinden, wie kräftig Ambers Stimme ist«, erklärte Tracy und machte sich für einen weiteren Versuch bereit.

Hope beobachtete mit großen blauen Augen, wie Tracy das Ventil an Ambers Trachealkanüle anschloss. Amber gewöhnte sich allmählich an den lila Pilz und genoss, um der Wahrheit die Ehre zu geben, die Aufmerksamkeit.

Das Problem für Julian war, dass das Sprechventil all die knackenden und gurgelnden Geräusche in Ambers Luftweg verstärkte. Er war jedes Mal in höchster Alarmbereitschaft, wenn sie die Sache ausprobierten.

Ambers Wangen bliesen sich auf wie Ballons, wenn sie ein Stückchen Schleim hochhustete. Der Husten dröhnte wie Donner in Julians Ohren.

»Nimm es ab«, sagte er sofort stirnrunzelnd.

»Nein, ihr geht's gut, sieh dir ihre Lippen an, sie färben sich nicht blau«, beruhigte Tracy ihn.

»Aber du hörst doch, dass sie sich quält, nimm's ab«, sagte Julian drängender.

Ambers Kopf ging zwischen ihren zankenden Eltern hin und her.

»Nein, lassen wir es noch einen Moment drin, nur ein paar Sekunden«, feilschte Tracy.

Jeden Tag führte das Paar dasselbe Gespräch. Die rote Box auf dem zweiten Regal über dem Fernseher war für Julian zu einem bösen Omen geworden.

Ich könnte es einfach hinter den Büchern verstecken, dachte er. *Vielleicht vergisst Tracy es dann für heute.*

Tracy wiederum fing an, sich Möglichkeiten auszudenken, wie sie das Sprechventil ausprobieren konnte, ohne dass Julian sich aufregte – zum Beispiel wenn er nicht da war, etwa Hope vom Kindergarten abholte oder einkaufen ging. Sie erzählte ihm allerdings immer sofort davon, wenn er zurückkam.

»Heute haben wir das Sprechventil zehn Minuten lang dringelassen«, verkündete sie grinsend. Amber grinste ebenfalls, von daher wusste Julian, dass es ihr gut ging. Insgeheim gefiel ihm Tracys Vorgehensweise eigentlich ganz gut. Ähnlich wie bei der Aquatherapie war es ihm einfach lieber, wenn er nicht zusehen musste.

Das Atmen durch das Sprechventil wurde also leichter für Amber, und Julian und Tracy wussten, dass ihre Stimmbänder intakt waren, aber sie hatten sie immer noch nicht sprechen gehört. Warum konnte sie die Laute nicht mit den Wörtern verbinden, die sie äußern wollte?

»Vielleicht kann sie keine richtigen Wörter aussprechen, weil die Stimmbänder doch zu stark geschädigt sind?«, fragte Julian sich laut.

»Unsinn«, raunzte Tracy ihn an. Julian sah sie böse an, weil sie so giftig war. »Tut mir leid, ich wollte dich nicht anfahren«, entschuldigte sie sich. »Ich wünsche es mir einfach so sehr für sie.«

In den letzten Wochen waren die Gemüter ein bisschen erhitzt gewesen. Schließlich nahm Julian Tracy beiseite. Er sagte ihr, wie sehr er sie liebe und dass er wolle, dass sie das Ganze nicht so schwernahm.

»Du musst auch auf dich selbst achtgeben«, warnte er.

Tracy sah nervös auf ihre Hände hinunter. Sie wusste, ihr Mann hatte recht. Sie hatte große Fortschritte gemacht seit jenem Tag, an dem sie im Auto ihrer Schwester Debs den Zusammenbruch erlitten hatte, aber jeder konnte auf dem Weg der Genesung einen Rückschlag erleiden, und sie wusste, dass ihr das leicht passieren konnte, wenn sie nicht aufpasste.

Julian und Tracy hielten nachts immer noch abwechselnd Wache bei Amber. Tracy war an diesem Abend eigentlich mit Schlafen dran, konnte aber trotz aller Bemühungen nicht zur Ruhe finden. Sie starrte auf die Schatten an der Decke, lauschte auf jedes Geräusch von draußen – den Fuchs, der die Mülltonnen durchstöberte, das Miauen einer Katze, Automotoren. Jedes Geräusch schien in der Dunkelheit um das Hundertfache verstärkt zu werden.

Sie zermarterte sich den Kopf auf der Suche nach Heilmöglichkeiten, ging in Gedanken Erinnerungen, Ratschläge und Erfahrungsgeschichten von anderen Kindern durch. Sie erinnerte sich an Andys Geschichte von dem autistischen Jungen, der sprechen gelernt hatte, und plötzlich kam ihr eine Idee.

Vielleicht kann Shocks Amber beim Sprechenlernen helfen, dachte sie.

Für jeden anderen hätte es verrückt geklungen, aber für Tracy war es absolut logisch. Das *Donkey Sanctuary* war eine sichere Zufluchtsstätte für Amber, ein Ort, an dem sie vollkommen entspannt war. In Gegenwart ihrer Eltern redete sie nicht, aber vielleicht würde sie mit ihrem besten Freund sprechen?

Tracy konnte es kaum abwarten, Amber am folgenden Morgen ins Auto zu packen und die Theorie zu überprüfen. Julian war Feuer und Flamme für die Idee.

»Vielleicht hast du recht, Trace, vielleicht wird Shocks ihr helfen«, stimmte er zu. Dann lachte er in sich hinein – noch vor drei Jahren hätte er wohl jeden, der ihm gesagt hätte, dass ein Tier einem Menschen beim Sprechenlernen helfen könnte, für völlig bekloppt erklärt. So weit war es mit ihm gekommen!

Amber bestand darauf, für ihren Besuch bei Shocks ein weiß und lila gemustertes Kleid anzuziehen und das Haar in Zöpfen zu tragen. Julian machte ein Foto von Mutter und Tochter, als sie aus der Tür traten. Mit ihrer pinken Brille und den Zöpfen, die wie Antennen von ihrem Kopf abstanden, sah Amber wirklich allerliebst aus.

»Pass auf, dass kein Staub in das Trachie gerät, wenn du das Ventil öffnest.« Julian gab ihnen eine letzte Warnung mit auf den Weg, bevor er ihnen nachwinkte. Tracy verdrehte im Spaß die Augen.

Das Team wirkte ein bisschen erschöpft, als sie im Sanctuary eintrafen. Sie hatten einen anstrengenden Morgen mit einer Busladung Kinder hinter sich, und ein zweiter Bus war unterwegs.

Außerdem war der Schmied am Morgen da gewesen, um sich der Eselhufe anzunehmen, was immer dazu führte, dass die Langohren für den restlichen Tag etwas nervös und schwierig zu handhaben waren.

»Was für ein Tag!«, sagte Andy und schnitt eine Grimasse für Amber.

Amber kicherte. Ihr Gesicht leuchtete immer auf, wenn Andy da war.

»Wir hatten auch eine harte Zeit«, seufzte Tracy. Das war ein weiterer Pluspunkt des Sanctuary – die Mitarbeiter hatten immer ein offenes Ohr für einen. Manchmal war es ein bisschen wie Therapie.

»Wir probieren gerade ein Sprechventil aus, aber wir haben es noch nicht geschafft, Amber zum Sprechen zu bringen«, erklärte Tracy mit einem Anflug von Traurigkeit.

Andy, der unverbesserliche Optimist, kauerte sich neben Amber und sagte lächelnd: »Ich bin sicher, dass Shocks uns da weiterhelfen kann.«

Tracy und Andy waren auf derselben Wellenlänge!

»Genau das hab ich auch gedacht«, sagte Tracy und strahlte vor Erleichterung, weil es offenbar nicht völlig verrückt war, dass sie auf diesen Gedanken gekommen war.

Shocks stand bereits gesattelt in der Reithalle, zusammen mit Bob und Jacko. Einige andere Kinder hatten ihn am Morgen geritten, aber er war eindeutig erfreut, Amber am Tor zu sehen. Er konnte seine Freundin aus einer Meile Entfernung entdecken. Amber winkte ihm begeistert zu; sie konnte es kaum erwarten, wieder in den Sattel zu kommen.

Tracy kniete sich neben sie und zog die gefürchtete Box heraus. Amber grinste; ihr machte das überhaupt nichts mehr aus. Tracy steckte das pilzförmige Sprechventil auf die Kanüle und musterte ihr Werk dann mit kritischem Blick, als ob sie eine kostbare Dekoration angebracht hätte und spontan danach greifen wollte, falls sie wackelte. Amber ging es gut. Tatsächlich wedelte sie als Erstes mit der Hand vor der Nase, um anzuzeigen, dass sie einen üblen Geruch bemerkte.

Tracys Herz setzte aus. »Du kannst riechen?« Sie juchzte vor Freude. Bis zu diesem Moment hatten sie keine Ahnung gehabt, ob Amber riechen oder schmecken konnte.

Wie lustig, dass der erste Geruch, auf den sie reagierte, das Müffeln der Esel war!

Amber zog die Nase kraus.

»Ja, die müffeln ganz schön«, sagte Tracy lachend und machte Ambers »*Igitt*«-Wedeln nach.

Andy kam herüber, um ihnen zu sagen, dass Shocks bereit für seine kleine Reiterin war.

»Macht es dir etwas aus, Amber heute zu ihm zu tragen?«, fragte Tracy. »Ich mache mir ein bisschen Sorgen wegen des neuen Sprechventils und dem Staub.«

»Kein Problem«, sagte Andy und tat so, als wöge Amber eine Tonne, als er sie in die Luft hob. Dann wandte er sich besorgt zu Tracy um: »Ich höre komische Geräusche …«

Tracy lächelte. »Ich weiß, es klingt merkwürdig, aber kein Grund zur Sorge. Wir sind nur nicht daran gewöhnt, das zu hören«, erklärte sie.

Andy wollte nicht, dass Amber und Shocks auf ihr Begrüßungsritual verzichten mussten, deshalb hielt er die Kleine vor das Gesicht des Esels, damit sie ihm einen Kuss und eine Umarmung geben konnte. Die beiden waren auf Augenhöhe, und Shocks blickte seine kleine Freundin voller Bewunderung an.

Amber Brennan war wieder auf ihrem Posten, und die beiden Ambers winkten Tracy begeistert zu.

Als Jacko die Runde in Gang setzte, war Tracy ganz kribbelig vor Aufregung. Sie machte sich weniger Sorgen darum, dass sie Ambers Luftröhre absaugen musste, sondern fragte sich eher, ob ihre Theorie funktionieren würde. Würde Shocks Amber helfen, irgendetwas zu sagen? Ganz egal was. Ihretwegen auch »Ingwerkeks«.

»Komm schon, Amber, das wär's doch«, murmelte Tracy, während sie ihre Tochter mit Argusaugen beobachtete.

»Wie geht's dir heute, Tracy?«, fragte die große Amber, als sie an ihr vorbeitrotteten.

»Gut«, flunkerte sie mit gezwungenem Lächeln.

Amber, die nichts von der nervösen Anspannung ihrer Mutter ahnte, drehte sich freudestrahlend zu ihr um.

Die Eselriege musste einen Moment anhalten, damit der kleine Junge, der auf Jacko ritt, den hellgelben Bohnensack in den Eimer werfen konnte.

Während alle Elternaugen auf den Jungen gerichtet waren und Tracy ihre Tochter im Blick hatte, tat Shocks etwas völlig Unerwartetes. Ganz ruhig und völlig unaufgeregt überholte er Jacko.

Die große Amber und Andy überließen ihm mit einem glücklichen Lächeln die Führung.

Amber für ihren Teil feierte die Tatsache, dass ihr Esel sich endlich an die Spitze gesetzt hatte, indem sie beide Hände vom Sattel nahm und applaudierte.

Es war einer jener magischen Augenblicke, die man schon fast verpasst hat, bevor man sie bemerkt.

»Gut gemacht, Amber und Shocks!«, lobte Andy, weil es für beide eine Premiere war. Andy hatte seit Monaten versucht, Shocks dazu zu bringen, die Führung zu übernehmen, und die große Amber hatte ähnlich hartnäckige Versuche unternommen, um die kleine Amber davon zu überzeugen, beide Hände vom Sattel zu lösen.

Das Beste war, dass beiden gar nicht wirklich bewusst war, was sie getan hatten. Shocks machte weiter mit seinen Aufgaben und ließ Amber die Zeit, die sie brauchte, während Amber weiterhin lächelte und winkte und ihren siegreichen Esel tätschelte.

Als die Runde sich ihrem Ende näherte, sagte Andy zu der großen Amber, dass die erstaunlichsten Dinge im Leben immer gerade in jenen unspektakulären Augenblicken geschehen, in denen keiner damit rechnet.

»Ich glaub, du hast recht, Andy«, bestätigte die große Amber seine Lebenstheorie.

Dann wandte sie sich der kleinen Amber zu und sagte ihr, dass es Zeit sei, sich von Shocks zu verabschieden.

Amber sah traurig aus und lehnte sich vor, um die Arme um seinen wuscheligen Hals zu schlingen.

»Hab dich lieb, Shocky«, sagte sie.

Andy und die große Amber mussten sich selbst kneifen. Hatten sie die kleine Amber eben wirklich sprechen gehört?

»Amber hat Shocks gerade gesagt, dass sie ihn lieb hat«, rief die große Amber zu Tracy hinüber.

Es fehlte nicht viel, und Tracy hätte zum Stabhochsprung über den Zaun angesetzt.

»Im Ernst?«, schrie sie und umklammerte das Tor.

Andy führte Shocks zu Tracy, damit sie in Hörweite war.

»Noch mal, Amber, sag Shocks noch mal, dass du ihn lieb hast. Mummy möchte es hören.« Andy ermutigte sie zu ihrem großen Auftritt.

Amber hatte die Arme noch immer fest um Shocks' Hals geschlungen. Verlegen sah sie auf ihr Publikum.

Und dann lieferte sie ihre Zeilen ab wie ein echter Bühnenprofi. »Ich hab dich lieb, Shocky«, sagte sie und gab ihm einen Kuss.

Tracy brach in Tränen aus.

Sie steckte die große Amber an, die ebenfalls zu weinen anfing. Die kleine Amber hatte nicht nur Shocks' Seele berührt, sie hatte auch die Herzen aller Mitarbeiter im Sanctuary gewonnen.

»Tut mir leid«, entschuldigte Tracy sich und wischte die Tränen mit dem Ärmel ab. »Ich hab einfach gedacht, dass dieser Tag nie mehr kommen würde.«

Die große Amber umarmte sie über den Zaun hinweg, während die kleine Amber weiter ihren besten Freund drückte.

»Na, und wann findest du deine Stimme, Kumpel?«, flüsterte Andy in Shocks' Ohr.

Sie warteten noch immer auf den magischen Moment, in dem Shocks seinen ersten Eselsschrei ausstoßen würde.

Endlich doch noch Zwillinge

Sutton Coldfield, Birmingham, September 2013

»Wir werden sie nicht noch einmal trennen«, sagte Tracy. Auch Julian war dafür, dass Hope und Amber gemeinsam in den Kindergarten gehen sollten – zur gleichen Zeit an den gleichen Ort.

Die Diskussion war entstanden, weil es etwas länger dauerte, als sie gehofft hatten, dass die Complex-Care-Betreuung für Amber zur Verfügung stand. Der endlose Papierkrieg würde nicht rechtzeitig zum Beginn des Schuljahres abgeschlossen sein, deshalb mussten sie entscheiden, ob sie Hope im September in den Twickenham-Kindergarten schicken wollten und Amber einen Monat später oder ob beide einen Monat später gehen sollten. Amber brauchte auf jeden Fall eine Fachkraft, die die ganze Zeit an ihrer Seite war.

Die Mädchen waren bei der Geburt getrennt worden und hatten seither ein ziemlich getrenntes Leben geführt.

»Amber darf nicht schon wieder den Anschluss verpassen, sie sollte zumindest mit Hope gleichziehen«, sagte Julian, als sie die Frage bei einer Tasse Tee im Wohnzimmer besprachen.

Er brauchte einfach die Bestärkung, dass Tracy auch dieser Meinung war. Ihnen kam ein Monat nicht besonders lang vor, aber aus Kindersicht waren es kritische vier Wochen, in denen Freundschaften geschlossen wurden.

Was der Grund war, warum die Austwicks es für besser hielten, die Mädchen zusammen gehen zu lassen, weil sie dann zumindest einander haben würden.

»Außerdem kriegt Amber jetzt viel mehr mit, sie würde total aus der Fassung geraten, wenn sie sieht, dass Hope irgendwo hingeht, wo sie nicht hindarf«, brachte Tracy vor.

»Wir werden diesen Extramonat mit ihnen einfach genießen.« Julian drehte die Sache um, um das Gute daran zu sehen.

Beide nahmen einen tiefen Schluck von ihrem Tee, glücklich, dass sie die Frage geklärt hatten.

Die nächsten Wochen verstrichen. Ambers Wortschatz erweiterte sich täglich, und zu ihren Lieblingsausdrücken gehörte: »Darf ich bitte noch mehr Schokolade?« Julian und Tracy bemühten sich nach Kräften, das Beste aus ihrer Zeit mit den Mädchen zu machen, dennoch nahm die Besorgnis darüber, dass sie »Amber loslassen mussten«, ziemlich viel Raum ein.

Würde sie schikaniert werden? Wie würde sie mit den anderen Mädchen und Jungen zurechtkommen? Immerhin waren ihre einzigen Freunde bis jetzt ein Esel und Kinder mit sonderpädagogischen Bedürfnissen gewesen.

Eine Woche, bevor die Mädchen in den Kindergarten kommen sollten, machte die Familie einen kleinen Testlauf. Sie hatten beschlossen, einen gemeinsamen Spaziergang um den Block zu unternehmen. Zufällig hatten die Erzieherinnen der Twickenham Primary dieselbe Idee für die Kindergartenkinder – die künftigen Mitschüler von Hope und Amber.

Julian, Tracy, Amber und Hope bogen um die Ecke und stießen auf die etwa dreißig Kinder, die sie fast umgemäht hätten. Sie sahen aus wie kleine Entenküken, die in einer einzigen langen Reihe schwankend durch die Welt watschelten. Die winzigen Körper ertranken fast in den reflektierenden Warnwesten.

Tracy hatte die Erzieherinnen von ihrem ersten Besuch im Kindergarten schnell wiedererkannt.

»Schaut mal, das sind eure Klassenkameraden«, erklärte sie Hope und Amber und deutete auf die Kinder.

Amber lachte aufgeregt, während Hope die Stirn runzelte. Sie war sich nicht so sicher, ob sie einen Haufen neuer Freunde haben wollte. Es war offenkundig, dass Amber in puncto Selbstbewusstsein und Kontaktfreudigkeit gerade die Nase vorn hatte. In dieser Hinsicht hatte ein kompletter Rollenwechsel stattgefunden.

Tracy und Julian schrieben es einer neuen Phase im Leben der Mädchen zu. Sie waren sicher, dass die Situation sich in Nullkommanichts wieder umkehren konnte.

Trotzdem verspürten sie im Moment einen Anflug von schlechtem Gewissen, weil die Zwillinge nicht schon jetzt mit ihren neuen Freunden zusammen sein durften. »Bald könnt ihr mit euren neuen Mitschülern spielen«, erklärte Julian den Mädchen, zu deren ebenso wie zu seiner eigenen Beruhigung.

Er hatte natürlich recht. Die Zeit verging im Sauseschritt, und im Nu stand der große Tag im Oktober 2013 vor der Tür.

Tracy war seit Morgengrauen auf den Beinen und bereitete alles vor. Julian hatte eine armlange Liste mit den ganzen Dingen zusammengestellt, die die Betreuerin den Tag über brauchen würde. Die Tasche mit dem Wesentlichen – Katheter, Vernebler, Absauggerät, Medikamente – stand seit fünf Uhr morgens fix und fertig gepackt vor der Haustür.

Jade Doper, die Frau von Complex Care, traf vorzeitig ein, sodass sie die Liste noch einmal mit den Austwicks durchgehen konnte. Sie war eine junge Frau Mitte zwanzig mit lila-rotem schulterlangem Haar und einer winzigen glänzenden Knopfnase.

»Wie Sie sicher merken, sind wir ein bisschen nervös«, sagte Julian, als er sie hereinbat, und stopfte die Hände in die Taschen, um sich selbst daran zu hindern, noch mehr Punkte auf die Liste zu schreiben.

Jade, zu der Amber eine spontane Zuneigung fasste, versicherte ihnen, dass alles glattlaufen würde. Sie erklärte, dies sei auch für sie eine neue Erfahrung – sich in einer regulären Schule um ein Kind mit diesen besonderen Bedürfnissen zu kümmern. Sie habe bisher nur Kinder in speziellen Fördereinrichtungen betreut.

Und mit diesen kurzen Sätzen zeigte Jade noch einmal auf, wie weit Amber gekommen war. Die Tatsache, dass sie in einen regulären Kindergarten gehen würde, war eine unglaubliche Leistung, die zum Teil auch der Rektorin in Twickenham, Mrs. Mortiboy, zu verdanken war, weil sie eingewilligt hatte, auf Ambers Bedürfnisse einzugehen.

Hope bekam mit, worüber sie sprachen und rief mit lauter Stimme: »Mrs. Motzi-Bär!«

Sie prusteten alle los. Kinder haben ein großartiges Talent dafür, in aller Unschuld unpassende Dinge zu sagen! Es war ein netter Eisbrecher.

Julian und Tracy hatten sich zum Teil wegen der freundlichen Atmosphäre für Twickenham entschieden und zum Teil, weil es von ihrem Zuhause aus bequem zu Fuß zu erreichen war. Zur festgesetzten Uhrzeit nahm Jade die kleine Amber an die Hand, und sie brachen zu ihrem ersten von hoffentlich vielen Kindergartenbesuchen auf.

Julian und Tracy waren ganz kribbelig vor Aufregung, als sie mit Jade und ihren beiden Töchtern die Gehsteige entlanggingen. Sie verbargen es gut, weil sie nicht wollten, dass die Mädchen etwas von ihrer Anspannung merkten.

Als sie um die letzte Ecke bogen, krampfte sich Tracys Magen zusammen. Plötzlich wurde alles sehr real. Um Hope machten sie sich keine Sorgen. Mit ihr hatten sie dieses »Verabschieden am Tor« schon oft durchexerziert und wussten, dass sie sich behaupten konnte. Sorge machte ihnen der Gedanke, mit einem tracheotomierten Kind zum Tor zu gehen. Würden die anderen Kinder sie hänseln? Die Atmosphäre war sehr emotionsgeladen.

Mütter und Kinder schlängelten sich in einer langen Reihe den Weg zur Schule hinunter und stellten sich vor den Toren an, die um 8:50 Uhr geöffnet werden sollten. Tracy wollte sich den anderen Eltern in der Schlange vorstellen, wurde aber plötzlich von Schüchternheit übermannt. Sie war nicht daran gewöhnt, sich außerhalb des *Donkey Sanctuary* mit anderen Eltern auszutauschen.

Julian und Tracy wechselten einen Blick und lächelten sich nervös zu. Sie trauten sich nicht, etwas zu sagen, weil sie den anderen nicht beunruhigen wollten.

Julian geriet in Panik, weil er fürchtete, dass die anderen Kinder gegen Ambers Trachealkanüle rempeln könnten. Weniger als dreißig Zentimeter von ihm entfernt fragte Tracy sich besorgt, ob Hope und Amber Freunde finden würden.

War es ein Fehler, die Kinder einen Monat später herzuschicken? Haben die anderen Kinder alle schon Freundschaften geschlossen? Haben wir das Richtige getan? Sie zermarterte sich den Kopf über die Entscheidung. Auch war es nicht hilfreich, dass Amber und Hope die Kleinsten waren – sie waren halb so groß wie die anderen.

Das quietschende Geräusch des sich öffnenden Schultores riss sie aus ihren Gedanken. Die Kinder stürmten auf den Schulhof, ihre Mütter schrien vergeblich hinter ihnen her. Es war Zeit zu gehen.

»Kommt, Mädchen.« Julian nahm Ambers Hand und Tracy die von Hope. Sie wappnete sich für das Unbekannte.

Sie folgten dem Strom der Mütter in den Raum des Kindergartens. Der Strom teilte sich in zwei kleinere Flüsse, als die Kinder sich ihren Weg durch die zwei Türen an den entgegengesetzten Enden des langen Raums bahnten.

Das war die entscheidende Phase. Die Mädchen mussten sich voneinander verabschieden. Amber und Hope würden im selben Raum, aber in unterschiedlichen Gruppen sein. Julian und Tracy hielten das für das Beste, weil sie sich so beide ihren eigenen Freundeskreis aufbauen konnten.

»Sagt euch Tschüss«, ermutigte Julian seine Töchter.

Amber und Hope nahmen sich in den Arm.

Tracy wischte sich eine Träne aus dem Auge. Sie war einfach nah am Wasser gebaut.

Amber löste sich als Erste. Sie brannte darauf zu sehen, was die ganzen anderen Kinder machten. Hope griff noch einmal nach der Hand ihrer Mutter. Sie war heute ein bisschen scheuer und anhänglicher.

»Na komm, Hope.« Tracy strich ihrer Tochter über das blonde Haar und führte sie durch die Tür zur Linken. Julian jagte unterdessen Amber hinterher, die durch die Tür auf der Rechten vorgerannt war. Er übergab das Absauggerät und die Medikamententasche an Jade.

Das Loslassen fiel ihm schwer. Vor allem als er sah, wie einer der wilden Jungs schnurstracks auf Amber zustürmte.

»Was ist das?«, fragte der Knirps und deutete auf Ambers Trachealkanüle.

»Das hilft ihr beim Atmen«, erklärte Julian.

»Ach so, okay.« Der Junge zuckte die Achseln und rannte wieder los, um mit seinen Freunden zu spielen.

Amber war kein bisschen beunruhigt. Sie war inzwischen genauso robust geworden wie die Esel! Sie taperte los, um sich das Haustier des Kindergartens – eine Schildkröte – genauer anzuschauen. Julian warf Tracy einen fragenden Blick zu, aber Tracy bedeutete ihm mit einer Handbewegung, dass er nicht eingreifen sollte.

Jade drückte Julians Arm und sagte ihm, es bestehe kein Grund zur Besorgnis.

»Es wird alles gut. Ich habe ja Ihre Nummer«, sagte sie zuversichtlich und führte ihn zur Tür. Die Mädchen saßen inzwischen an entgegengesetzten Seiten des Raums im Schneidersitz auf dem Teppich und sahen zu ihrer Erzieherin hoch.

Gleich darauf kam auch Tracy nach draußen. Die beiden konnten nicht gehen, ohne einen letzten langen Blick auf die Kinder zu werfen. Sie stellten sich auf die Zehenspitzen, um durch das große Fenster zu spähen.

»Weinst du?«, fragte Julian und stupste sie an.

»Nein, sei nicht albern.« Tracy wischte sich die Tränen aus den Augen. »Überhaupt – wer hat denn geheult, als er Hope das erste Mal in die Kita gebracht hat!?«, erinnerte sie Julian an seine eigenen sentimentalen Anwandlungen.

Jade entdeckte sie am Fenster und scheuchte sie mit einer fächelnden Handbewegung fort.

»Gehen Sie«, formte sie lautlos mit den Lippen durch den Raum.

»Das ist wohl unser Stichwort«, seufzte Julian und fand sich mit der Tatsache ab, dass es nichts mehr für sie zu tun gab.

Auf dem Heimweg hingen beide ihren eigenen Gedanken nach. Als sie durch ihre Haustür traten, fiel ihnen als Erstes auf, wie gespenstisch still das Haus wirkte. Seit dreieinviertel Jahren waren sie nicht mehr allein miteinander gewesen.

»Tja, und was machen wir jetzt?«, fragte Tracy ratlos in die Stille.

Julian blickte sich nach den ganzen Spielsachen um, die auf dem Teppich verstreut lagen. Zeichen für das Leben, das hier noch vor wenigen Stunden getobt hatte. Es war ein sehr eigenartiges Gefühl.

Es hatte so viele Situationen gegeben, in denen sie sich nach Stille und einer Atempause gesehnt hatten, aber jetzt, wo sich ihr Wunsch erfüllt hatte, wussten sie nicht, was sie mit ihrer Freiheit anfangen sollten.

»Wir könnten zum Range gehen.« Tracy schlug einen Ausflug zum Möbelgeschäft am Ende der Straße vor.

Julian sah unschlüssig drein. »Wir sollten nicht zu weit weggehen, falls etwas passiert«, sagte er.

Beide überprüften ihre Handys, um zu sehen, ob sich Jade schon gemeldet hatte.

Hatte sie nicht.

Eine weitere halbe Stunde verstrich. Tracy fragte sich, was die Mädchen wohl gerade machten.

»Es ist jetzt elf Uhr, wahrscheinlich nehmen sie einen kleinen Imbiss ein«, überlegte sie laut.

Erneut überprüften sie ihre Handys. Sie mussten sich beide verkneifen, Jade eine SMS zu schicken.

»Das ist lächerlich«, sagte Tracy und sprang auf. Sie fing an, die Spielsachen vom Fußboden einzusammeln und stürzte sich dann in einige längst überfällige Hausarbeiten.

Die Wahrheit war, dass sie sich ohne die Mädchen ein bisschen verloren fühlte. Seltsamerweise vermisste sie sogar das Absauggerät mit seinem Brummen, weil es ihr eine Aufgabe gab – sich um Amber zu kümmern.

Julian knickte als Erster ein und schickte Jade eine SMS.

»Den Mädchen geht's prima, sie spielen in der Sandkiste«, las er die Antwort laut vor.

Tracy lächelte bei dem Gedanken, dass Hope und Amber sich mit den anderen Kindern amüsierten.

»Ich hoffe, Jade passt darauf auf, dass Amber keinen Sand in ihr Stoma kriegt«, lautete Julians nächste Reaktion.

Und so verbrachten sie den Rest des Tages – machten sich Sorgen um die Mädchen, malten sich aus, was sie gerade trieben, und dachten sich Sachen aus, die sie als Paar unternehmen könnten – zum Beispiel in die Stadt fahren.

»Nein, lieber nicht …« Sekunden später hatten sie den jeweiligen Plan wieder verworfen.

Eh sie sichs versahen, war es fast Viertel nach drei – Zeit, Amber und Hope abzuholen.

Diesmal erkannten Julian und Tracy bereits ein paar Gesichter am Schultor. Wie zu erwarten, gab's jede Menge Klatsch und Tratsch, und Tracy bekam zwangsläufig einige Unterhaltungen mit. Sie lachte in sich hinein und machte sich im Geiste eine Notiz, um Julian später davon zu erzählen.

Die Tore gingen quietschend auf, und Mütter und Väter machten sich auf den Weg zum Spielplatz, wo sie darauf warteten, dass die Türen des Kindergartenraums sich öffneten und die Kinderhorde herausgeströmt kam.

Julian und Tracy renkten sich fast die Hälse aus, um ihre Mädchen zu entdecken.

Hope kam als Erste heraus; sie freute sich so darüber, ihre Eltern zu sehen, dass sie nur einen Ärmel ihres Mantels angezogen hatte und der Rest herunterhing. Ihre Lunchbox hüpfte gegen ihre kleinen Beine.

»Hi Hopey! Hattest du einen schönen Tag?«, fragte Tracy.

Hope sagte nicht viel, sondern drückte ihrer Mutter einfach

ein Bild mit vielen Krakeln in die Hand. Dann schlang sie sich wie Efeu um Tracys Beine.

Einige Sekunden später erschien eine strahlende Amber.

»Da ist wieder unser kleiner Prahlhans«, witzelte Julian über die Art, wie Amber auf sie zustolzierte. Das Hinken war immer noch da, aber viel weniger ausgeprägt – sie war inzwischen deutlich sicherer auf den Beinen geworden.

»Hattest du einen schönen Tag, Amber?«, fragten sie.

Sie nickte begeistert. »Darf ich morgen wieder hingehen?«, fragte sie lachend. Amber trug das Sprechventil jetzt voller Stolz.

Julian und Tracy lächelten sich – erleichtert – an.

»Natürlich darfst du.« Julian nahm ihre Hand, um sich auf den Nachhauseweg zu machen.

Ihnen fiel ein Riesenstein vom Herzen. Den ganzen Tag hatten sie sich bang gefragt, ob Amber sich einfügen würde, ob sie Spaß haben würde – von daher war es Musik in ihren Ohren, dass sie gern wieder in den Kindergarten wollte.

Sie wandten sich an Jade für eine Zusammenfassung der Tagesereignisse. Die Betreuerin berichtete, sie habe Amber nur ein halbes Dutzend Mal absaugen müssen, zur Mittagszeit habe sie den Vernebler eingesetzt, und nachmittags habe Amber ein kleines Nickerchen gemacht.

Es war schön für Julian und Tracy zu hören, was sich in der Gruppe ereignet hatte – normalerweise erfahren Eltern nicht so genau, was ihre Kinder getrieben haben.

Hope war vielleicht schüchtern auf dem Schulhof, aber sobald sie durch die Haustür traten, fiel jede Zurückhaltung von ihr ab.

Julian schimpfte mit ihr, weil sie Schuhe, Mantel und Tasche mitten auf den Fußboden schleuderte.

»Sie benimmt sich wie ein Teenager.« Irritiert von ihrem Stimmungsumschwung kratzte er sich am Kopf.

Auch wenn Hope sich zu Hause in eine kleine Madam verwandelte, benahm sie sich ihrer Schwester gegenüber doch viel liebevoller und fürsorglicher. Sie hatten erst einen Tag gemeinsam im Kindergarten verbracht, aber die Veränderung war bereits spürbar.

Amber lag an diesem Nachmittag auf dem Sofa und sah sich einen Zeichentrickfilm an, als sie einen Hustenanfall bekam. Sie war so kräftig geworden, dass es nicht mehr jedes Mal nötig war, dass Julian und Tracy sie absaugten; sie konnte den Schleim inzwischen eigenständig hochhusten.

Doch als Hope sah, wie ihre Schwester sich abkämpfte, rannte sie sofort zu ihr und tätschelte liebevoll Ambers Rücken.

Julian hätte ein Foto gemacht, wenn der Augenblick nicht so schnell vorüber gewesen wäre.

Dann versuchte Hope, Amber dazu zu überreden, im Garten »Schule zu spielen«. Es war ein herrlicher Oktobertag, deshalb öffneten Julian und Tracy die Terrassentüren für die Mädchen. Sie legten einen kleinen Teppich aus, auf dem sich Hope und Amber im Schneidersitz niederließen, genauso wie sie es am Morgen im Kindergarten getan hatten.

»Ich bin die Lehrerin«, verkündete Hope und drohte mit dem Finger.

Amber verdrehte die Augen auf zustimmende Weise. Julian und Tracy hatten keinen Zweifel, dass Ambers entspannte *Wenjuckt's*-Attitüde dem *Donkey Sanctuary* zu verdanken war.

Sie tat so, als würde sie auf Hopes Kommandos hören – jedenfalls für eine Weile. Natürlich ist die Aufmerksamkeitsspanne eines Kleinkinds begrenzt, und bald machte sich Amber auf der Suche nach einem neuen Abenteuer davon. Sie wirkte glücklich und zufrieden mit sich selbst.

»Komm wieder her«, rief Hope ihr nach, aber Amber tummelte sich bereits in der Küche, um zu sehen, was ihre Mutter für die Teestunde zubereitete.

Die nächsten Wochen vergingen wie im Flug. Mit jedem Tag wuchs Ambers Selbstbewusstsein, und das Verhältnis zwischen Hope und Amber entwickelte sich zunehmend zu einer Beziehung, die wesentlich »schwesterlicher« war.

Sie spielten sogar »Esel« zusammen – wobei Amber die Rolle des Esels und Hope alle menschlichen Aktivitäten übernahm, wie zum Beispiel die Briefkastenverschickung von Papierblättern. Julian hielt Hope gerade noch rechtzeitig davon ab, ein bisschen Essen durch den DVD-Player zu versenden.

Jo, die Frau für die Sprech- und Lernförderung, hatte die einschneidenden Veränderungen ebenfalls bemerkt. Ambers Stimme war klar und prononciert geworden, und Jo schlug vor, dass Tracy und Julian ins Krankenhaus fahren und Mr. Kuo zeigen sollten, dass Wunder möglich sind.

»Ach, ich weiß nicht, wenn es sich irgendwie vermeiden lässt, sollten wir lieber nicht ins Krankenhaus fahren«, erklärte Julian, der sich Gedanken wegen der ganzen Keime machte.

Tracy dagegen war sofort Feuer und Flamme für Jos Idee. Sie hielt es für wichtig, dass Ambers Chirurg sah, wie gut sie mit dem Sprechventil zurechtgekommen waren.

Am folgenden Tag machte die Familie auf dem Heimweg vom Kindergarten einen Umweg über das Krankenhaus. Es war unglaublich, wie Ambers Verhalten sich schlagartig veränderte. In Sekundenbruchteilen verwandelte sich ihre lachende Miene in einen Flunsch, als sie die vertrauten Bilder und Gerüche der Krankenhausstationen wahrnahm.

Für Julian und Tracy war es allerdings ein schönes Gefühl, dass sie den Warteraum der Ambulanz im Eiltempo durchqueren und direkt auf Jos Büro zusteuern konnten.

Jo war ganz aus dem Häuschen, weil sie ihren Vorschlag aufgegriffen hatten.

»Kommt rein.« Jo winkte sie ins Zimmer. Amber und Hope flitzten sofort zur Spielmatte. »Ich rufe Mr. Kuo an. Ich weiß, dass er hier irgendwo herumschwirrt«, sagte sie und griff nach dem Telefonhörer.

Die Erwachsenen waren gerade ins Gespräch vertieft, tauschten sich über die Ereignisse im Kindergarten aus, als sie hörten, wie die Jalousien gegen den Türrahmen schlugen. Mr. Kuo hielt seinen üblichen überlebensgroßen Einzug.

»Hallo, Amber!«, jubelte er mit weit ausgebreiteten Armen.

»Hallo!« Amber lächelte zu ihm hoch. »Wie heißt du?«

Julian und Tracy lachten in sich hinein. Das war Ambers neueste Leidenschaft – sie fragte jeden nach seinem Namen, auch wenn sie ihn kannte.

»Wow, das machst du toll!«, rief Mr. Kuo aus. Er wirkte sprachlos.

Julian und Tracy hielten sich zurück und ließen Jo erklären, dass Amber das Sprechventil ohne Probleme getragen hatte. Dass sie inzwischen mit all ihren Freunden im Kindergarten sprach.

Julian und Tracy wollten nichts beweisen. Sie wollten nur, dass der Arzt sah, wie ihre Tochter den Widrigkeiten getrotzt hatte. Dass Amber entgegen allen Erwartungen so weit gekommen war, warf auch die Frage auf, ob die Chancen auf eine erfolgreiche Operation vielleicht doch größer waren als ursprünglich prognostiziert.

Auch Mr. Kuo hielt es für unbedingt erforderlich, dass die Austwicks die Situation innerhalb des kommenden Jahres überprüfen ließen.

Julian und Tracy konnten kaum glauben, wie alles von ganz allein Gestalt annahm.

»Kneif mich«, sagte Tracy später am Abend zu Julian.

»Häh?«, sagte er. »Warum?«

»Weil ich mir sicher sein will, dass das alles kein Traum ist«, lachte Tracy.

Eine weitere Woche sauste vorbei, und Julian und Tracy wandten sich an Jade, um das übliche Feedback einzuholen.

Als die Betreuerin ihnen das schwere Absauggerät und dann den Beutel mit den Kathetern überreichte, fragte sie beiläufig: »Wer ist Shocks?«

Julian und Tracy sahen sie bestürzt an, als ob gerade ein Wecker gerasselt hätte.

Sie waren so damit beschäftigt gewesen, dass die Mädchen in den Kindergarten gingen, dass sie an gar nichts anderes mehr gedacht hatten.

»Ein Esel«, antwortete Tracy. »Warum fragen Sie?« Sie konnte nicht sagen, warum, aber sie hatte das Gefühl, dass sich ein Sturm zusammenbraute.

»Ach so, das ergibt Sinn.« Jade erklärte, dass die Erzieherin herumgegangen sei und alle Kinder gefragt habe, ob sie ein Haustier hätten, und Amber habe gesagt, Shocks sei ihr Haustier.

Julian und Tracy lächelten bei dem Gedanken, dass Amber voller Stolz von ihrem besten Freund erzählt hatte.

Aber da war noch was.

»Seit Amber sich an mich gewöhnt hat und ein bisschen aufgetaut ist, fällt mir auf, dass sie immer wieder sagt, wie sehr sie Shocks liebt und ihn vermisst«, offenbarte Jade. »Und mir ist aufgefallen, dass sie nicht wirklich Freundschaft schließt, obwohl sie sich in der Gruppe wohl fühlt.«

Julian und Tracy zuckten vor Schreck zusammen, voll Sorge, dass ihre schlimmste Befürchtung sich bewahrheitete und Amber keine Freunde fand.

»Nein, nein, keine Sorge«, versuchte Jade, sie zu beruhigen. »Sie wird nicht gemobbt. Amber spielt mit den anderen Kindern, aber sie geht keine Beziehungen ein – und ich frage mich, ob es daran liegt, dass sie Shocks vermisst.«

Tracys Gesicht wurde aschfahl, weil ihr plötzlich dämmerte, dass ihre Tochter todunglücklich war.

Sie ärgerte sich über sich selbst, weil sie diese Entwicklung nicht vorausgesehen hatte. Vorher waren sie drei Mal die Woche ins Sanctuary gefahren und jetzt kein einziges Mal in drei Wochen – kein Wunder, dass Amber so reagierte.

»An diesem Wochenende müssen wir unbedingt mit den Mädchen zum Samstagsclub fahren«, sagte Tracy eindringlich zu Julian.

Er machte eine beschwichtigende Handbewegung. »Es wird alles gut, Schatz«, sagte er zuversichtlich.

Aber Tracy war nicht überzeugt. Wenn die Trennung von Shocks sich nachteilig auf Ambers Wohlbefinden auswirkte, mussten sie dieses Loch so schnell wie möglich stopfen, bevor Amber einen ernsthaften Rückschlag erlitt.

Mehr noch, Tracy machte sich Sorgen, dass Shocks ebenfalls darunter litt, dass er seine Freundin nicht sah. Sie standen sich inzwischen alle so nahe, dass sie sich für sein Wohl genauso verantwortlich fühlte.

Sie wusste, sie würde kein Auge zutun, bis das Problem aus der Welt war.

Stabiles Mädchen

Sutton Park, Birmingham, November 2013

Shocks hatte seinen Appetit verloren.

»Yep, kein Zweifel, irgendwas macht ihm zu schaffen.« Andy kratzte sich am Kopf, weil sein Versuch, Shocks eine Möhre hinzuwerfen, nur einen mürrischen Blick auslöste.

Dass Shocks nicht fressen mochte, war etwas Neues. Sogar die Tierarzthelferinnen in Liscarroll hatten Witze darüber gemacht, dass Shocks es trotz seiner lebensbedrohlichen Wunden immer noch schaffte, seine mit Ingwernusspaste bestrichenen Sandwiches zu fressen.

»Versuchen wir's mit einem Keks.« Amber Brennan wühlte in ihrer Tasche.

Ingwernussplätzchen sind der ultimative Test, wenn man herausfinden will, ob ein Esel krank ist oder nicht.

»Hier, mein Junge.« Sie hielt ihm das Leckerli hin.

Shocks hielt schnuppernd die Nase in die Luft und zog die Lippen zurück, als er den Zuckerduft wahrnahm. Dann warf er ihnen einen Blick zu, der aussah, als wolle er sagen: »Okay, wenn's sein muss.«

Er kam angetrottet und verputzte den Keks ratzfatz auf Staubsaugermanier.

»Ich glaube, er vermisst Amber, weißt du«, sagte Andy, während er zusah, wie Shocks zur anderen Seite der Koppel abzog.

Seine Theorie konnte später am Tag dem Praxistest unterzogen werden, als die Austwicks dem Sanctuary einen Überraschungsbesuch abstatteten.

»Wir haben euch vermisst!« Die große Amber streckte die Arme aus, um die kleine Amber zu begrüßen.

Andy, Sara und die übrigen Helfer, die an diesem Samstag Dienst hatten, drängten sich um sie.

Hope wollte auch etwas Aufmerksamkeit und streckte die Arme in die Luft, um ebenfalls beschmust zu werden.

»Wie heißt du?«, fragte die kleine Amber die große Amber ebenso wie Andy und alle anderen Leute, die sie bereits kannte.

»Das ist ihr neuester Spleen«, erklärte Julian und verdrehte scherzhaft die Augen. Er konnte nicht mehr zählen, wie oft er Ambers neueste Marotte schon erklärt hatte.

Tracy zog eine Tüte voller Karotten, Äpfel und Ingwernussplätzchen hinter dem Rücken hervor.

»Ein Geschenk für Shocks und die übrigen Jungs«, sagte sie und überreichte die Tüte.

Andy begleitete sie auf dem Weg zur Koppel und berichtete, dass Shocks seinen Appetit verloren hätte.

»Ich mache mir ein bisschen Sorgen um ihn«, sagte er ernst.

Tracy für ihren Teil erklärte, dass Amber Shocks vermisst habe, dass sie im Kindergarten Bilder von ihm male und den anderen Kindern erzähle, er sei ihr Haustier. Sie selbst habe sich Sorgen gemacht, sagte Tracy, dass Shocks Amber ebenfalls vermisse.

Kaum hatten sie den Koppelzaun erreicht, als Shocks auch schon den Kopf hob und sich auf die vertrauten Gerüche und Geräusche ausrichtete. Schnuppernd hob er die Nase in die Luft, so wie er es auch bei einem Keks machte, doch diesmal schien die Belohnung ihn sehr glücklich zu stimmen.

»Shocks, Shocks«, schrie Amber mit krächzender Stimme, weil sie versuchte, ganz laut zu rufen.

Shocks kam schnurstracks auf seine beste Freundin zu. Er würdigte all die anderen Esel, die neugierig beobachteten, wohin er marschierte, keines Blickes. Genauso gut hätte er rufen können: »Nichts kann mich aufhalten!« Die Ohren waren gespitzt, die Augen wach und leuchtend – er konnte es kaum erwarten, Amber zu begrüßen.

»Oooh, ist das nicht schön?« Staunend beobachtete Julian, wie Shocks den Kopf für seine Tochter senkte und sie seine Nase durch die Lücken im Zaun streichelte.

»Wieso machen wir das nicht ein bisschen leichter?« Julian hob Amber hoch, damit sie dichter an Shocks herankommen konnte. Behutsam kämmte sie mit den Fingern durch den Flaum auf seinen großen Ohren.

»Oha! Er lässt sich sonst nie an den Ohren anfassen. Er muss sie echt vermisst haben«, sagte Andy überrascht.

Dann rückte er mit der schlechten Nachricht heraus – so nah wie jetzt würden die beiden sich leider eine ganze Weile nicht kommen können, weil das Samstagsreiten erst wieder in den nächsten Schulferien – im Dezember – anfing.

Ambers Miene verdüsterte sich. Tracy, die nur einen halben Meter entfernt stand, spürte, wie ihrer Tochter das Herz brach.

Plötzlich hatte Andy eine Idee. »Normalerweise machen wir das nicht …« Er sah sich verschwörerisch um, als wäre er im Begriff, ein streng gehütetes Geheimnis preiszugeben. »Aber Amber könnte ja vielleicht helfen, Shocks' Stall sauberzumachen – und Hope auch, wenn sie mag.«

Amber freute sich wie ein Schneekönig. Sie hüpfte auf und ab und sang: »Shocky, Shocky.« Hope wirkte nicht ganz so begeistert, aber doch ein bisschen neugierig.

Wenn alle der Ansicht seien, dass eine zu lange Trennung Shocks und Amber schaden könne, erklärte Andy, dann müsse man eben andere Mittel und Wege finden, um sie zusammenzubringen.

»Und sei es Ausmisten«, sagte er mit einem Augenzwinkern zu Julian und Tracy.

Obwohl es nach harter Arbeit klang, war es eine sehr prestigereiche Aufgabe, weil keines der anderen Kinder, die ins Therapiezentrum kamen, jemals darum gebeten worden war.

»Könnt ihr euch das vorstellen? Wir werden von Kindern belagert, die gern in die Ställe wollen!« Andy schauderte bei dem Gedanken, wie sie sich dabei anstellen würden.

Amber stolzierte wieder wie ein kleiner Pfau neben Andy, als er sie zu den Ställen führte. Sie war eindeutig mächtig stolz auf ihre Sonderaufgaben. Hope folgte ihnen, etwas skeptischer, was die anstehenden Aktivitäten anging. Sie kannte sich mit den Alltagsabläufen im Sanctuary nicht so gut aus wie Amber, von daher war »Ausmisten« für sie eher etwas Mysteriöses.

»Wartet hier einen Moment.« Andy hielt die Hand hoch wie ein Stoppzeichen.

Der ganze Sinn der Übung war, dass Amber und Shocks Zeit miteinander verbringen konnten, deshalb schnappte Andy sich einen Führstrick und ging los, um Shocks von der Koppel zu holen. Shocks stand immer noch mit hocherhobenem Kopf am Zaun und verfolgte aufmerksam alles, was Amber tat.

»So, mein Junge, von hier aus kannst du Amber besser im Auge behalten.« Andy band Shocks ein paar Meter von seinem Stall entfernt auf dem Hof an. Jacko stand ganz in der Nähe und döste im Stehen.

Amber winkte Shocks zu, während sie auf ihre Anweisungen wartete.

Andy würde den Eselmist entfernen, während die Mädchen frisches Stroh ausstreuen sollten. Amber war schwer beeindruckt von dem Geruch, als sie den Stall betraten.

»Puuh!« Sie hielt sich die Nase mit Daumen und Zeigefinger zu. Dann drehte sie sich um und warf ihren Eltern ein kesses Lächeln zu.

Hope fand den Geruch alles andere als beeindruckend.

»Komm her, Hopey.« Julian winkte Hope zu sich und bewahrte sie damit vor einem Schicksal, das, ihrer Miene nach zu urteilen, schlimmer war als der Tod. Er nahm ihre Hand und brach mit ihr zu einem Spaziergang über das Gelände auf.

Tracy musste die ganze Zeit denken, dass es einfach zauberhaft aussah, wie Amber in Partykleid, Leggings und geblümten Gummistiefeln einen Stall ausmistete. Außerdem staunte sie, wie stark ihr kleines Mädchen geworden war. Kein Gerät war zu groß oder zu schwer für Amber, die mit Feuereifer die Schaufel schwang und das Stroh in Shocks' Stall ausbrachte.

Die ganze Zeit stand Shocks nur ein paar Schritte entfernt und wachte zufrieden über seine kleine Freundin.

»Er kontrolliert, ob sie das ordentlich macht«, witzelte Andy.

Tracy fand es auch beeindruckend, wie viel Arbeit es erforderte, den Eseln ein sauberes Schlaflager zu bereiten. Nachdem der Mist entfernt war, wurde frisches Stroh zu einer dicken »Matratze« ausgestreut, damit die Langohren es gemütlich hatten. Damit war die Arbeit allerdings noch nicht getan, als Nächstes musste Andy noch die Wassertröge füllen.

Andy für seinen Teil war so beeindruckt von seinem Stallmädchen, dass er ihr einen Extraauftrag erteilte – Shocks zu füttern.

Das war wirklich eine Ehre, weil Dutzende von Kindern jede Woche fragten, ob sie die Esel füttern durften. Leider können die Mitarbeiter es nicht erlauben, weil die Esel strenge Futter-

zeiten haben und andernfalls wohl auch kugelrunde Bäuche be-
kämen.

Doch Amber war zur richtigen Zeit am richtigen Ort, und
ihre spezielle Beziehung zu Shocks machte sie zu einer Ausnahme. Aufgeregt beobachtete sie, wie Andy nach einem Eimer griff
und ihn mit Leckerlis wie Möhren, Äpfeln, Ingwerkeksen und
Pfefferminzkringeln füllte. Er rüttelte laut mit den Zutaten herum.

»Wieso mögen Esel und Pferde eigentlich Pfefferminzkringel
so sehr?«, fragte Tracy, verwundert über diese Vorliebe, die sie
für ein Gerücht gehalten hatte.

»Sie mögen die Kringel nicht nur – sie sind *verrückt* danach.
Mackenzie rennt mich praktisch über den Haufen, um an meine
Taschen zu kommen«, lachte Andy. Dann beantwortete er Tra-
cys Frage: »Weil sie so süß und würzig sind.«

Außerdem verfütterten sie die Pfefferminzkringel, so Andy
weiter, weil es die einzigen Süßigkeiten mit einem Loch seien –
sodass der Esel immer noch atmen könnte, wenn sie in seiner
Luftröhre stecken blieben.

Amber war so aufgeregt, dass sie auf der Stelle tanzte und in
die Hände klatschte.

Andy trug ihr auf, den Eimer zu Shocks zu tragen und ihn
unter seiner Nase abzustellen. Er hielt eine Seite des Henkels,
Amber die andere. Shocks bekam große Kulleraugen, als er seinen Festschmaus witterte.

Amber stellte den Eimer vor Shocks ab und sah stolz zu, wie
er den Inhalt in genau fünf Sekunden verputzte. Er hob die
feuchte Nase aus dem Eimer und leckte sich dann einmal mit
seiner extrem langen Zunge um den ganzen Mund. Amber bedeckte die Augen mit den Händen, als ob sie Shocks mitteilen
wollte, dass seine Tischmanieren zu wünschen übrig ließen.

»Er scheint seinen Appetit wiedergefunden zu haben«, gluckste Andy.

Am Abend bemerkten Julian und Tracy auch bei Amber eine Veränderung. Ihr Gang wirkte schwungvoller. Sie konnten nicht genau sagen, was anders war, aber sie strahlte einfach Glück und Zufriedenheit aus.

Das Paar war sich einig, dass es unabdingbar war, Amber weiterhin am Wochenende zu Shocks zu bringen, auch wenn sie ihn nicht reiten konnte. Damit sie ihn unter der Woche nicht allzu sehr vermisste, sorgte Julian für die zweitbeste Sache – ein Foto von Shocks, damit Amber ihn immer bei sich tragen konnte.

Er druckte ein Kopfbild von Shocks aus, das er bei einer ihrer Reitstunden gemacht hatte, und überreichte es seiner Tochter.

Amber freute sich riesig über das Geschenk. Sie gab dem Bild einen Kuss und hielt es fest umklammert wie eine Trophäe, als sie stolz damit von dannen zog.

In der folgenden Woche waren Amber und ihr Bild von Shocks unzertrennlich. Jade witzelte darüber, dass Amber es in der Tasche ihrer Strickjacke ununterbrochen bei sich trug.

Die Betreuerin berichtete, dass Amber ihr das Foto hin und wieder zeige und ihr erzähle, wie sehr sie »Shocky« liebe und vermisse. Manchmal gebe sie dem Bild auch einen Kuss.

Amber bestand sogar darauf, das Foto mitzunehmen, als sie badete.

»Wie wär's, wenn wir das Foto neben die Badewanne legen, damit es nicht nass wird?«, versuchte Tracy zu argumentieren.

Davon wollte Amber nichts wissen. Sie schüttelte energisch den Kopf und beharrte darauf, dass Shocks immer bei ihr bleiben müsse.

Tracy hing das durchnässte Bild über die Heizung, nachdem

Amber eingenickt war, damit es am nächsten Morgen wieder einsatzbereit war. Gegen Ende der Woche hatte es sich praktisch in nichts aufgelöst. Glücklicherweise war es bis dahin wieder an der Zeit, Shocks zu besuchen.

Ähnlich wie Amber, die Shocks während der Tage im Kindergarten vermisste, hatte auch Tracy das Gefühl, dass ihr irgendetwas fehlte. Da sie jedoch (ihren eigenen Angaben zufolge) keine herausragende Begabung dafür hatte, ihre Gefühle zu deuten, brauchte sie eine Weile, um eins und eins zusammenzuzählen. Doch eines Abends, als sie mit Julian kuschelnd vorm Fernseher saß, kam ihr schließlich die Erleuchtung.

»Ich vermisse Shocks auch«, gestand sie.

Julian sah verwirrt aus; er hatte keine Ahnung, woher das nun wieder kam.

»Ich vermisse die Mütter, die Mitarbeiter, die tolle Arbeit, die sie leisten – ich vermisse alles an dem Ort …« Allmählich verstummte sie.

Tracy wurde klar, dass das *Donkey Sanctuary* ihrem Leben einen Sinn jenseits der Rolle von Ehefrau und Mutter gegeben hatte. Sie vermisste ihre kleine Oase der Ruhe.

»Warum fängst du nicht als freiwillige Helferin an?«, schlug Julian vor. Das wäre auch eine großartige Möglichkeit, dem Sanctuary etwas zurückzugeben – ein kleines »Dankeschön« für alles, was sie für ihre Familie getan hatten.

Schon beim bloßen Reden über die Idee hatte Tracy das Gefühl, dass eine Last von ihren Schultern fiel. Gleich am nächsten Tag setzte sie die Hebel in Bewegung.

Die Angestellten des Sanctuary waren überglücklich über die Nachricht, dass Tracy ein offizielles Mitglied des Teams werden wollte. Sie kamen überein, dass Tracy an einem Vormittag in der Woche beim Reitunterricht helfen würde.

»Zur Feier des Tages sollten wir Tracy heute Morgen damit beauftragen, Shocks zum Unterricht zu bringen«, schlug Amber Brennan an Tracys erstem Tag vor.

»Ich?« Überrascht tippte sich Tracy auf die Brust. Sie wusste sehr genau, dass Shocks ziemlich wählerisch bei den Leuten war, die ihm gefielen.

»Das ist ein Kinderspiel für dich.« Die große Amber händigte ihr den Führstrick aus. Sie warf Tracy ins kalte Wasser, so wie sie es auch mit den Kindern tat, wenn sie merkte, dass sie Potenzial hatten, aber Ermutigung brauchten.

Tracy kriegte ein bisschen die Flatter, als sie sich auf den Weg zur Koppel machte. Shocks hing zusammen mit Jacko in der Nähe des Sandplatzes herum. Sie lehnte sich übers Tor und fragte sich, wie sie am besten vorgehen sollte.

Shocks war ihr jedoch zwei Schritte voraus. Zu Tracys Überraschung sah er sie auf sich zukommen. Mit hocherhobenem Kopf stimmte er seine gespitzten Ohren auf ihre Schritte ein.

Er denkt wahrscheinlich, dass Amber mich begleitet, versuchte Tracy, seine Begeisterung wegzuerklären.

Das mochte stimmen, doch auch als er bemerkte, dass Amber nicht dabei war, schien er sich immer noch aufrichtig zu freuen, ihre Mutter zu sehen.

Er machte einige Schritte auf sie zu, neugierig darauf, was Tracy wohl ohne seine Freundin vorhatte.

Tracy spürte eine Welle der Zuversicht in sich aufsteigen. Sie nutzte ihre Chance.

»Na komm, Shocks, komm her, mein Junge«, rief sie.

Ich werde wahrscheinlich auf die Koppel gehen müssen, um ihn zu holen, aber es ist einen Versuch wert, dachte sie.

Shocks legte den Kopf schräg, als versuche er herauszufinden, was los war und kam dann angetrottet, um Hallo zu sagen.

Tracys Herz platzte fast vor Glück.

»Du meine Güte!«, quietschte sie. Sie konnte kaum glauben, dass er tatsächlich zu ihr kam, um sie zu begrüßen.

Sie streckte ihm die Hand hin, damit er ausgiebig daran schnuppern konnte. Die Haare an seinem Kinn kitzelten ihre Handfläche.

»Ich wette, du kannst Amber riechen«, sagte sie.

Prustend stieß er einen seiner gewaltigen Nieser aus, der seinen ganzen Kopf durchschüttelte.

»Das ist wohl ein ›Ja‹«, lachte Tracy und wischte sich den Schnodder an den Jeans ab.

Er blieb geduldig stehen, während Tracy den Führstrick an seinem Halfter befestigte. Dann trottete er ruhig hinter ihr her, als sie ihn zum Reitplatz führte.

Die ganze Zeit plauderte Tracy weiter über Amber. Sie erzählte Shocks, dass Amber sich wacker im Kindergarten schlug und dass sie ihn schmerzlich vermisste.

»Gestern hat sie mit dem Wasser gespielt …«, plapperte Tracy weiter.

Es hatte eine fast therapeutische Wirkung auf Tracy, dass sie Shocks von den ganzen Neuigkeiten berichten konnte, und er für seinen Teil schien sich durch ihre Stimme und ihre Geschichten aufgemuntert zu fühlen.

Eine ganze Schar Kinder wartete darauf, Shocks zu reiten. Durch seine Größe und sein sanftmütiges Wesen entwickelte er sich rasant zum beliebtesten Reitesel im Sanctuary.

Tracy übergab Andy die Zügel, damit er den morgendlichen Reitkurs beginnen konnte. Zum Abschied winkte sie Shocks noch einmal zu und hatte den Eindruck, dass er sie ansah, als ob er sagen wollte: »Grüß Amber von mir!«

Sie hatte nur etwa fünfzehn Minuten in Shocks' Gesellschaft

verbracht. Aber Tracy fühlte sich bereits wesentlich »leichter«. Das Gefühl war schwer zu beschreiben, wahrscheinlich ähnelte es dem, was Menschen empfinden, wenn sie mit ihren Haustieren kuscheln. *Kein Wunder, dass Amber in seiner Gegenwart so glücklich ist*, dachte Tracy.

Die heilenden Kräfte der Tiere versetzten sie immer wieder in Erstaunen.

Ein herber Rückschlag

Sutton Coldfield, Birmingham, Februar 2014

Julian und Tracy hatten ihr erstes »Date« seit der Geburt der Zwillinge. Na ja, es war zwar kein romantischer Abend, sondern eine Verabredung am helllichten Tage, aber immerhin eine besondere Zeit, nur für sie beide.

Es war ein kalter Februarmorgen 2014. Amber und Hope waren im Kindergarten und hatten sich in ihrem zweiten Halbjahr gut eingewöhnt. Julian und Tracy beschlossen, sich davonzustehlen, um im Kino zu kuscheln.

»Das fühlt sich komisch an«, flüsterte Tracy Julian zu und kicherte wie ein Teenager.

Es war so lange her, seit das Paar sich entspannt genug gefühlt hatte, um das Haus zu verlassen und sich etwas Zeit für sich selbst zu nehmen, dass es ihnen fast merkwürdig vorkam, zu zweit unterwegs zu sein. Um genau zu sein, konnten sie auch nicht wirklich loslassen. Ihre Gesichter leuchteten im dunklen Kino immer wieder geisterhaft auf, wenn sie ihre Handys checkten, um zu sehen, ob Jade sich gemeldet hatte.

»Nichts«, flüsterte Julian, als er auf sein Display sah. »Bei dir?«

»Nein, ich hab auch keine Nachricht«, antwortete Tracy.

Julian breitete in einer einladenden Geste die Arme aus. Tracy manövrierte sich um die Armlehne und legte ihren Kopf an Julians warme Brust.

Für knapp zwei Stunden vergaßen Julian und Tracy alles andere, was in ihrem Leben geschah, und genossen ihre Auszeit von der Wirklichkeit.

Händchenhaltend und lachend kamen sie aus dem Kino.

Sie hatten noch eine Stunde Zeit, bevor sie die Mädchen vom Kindergarten abholen mussten, als ihre Seifenblase platzte.

Jade war aufgefallen, dass Amber sehr viel ruhiger war als sonst. Sie simste Tracy und Julian, dass Amber sich schlapp fühle und am liebsten schlafen wolle.

»Das ist merkwürdig. Vielleicht hat sie gestern Nacht schlecht geschlafen und ist deshalb ein bisschen müde?«, fragte Tracy sich laut.

Das Paar hatte sich angewöhnt, nicht bei jeder leisesten Veränderung in Ambers Verhalten sofort in Panik zu verfallen. Sie würden sonst ständig unter Hochspannung stehen.

Von daher war, was dann passierte, für alle ein Riesenschock.

Ambers Gesundheitszustand erlitt einen massiven Einbruch. Als Julian und Tracy am Schultor eintrafen, kam Jade ihnen mit Amber auf dem Arm entgegengerannt.

»Sie glüht, sie hat total hohes Fieber«, sagte sie mit einem Anflug von Panik in der Stimme. Die Betreuerin hatte noch nie erlebt, dass es Amber so schlecht ging, und war sehr besorgt.

Tracy fühlte ihrer Tochter die Stirn. Sie war unglaublich heiß.

»Wir müssen sie schnell nach Hause bringen.« Tracy packte sie auf den Rücksitz des Autos, während Julian losging, um Hope zu holen.

Amber hatte sich schon des Öfteren eine Erkältung eingefangen. Wegen der Tracheostomie war sie leider besonders anfällig für Erreger. Das Beste, was Julian und Tracy tun konnten, war, die Ruhe zu bewahren.

Sobald sie zu Hause angekommen waren, holten sie sofort das Fieberthermometer.

»Mein Gott, neununddreißig!« Schockiert schaute Julian auf das Thermometer.

Um sie abzukühlen, zog Tracy ihrer Tochter alle Kleidungsstücke bis auf die Unterhose aus und setzte sie dann in die Sofaecke. Julian fächelte ihr mit einer Zeitschrift Kühlung zu.

Er überprüfte erneut das Thermometer – achtunddreißig Grad.

»Das Fieber ist ein bisschen runtergegangen«, erklärte er.

Tracy rannte los, um Paracetamol und kühle Waschlappen zu holen. Sie wrang die Waschlappen im Wasser aus und legte die kühlen Baumwollteile auf Ambers Stirn und Brust. Der kleine Körper war schlaff. Amber hatte kaum noch die Kraft, die Augen offen zu halten. Ihr Kopf rollte hin und her.

Julian trat zurück, die Hände in die Hüften gestemmt, und versuchte zu überlegen, was sie tun sollten.

Vielleicht ist es nur eine Erkältung. Wenn es sich vermeiden lässt, sollten wir sie nicht ins Krankenhaus bringen.

Nach einer weiteren Stunde war die Temperatur glücklicherweise auf siebenunddreißig Grad gefallen. Tracy versuchte, Amber dazu zu bewegen, etwas Wasser zu trinken, aber die stieß den Becher mit der Faust weg.

»Versuch's mal mit ein bisschen Obst.« Julian reichte Tracy eine Banane.

Amber wandte den Kopf ab; sie wollte nichts essen.

Irgendwann war es dann neunzehn Uhr, Schlafenszeit für die Mädchen. Julian trug Hope nach oben ins Bett und ließ Amber auf dem Sofa bei Trace. Hope sah ein wenig bekümmert aus. Sie hatte inzwischen ein sehr harmonisches Verhältnis zu ihrer Schwester entwickelt und spürte, dass etwas nicht stimmte.

»Amber geht's bald wieder besser. Schlaf jetzt, Hopey«, sagte Julian tröstend und deckte sie zu.

Als er die Treppe wieder herunterkam, hörte er Tracy um Hilfe rufen.

»Was ist?« Er rannte ins Wohnzimmer.

Amber wurde von Übelkeit geschüttelt und musste sich übergeben. Tracy versuchte, das Erbrochene mit den Händen aufzufangen; starr vor Angst, dass es in die Trachealkanüle und in die Lunge geraten könnte.

Ambers Gesicht war hochrot. Sie fühlte sich kochend heiß an. Irgendetwas stimmte ganz und gar nicht.

»Ruf einen Krankenwagen!«, schrie Tracy.

Julian wählte 999. Sein Herz pochte. Mit gepresster Stimme erklärte er, dass seine Tochter vor Fieber glühe, dass sie von Übelkeit geschüttelt werde und kaum noch bei Bewusstsein sei.

»Sie hat ein Tracheostoma«, platzte er heraus und fühlte sich vollkommen hilflos.

Die sieben Minuten, die es dauerte, bis der Ersthelfer mit quietschenden Reifen in ihre Auffahrt bog, fühlten sich wie eine Ewigkeit an. Sie hatten die Haustür weit offen gelassen, damit sie nicht von Ambers Seite weichen mussten. Mit seiner fluoreszierenden Uniform und einer Tasche voller Medikamente und medizinischer Geräte stürmte der Rettungssanitäter ins Wohnzimmer.

»Wie heißt sie?«, fragte der Mann, während er den Klettverschluss seiner Tasche aufriss.

»Amber«, sagte Julian und machte den Weg frei.

Der Sanitäter wühlte in seiner Tasche herum und zog weitere Gerätschaften heraus. *Wie die Tasche von Mary Poppins*, dachte Tracy, *unglaublich, wie viele Sachen da drin sind.*

»Amber, kannst du mich hören?«, fragte der Sanitäter mit ruhiger Stimme, während er mit einer Taschenlampe in ihre Augen leuchtete.

Amber sagte kein Wort; sie sah aus, als glitte sie gerade in einen komaartigen Schlaf.

Der Sanitäter funkte sofort nach einem Rettungswagen.

Und dann erfüllte eine gespenstische Stille den Raum. Julian und Tracy beobachteten entsetzt, wie Ambers Brust aufhörte sich zu heben und zu senken. Ihre Augen wurden glasig. Ihre Lippen färbten sich bläulich. Amber atmete nicht mehr.

»AMBER!«, schrie Julian so laut er konnte. »AMBER, ATME!«

Er stand wie angewurzelt da.

Der Sanitäter legte ihm ruhig die Hand auf die Schulter. »Nehmen Sie das Absauggerät und benutzen Sie es wie sonst auch«, wies er Julian an.

»Saug sie einfach ab«, echote Tracy.

Die Worte rüttelten Julian aus seiner Erstarrung.

Er fiel neben Amber auf die Knie, machte die Kanüle frei, führte den Katheter ein und schaltete das Gerät an. Ein großer Klumpen Schleim ploppte den Schlauch hoch, und dann stieß Amber einen tiefen, lauten Seufzer aus, als die Luft wieder in ihre Lunge strömte.

Julians ganzer Körper seufzte ebenfalls auf – vor Erleichterung. Er hatte nicht vergessen, dass er absaugen musste, aber er war einen Moment lang in Panik geraten, weil er nie zuvor gesehen hatte, dass Amber aufhörte zu atmen. Er hatte nicht gewusst, was er tun sollte.

Einen Moment später hielt der Rettungswagen vorm Haus.

»Fahr du mit«, sagte Julian zu Tracy.

Tracy nahm die Beine in die Hand – sie rannte die Treppe hoch und griff nach der Tasche, die sie für Notfälle immer fertig gepackt hatten. Sie enthielt das Nötigste wie Zahnbürsten-Set, saubere Kleidung und ein Paar Hausschuhe.

Auf ihrem Weg nach unten schnappte sie sich eine warme Wolldecke, um Amber einzuwickeln.

»Du kommst wieder in Ordnung, Amber«, flüsterte Tracy ihrem kleinen Mädchen ins Ohr, als sie es auf den Arm nahm und zum Rettungswagen trug.

Alles ging so schnell, dass Tracy kaum Gelegenheit hatte, sich von Julian zu verabschieden. Der Plan war, dass Julian zu Hause bleiben und sich um Hope kümmern würde, während Tracy Amber ins Krankenhaus begleitete.

»Ich schick dir eine SMS, wenn ich da bin«, rief sie ihm zu.

Einen Moment lang verhakten sich ihre Blicke ineinander, und dann schlugen die Türen des Krankenwagens zu.

Julian blieb allein mit seinen sich überschlagenden Gedanken zurück. Alle erdenklichen Worst-Case-Szenarien wirbelten in seinem Kopf herum. Er hatte ein beklemmendes Gefühl in der Brust. Sein Atem wurde kurz und flach.

Um sich von seiner Einsamkeit abzulenken, schaute er nach Hope. Als er durch den Türspalt spähte, sah er, dass sie tief und fest schlief. Von den dramatischen Ereignissen, die sich gerade noch im Zimmer unter ihr abgespielt hatten, hatte sie nichts mitbekommen.

Er schlich über den Flur zurück, blieb aber am Treppenabsatz stehen, wo das große Fenster einen weiten Ausblick über die Gegend gewährte. Er redete sich ein, dass er das Kinderkrankenhaus sehen könnte, und spürte, wie ihm die Tränen kamen.

Julian war erleichtert, dass Amber in guten Händen war, aber er quälte sich mit der Frage herum, ob sie sich wieder erholen würde.

Die Sorge fühlte sich auf schreckliche Weise altvertraut an.

Oh Gott, weinte er hilflos in sich hinein und sah mit blinden Augen hinaus auf die dunkle Stadt. *Wie konnte es nur wieder so weit kommen?*

Wieder am Anfang

Kinderkrankenhaus Birmingham, Februar 2014

Die Türen des Krankenwagens öffneten sich, und Amber wurde eilig in die Notaufnahme gerollt.

Tracy rannte hinter der Krankentrage her, als die Sanitäter Amber durch die nächstgelegenen Doppeltüren schoben.

Amber hatte ein Sauerstoffgerät über ihrem Tracheostoma. Jedes Einatmen und Ausatmen sah schmerzhaft aus. Ihre Lunge machte ein schreckliches raspelndes Geräusch. Der diensthabende Notarzt wollte Amber sofort an einen Tropf anschließen – ihr Körper brauchte Flüssigkeit und Antibiotika.

Er vermutete, dass sie sich einen Virus eingefangen hatte.

Er versicherte Tracy, dass es wahrscheinlich nichts Ernstes sei. Das Problem war, dass Ambers Tracheostomie sie anfälliger für alle möglichen Erreger machte.

Trotz seiner tröstenden Worte war Tracy verunsichert. Das schreckliche Gefühl in ihrer Magengrube schrie ihr zu, dass irgendetwas absolut nicht stimmte. Sie unterdrückte die aufkommende Panik. Um Ambers willen musste sie sich zusammennehmen.

Man wollte Amber eine Nacht lang überwachen, um zu sehen, ob das Fieber durch das Penicillin zurückgehen würde.

Gegen dreiundzwanzig Uhr war Ambers Zustand so stabil, dass sie auf eine normale Station verlegt werden konnte. Tracy hielt Julian durch einen steten Strom von Textnachrichten auf dem Laufenden.

Tracy blieb die ganze Nacht am Bett ihrer Tochter. Sie hielt Ambers kleine Hand und betete, dass das Fieber weiter zurückgehen möge. Ab und zu fielen ihr fast die Augen zu, der Kopf wurde schwer, und sie legte ihn auf der Bettkante ab, bis sie wieder hochschreckte, weil Amber hustete oder geräuschvoll nach Luft rang.

»Du kommst wieder in Ordnung.« Tracy rieb tröstend über Ambers Arme.

Sobald Julian Hope am nächsten Morgen im Kindergarten abgesetzt hatte, fuhr er direkt ins Kinderkrankenhaus. »Hallo, Schatz.« Er gab Tracy eine dicke Umarmung. »Wie geht's ihr?«

Er zog sich einen Stuhl an Ambers Bett. Amber war so neben der Spur, dass sie nicht einmal die Kraft aufbringen konnte, ihrem Daddy ein Lächeln zu schenken.

»Das Fieber ist unverändert. Alles wie gehabt«, sagte Tracy mit zitternder Stimme. Ihre Augen waren vor Müdigkeit und vom Weinen geschwollen.

»Es wird alles gut.« Julian drückte zärtlich ihren Arm.

Für den Rest des Tages hielten sie Wache an Ambers Bett, während die Schwestern kamen und gingen, das Fieber maßen und Amber mehr Paracetamol und Antibiotika verabreichten.

Ambers Zustand verschlechterte sich nicht – aber er wurde auch nicht besser. Niemand wusste wirklich, was mit ihr nicht stimmte.

Bleib ruhig und mach weiter, sagte Tracy sich selbst. Sie hatte den ganzen Tag über kaum ein Wort zu Julian gesagt. Sie war wie eingemauert in ihrer Verzweiflung.

»Soll ich dich ablösen?«, fragte Julian, als es an der Zeit war, Hope vom Kindergarten abzuholen.

Julian musste die Frage wiederholen, weil Tracy so tief in ihren eigenen Gedanken versunken war.

»Tracy?«, wiederholte er. Julian machte sich Sorgen, dass seine Frau eine Pause brauchte.

Doch Tracy bestand darauf, bei Amber zu bleiben. Sie war entschlossen, das durchzustehen.

»Okay, ich hole Hope ab und meld mich dann wieder bei dir.« Er küsste sie zum Abschied auf die Stirn.

Im Laufe des Nachmittags stieg Ambers Temperatur immer weiter an.

Tracys Ängste wurden immer größer.

Als es um neunzehn Uhr Zeit wurde, das Licht auf der Station zu löschen, wollte Tracy nicht, dass ihr Baby ohne weitere Behandlung einfach so dem Schlaf und der Nacht überlassen wurde. Man hatte sie schon zu lange im Dunkeln gelassen.

Sie fing eine Schwester ab. »Sie glüht förmlich. Es ist sogar noch schlimmer geworden«, drängte sie verzweifelt.

»Okay, wir geben ihr noch einen Vernebler, um die Atmung zu verlangsamen«, schlug die Krankenschwester vor, in der Hoffnung, dass die Wärme des Gerätes den Schleim in Ambers Lunge auflösen würde.

Aber es nützte nichts. Nichts half.

»Es geht ihr immer schlechter, Sie müssen den Arzt holen!« Tracys Stimme überschlug sich fast.

Der Stationsarzt kam an Ambers Bett. Er wies die Krankenschwestern an, die Medikamentendosis zu erhöhen und ihr jede Stunde einen Vernebler zu geben.

Gegen zweiundzwanzig Uhr bekam Amber nur noch keuchend Luft. Ihr ganzer Körper war rot und schweißnass. Ihre Augen rollten unter den Lidern immer wieder weg.

»Wir müssen noch einen zweiten Arzt holen, der sie untersucht, *jetzt*!« Tracy hatte genug. Ein »Nein« würde sie nicht akzeptieren.

Ihr Drängen zeigte Wirkung. Ein gestresst aussehender Arzt kam von der Intensivstation herunter, um Ambers Zustand zu überprüfen.

Eines war klar: Was immer das für ein Virus war, von dem Amber angegriffen wurde, es ließ ihr keine Kraft zum Atmen.

»Wir müssen sie nach oben auf die Intensivstation verlegen.« Der Arzt gab den Schwestern ein Zeichen. Und dann wurden das Gitter am Bett hochgeschoben, die Bremsen gelöst, und Amber wurde auf jene Station gebracht, auf der sie ihr Leben begonnen hatte.

Julian blieb fast das Herz stehen, als er die Nachricht erhielt. Intensivstation bedeutete, dass es wirklich ernst war. Nach der Intensivstation kam nur noch die Leichenhalle. Es war furchtbar, so etwas zu denken, aber er konnte nicht anders. Julian fürchtete um das Leben seiner Tochter.

Amber erhielt eine stärkere Antibiotika-Infusion und eine Sauerstoffmaske. Noch immer wurde Glukoselösung durch ihren Körper gepumpt, weil sie keine Nahrung oder Flüssigkeit bei sich behalten konnte.

Sie waren beide erleichtert, dass man jetzt speziell für Amber eine Krankenschwester abstellte, sodass sie rund um die Uhr überwacht wurde. Julian versuchte Tracy zu überreden, nach Hause zu kommen, weil es auf der Intensivstation keine Schlafmöglichkeit für Eltern gab.

»Ich will hierbleiben«, beharrte Tracy. Sie sagte Julian, dass sie nötigenfalls auf dem Flur warten würde; sie würde nirgendwo hingehen, bevor sie nicht sicher sein konnte, dass Amber die kritische Phase überstanden hatte.

Julian wusste, dass es nutzlos war, mit ihr zu streiten.

Tracy konnte nicht mehr zählen, wie viele Tassen Kaffee sie im Laufe der nächsten sechs Stunden trank. Ihr Körper war ausgelaugt, nur ihr Gehirn lief auf Hochtouren. Immer wieder stand sie auf, lief ein bisschen herum und kehrte dann zu dem harten Plastikstuhl zurück, der ihren Rücken malträtierte.

Julian bekam ebenfalls kein Auge zu. Alle paar Stunden fragte er per SMS nervös bei Tracy an, ob es etwas Neues gebe.

»Ich hab nichts gehört. Weiß immer noch nicht, was ihr fehlt«, antwortete sie.

Sie saßen wie auf glühenden Kohlen.

Julian kehrte am folgenden Morgen ins Krankenhaus zurück, sobald er Hope abgesetzt hatte. Er hatte eine Tüte voller Lebensmittel und Snacks für Tracy dabei.

»Hier. Iss das.« Er drückte ihr einen Energieriegel in die Hand.

»Ich kann nicht. Ich bin krank vor Sorge«, sagte Tracy und fasste sich an den Magen.

Minuten später erschien der Arzt, der Amber auf die Intensivstation verlegt hatte, mit einem Klemmbrett unter dem Arm, und bat sie zu einem Gespräch in sein Zimmer. Er war ein junger Typ mit hellem rotblondem Haar und Bartstoppeln am Kinn, die ungefähr eine Nachtschicht alt waren.

Julian und Tracy starrten ihn beide an und warteten mit angehaltenem Atem, dass er zu sprechen begann – dass er sie von ihrer Qual erlöste.

»Wir haben heute Nacht eine Röntgenaufnahme gemacht«, setzte er an.

Sie hörten aufmerksam zu.

»Und festgestellt, dass Amber eine rechtsseitige Pneumonie hat.«

Ein Moment schockierten Schweigens. Damit hatten sie nicht gerechnet.

Tracy legte die Hand auf den Mund, um sich daran zu hindern, mit etwas herauszuplatzen, was sie später bedauern würde.

»Pneumonie?«, wiederholte Julian fassungslos. »Wie hat sie die bekommen?«, fragte er.

Der junge Arzt erklärte, dass solche Sachen eben einfach geschähen. Amber sei durch die offene Luftröhre wahrscheinlich besonders anfällig für den Erreger gewesen.

Julian und Tracy sahen sich an und wussten beide nicht so recht, was sie sagen oder wie sie reagieren sollten.

Einerseits verspürten sie eine gewisse Erleichterung, weil sie jetzt endlich wussten, was Amber fehlte, und die Ärzte sie entsprechend behandeln konnten, zum Beispiel durch die Gabe der richtigen Antibiotika. Andererseits wussten sie auch, dass eine Lungenentzündung eine ernste und lebensbedrohliche Erkrankung war.

Sie brachten es nicht über sich, den Arzt zu fragen, wie ernst die Situation war. Dass es nicht gut stand, wussten sie, sonst wäre Amber nicht auf der Intensivstation. *Manchmal ist es besser, man greift zur Vogel-Strauß-Politik und steckt den Kopf in den Sand. Manchmal schadet es nur, wenn man zu viel weiß*, dachten sie.

Der Arzt sagte ihnen, sie könnten jetzt wieder zu Amber gehen. Sie nickten, baten aber noch um einen Moment, um sich zu sammeln.

Julian nahm Tracys Hand und drückte sie. Keiner von ihnen sagte ein Wort, aber die Botschaft war klar. Sie würden dies gemeinsam durchstehen.

Böse Erinnerungen kamen hoch, als sie unter dem grellen Licht der Neonröhren den vertrauten langen Flur zur Intensivstation entlangschritten. Sie rieben sich die Hände mit dem Desinfektionsmittel ein, atmeten tief durch und drückten die Doppeltüren auf.

Julian hatte vergessen, wie laut es hier war. Piepsende Maschinen. Blinkende Lichter. Hektisch vorbeieilende Ärzte. Dutzende von Betten voller kranker Kinder. Es war herzzerreißend.

Sie gingen in die Ecke, in der das Bett ihrer Tochter stand. Amber sah furchtbar elend aus. Ihre Haut war aschfahl. Ihr blonder Pony klebte schweißnass an der Stirn. Sie wirkte erschöpft und hilflos.

Ihre Atmung klang wie bei einem alten Mann, der in den letzten Zügen liegt.

»Wir sind hier, Amber«, sagte Julian und berührte ihren Arm. Er war glühend heiß.

Am Nachbarbett ging es laut und unruhig zu. Ein kleiner Junge war nach einer Operation am offenen Herzen gerade hereingeschoben worden.

»Oh nein.« Julian wandte den Blick ab. Der Junge tat ihm unendlich leid, ebenso wie alle anderen, die hier mit Amber zusammenlagen. Die ganze Erfahrung war ein Albtraum.

Dann überschlugen sich die Ereignisse. Im nächsten Moment überprüfte der Arzt Ambers Vitalfunktionen. Er nickte, als würde er eine Unterhaltung mit sich selbst führen. Dann wandte er sich an Julian und Tracy.

»Ihre Lunge arbeitet zu angestrengt, deshalb werden wir ihr einfach etwas Ruhe verschaffen. Damit sie wieder zu Kräften kommen kann, um die Pneumonie zu überwinden«, erklärte er.

»Aha, ja, okay«, sagten sie und nickten, ohne etwas zu verstehen. Julian und Tracy waren wieder da, wo sie angefangen hatten, als die Zwillinge geboren wurden – bei dem Versuch, aus den Aussagen der Ärzte schlau zu werden.

Die Krankenschwester bemerkte ihre Unsicherheit und schritt ein. »Verstehen Sie, was der Doktor Ihnen sagen will?«, fragte sie freundlich.

Julian und Tracy sahen sich verwirrt an. »Ähm, na ja, mehr oder weniger«, antworteten sie verunsichert.

Die Krankenschwester erklärte, dass man Amber wieder an das Beatmungsgerät anschließen würde. Julian und Tracy hatten die Worte des Arztes verstanden, aber die wahre Bedeutung drang erst zu ihnen durch, als die Schwester es ihnen erklärte.

»Oh mein Gott«, keuchte Tracy.

Es war eine Horrorvorstellung für sie, dass eine Maschine das Atmen für Amber übernahm. Sie hatten furchtbare Angst, dass sie nie wieder vom Beatmungsgerät loskommen würde, wenn man sie einmal angeschlossen hatte.

Amber hatte einen so weiten Weg hinter sich gebracht, nur um jetzt wieder am Nullpunkt anzufangen. Julian und Tracy fühlten sich am Boden zerstört.

Und dann, als ob das alles noch nicht schlimm genug gewesen wäre, fingen die Geräte neben ihnen an, Alarm zu schlagen. Der kleine Junge hatte einen Herzstillstand.

Ein Heer von Ärzten und Schwestern stürmte herbei. Sie zogen den Vorhang um das Bett, und alle wurden gebeten, den Raum zu verlassen.

Die Eltern wurden in den Warteraum für Familienangehörige gescheucht. Das Leben des Jungen stand auf Messers Schneide, und alle wurden von der angespannten Atmosphäre erfasst. Keiner wusste so recht, wo er hinschauen sollte. Alle hatten Mitleid mit dem kleinen Jungen, dessen Verfassung ihnen gleichzeitig den Ernst der eigenen Situation schmerzlich bewusst machte.

Jedenfalls waren das die Gedanken, die Julian bewegten. *Solche Ereignisse führen einem die eigene Lage glasklar vor Augen – dass meine Tochter in einem kritischen Zustand ist.* Er schloss die Augen und wünschte, seine Familie wäre eine Million Meilen weit entfernt.

Sie mussten allerdings nicht lange warten. Den Ärzten gelang es glücklicherweise, den Zustand des Jungen zu stabilisieren, und Julian und Tracy konnten an Ambers Bett zurückkehren. Die Vorhänge um das Nachbarbett waren immer noch zugezogen, um der Familie des Jungen etwas Privatsphäre zu gewähren.

Julians und Tracys Gefühl von Angst hatte schwindelnde Höhen erreicht, als der Arzt kam, um Amber an das Beatmungsgerät anzuschließen.

Zu sagen, dass man sie an das Beatmungsgerät anschließt, klingt nicht so hart wie die Realität, dachte Julian, *nämlich dass sie Ambers eigene Atmung abstellen und die Maschine übernehmen lassen.*

Er presste die Hände so fest zusammen, dass die Knöchel weiß hervortraten.

»Kein Grund zur Panik, die Maschine wird die Atmung sofort übernehmen«, erklärte die Schwester beruhigend, als sie das Verfahren in Gang setzte. Als Erstes musste man Amber sedieren, weil sie sich nicht bewegen durfte, wenn das Beatmungsgerät angeschlossen war.

Julian und Tracy standen schweigend am Fußende des Bettes und ließen Ambers Brust nicht aus den Augen – beobachteten, wie sie sich hob und senkte.

Ihre Atmung verlangsamte sich, verlangsamte sich noch mehr und hörte dann auf.

Obwohl der Raum von Geräuschen erfüllt war, hätten Julian und Tracy in diesem Moment eine Stecknadel fallen gehört. Sie hatten nur Augen und Ohren für ihre Tochter.

Mit einem klackenden Geräusch sprang die Maschine an. Ambers Brust hob sich.

Julian und Tracy, die die Luft angehalten hatten, atmeten sie mit leisem Zischen aus.

»Gott sei Dank«, flüsterte Julian.

Der Unterschied war sofort sichtbar: Amber musste nicht mehr um Luft ringen. Es war, als ob sich ein Schleier der Ruhe über sie gesenkt hätte.

Julian ging einen Moment nach draußen, um selbst ein bisschen Sauerstoff zu tanken. Dann zog er sein Handy aus der Tasche und scrollte zu Debbies Namen.

Er konnte Amber und Tracy jetzt unmöglich allein lassen und bat seine Schwägerin, sich um Hope zu kümmern.

Debs wollte sofort ins Krankenhaus kommen, aber Julian teilte ihr mit, dass sie im Moment nichts tun könne. Amber sei sediert; sie hofften, dass der neue Schwung Antibiotika das Fieber bald senken würde.

Okay, ruf mich an, wenn du etwas Neues weißt, textete sie zurück. Sie versprach, Hope vom Kindergarten abzuholen.

Julian holte noch einmal tief Luft, bevor er die Hände tief in die Taschen steckte und zurück ins Krankenhaus marschierte – zurück in die Kampfzone.

In den nächsten Stunden blieb Ambers Zustand stabil. Das Geräusch des pumpenden Beatmungsgerätes füllte das Schweigen zwischen Julian und Tracy. Sie waren zu erschöpft, um sich zu unterhalten, und hatten auch Angst, den anderen zu deprimieren. Julian griff zwischendurch immer wieder nach Tracys Hand und drückte sie. Sie zwang sich zu einem Lächeln und blinzelte die Tränen weg.

Es wurde spät, und die Krankenschwester drängte sie, eine Pause zu machen und für die Nacht nach Hause zu gehen. Sie sah auf ihre Armbanduhr, als sie auf das Paar zuging, das bei seiner Tochter Wache hielt. Es war kurz vor dreiundzwanzig Uhr.

»Sie können im Moment nichts weiter tun«, sagte sie. »Amber ist sediert, das Beatmungsgerät arbeitet. Gehen Sie heim und ruhen Sie sich aus. Wenn irgendetwas ist, rufen wir Sie an«, füg-te sie hinzu.

Julian willigte ein; es war sinnvoll, nach Hause zu fahren. Sie konnten in zwanzig Minuten wieder hier sein, falls irgendetwas passieren sollte. Tracy war am Ende ihrer Kräfte – sie musste schlafen.

»Komm, Liebes.« Julian streckte ihr die Hand hin. Er musste Tracy praktisch vom Stuhl loseisen.

Natürlich tat keiner von ihnen ein Auge zu, aber wenigstens konnten sie ein bisschen zur Ruhe kommen. Tracy rollte sich unter der Decke zu einem Ball zusammen und blickte zu ihrem Nachttisch. Es war eine Weile her, seit sie den kleinen Engel be-trachtet hatte, aber er war immer noch da und wachte über sie. Tracy war nicht religiös, aber in dieser Nacht betete sie für Am-ber.

Sie dachte daran, was die Zwillinge schon alles durchgemacht hatten, an die ganzen Hindernisse, die sie überwunden hatten. Ihre Gedanken wanderten zum Sanctuary und zu Shocks.

»Shocks …«, flüsterte sie, als hätte sie eine Lichtung im Wald entdeckt.

Shocks, der Retter

Birmingham, Kinderkrankenhaus, Februar 2014

Tracy war eine Idee gekommen: Shocks hatte schon einmal dafür gesorgt, dass es Amber besser ging – was sprach dagegen, dass er es erneut tat?

Sie dachte die ganze Nacht darüber nach, und als sie am nächsten Morgen wieder im Krankenhaus saßen, wandte sie sich entschlossen an Julian.

»Oh-oh, den Blick kenn ich«, sagte er und verzog misstrauisch das Gesicht.

Sie saßen nebeneinander an Ambers Bett. Ihr Zustand war stabil, aber es ging ihr nicht besser. Tracy wusste, es musste etwas geschehen.

»Könntest du zum Sanctuary fahren und mit dem Handy ein paar Fotos von Shocks machen?«, fragte sie.

Julian zog die Augenbrauen so hoch, dass sie fast seinen Haaransatz erreichten.

»Wenn er nicht zu dir kommt, rede einfach mit ihm«, fuhr sie fort und ignorierte seinen überraschten Gesichtsausdruck.

»Meinst du das im Ernst?«, lachte er.

»Oh, geh einfach los und mach es. Ich glaube, es könnte Ambers Genesung beschleunigen, von Shocks zu hören und Fotos von ihm zu sehen«, sagte sie und tätschelte sein Bein.

Julian, seines Zeichens nicht gerade der größte Tierliebhaber der Welt, hatte gewisse Zweifel daran, dass ein Esel großen Einfluss auf Ambers Genesung haben könnte. Trotzdem wusste er irgendwo tief in sich drin, dass Tracy recht hatte.

Immerhin hatte Shocks Amber schon einmal geholfen.

»Dann bis später«, sagte er und erhob sich seufzend.

Als Julian durch den herrlichen Sutton Park fuhr, musste er sich selbst eingestehen, dass es schön war, einmal eine Weile vom Krankenhaus wegzukommen. Er verstand jetzt, was Tracy mit ihren Geschichten über eine Oase, in der man richtig atmen konnte, gemeint hatte.

Er kurbelte das Fenster herunter und sog die kalte Luft ein.

Julian stieß auf einige erstaunte Gesichter, als er auf den Parkplatz des Sanctuary fuhr. Er hatte dem Eselhof noch nie allein einen Besuch abgestattet.

»Ist alles in Ordnung?«, fragte die große Amber. Sie sah die Kummerfalten in seinem Gesicht.

Er musste an sich halten, um nicht zu weinen, als er der großen Amber – und Andy und dem übrigen Team – berichtete, dass Amber eine Lungenentzündung hatte. Dass sie wieder am Beatmungsgerät hing. Und dass sie jede Hilfe brauchte, die sie bekommen konnte, damit sie sich wieder erholte. Er erklärte Tracys Vorschlag mit den Fotos.

»Das ist eine hervorragende Idee!«, kam es einstimmig vom Team, das die Theorie akzeptierte, ohne mit der Wimper zu zucken.

»Er ist auf der Koppel«, sagte Andy und begleitete Julian zu den Eseln.

Glücklicherweise graste Shocks nicht allzu weit entfernt vom Zaun.

»Soll ich ihn holen?«, fragte Andy.

Julian lehnte ab, weil er keine Umstände machen wollte. Andy konnte spüren, dass Julian einen Moment für sich allein brauchte, und zog sich taktvoll zurück.

Julian zog sein Handy heraus und fing an, Schnappschüsse vom grasenden Shocks zu machen. Leider hob der Esel kein einziges Mal den Kopf, sodass ihm keine besonders guten Aufnahmen gelangen. Julian ging am Zaun entlang, in der Hoffnung, dass er aus einem anderen Blickwinkel bessere Bilder zustande bringen würde. Aber der Abstand zu Shocks war einfach einen kleinen Tick zu weit.

Julian stieß einen tiefen Seufzer aus. Er wollte die Mitarbeiter nicht nerven, weil sie sich gerade auf den Reitunterricht vorbereiteten.

Er erinnerte sich an Tracys Worte: *Wenn Shocks nicht zu dir kommt, rede mit ihm.*

Julian schüttelte ungläubig den Kopf. Es war nicht zu fassen, dass er im Begriff stand, Konversation mit einem Tier zu treiben. »Shocks«, rief er laut.

Keine Reaktion. Obwohl Shocks viel zugänglicher geworden war, hatte er immer noch eine gewisse Abneigung gegen Männer.

Julian räusperte sich, bereit, einen zweiten Versuch zu wagen.

»Shocks, ich brauche deine Hilfe«, sagte er. »Amber ist im Krankenhaus, und ich weiß, dass sie dich vermisst. Deshalb muss ich ein Foto von dir machen, um es ihr zu zeigen.«

Julian lehnte sich ans Tor. Plötzlich fühlte er sich von seinen Gefühlen überwältigt.

»Ich habe keine Ahnung, ob es ihr dadurch besser geht. Aber du musst mir jetzt helfen. Du musst Amber helfen.« Seine Stimme brach. »Bitte, komm ein wenig näher.«

Shocks drehte den Kopf und sah ihn mit einem Auge an.

»Ah, jetzt hörst du mir zu.« Julian spürte Aufregung in sich

aufsteigen. »Komm her, mein Junge, komm ein bisschen näher.«
Er winkte Shocks auffordernd zu. »Das ist für *Amber*.« Julian
sagte immer wieder ihren Namen, in der Hoffnung, dass Shocks
ihn verstand.

Shocks zermahlte die letzten Grashalme, mit denen er im
Maul herumgespielt hatte – und fing dann an, sich auf Julian
zuzubewegen.

»Gut so, Shocks. Komm her, mein Junge.« Julian wäre vor
Freude am liebsten auf und ab gehüpft, aber er wollte Ambers
Freund nicht verscheuchen.

Klick. Klick. Klick. Julian schoss ein Foto nach dem anderen
wie ein Fotograf bei einem Shooting. Darunter auch einige schöne Nahaufnahmen von Shocks' großem Kopf mit den pusche-
ligen Ohren.

»Amber wird begeistert sein«, murmelte er grinsend vor sich
hin.

Julian hielt einen Moment inne, weil ihm bewusst wurde, dass
gerade etwas ganz Wunderbares geschehen war. Shocks hatte
ihm genau in dem Moment, in dem er es am meisten brauchte,
eine kleine Auszeit verschafft.

»Danke«, sagte er schlicht.

Shocks musste Julians Kummer gespürt haben und wollte ihm entgegenkommen, so wie er es für Amber getan hatte,
als sie ihn am meisten brauchte. Er streckte den Kopf über den
Zaun, damit Julian seine Nase streicheln konnte.

Es war das erste Mal, dass die beiden in direkten Kontakt traten.

Julian konnte kaum glauben, dass ihm die Tränen kamen, als
er Shocks streichelte.

Er schalt sich selbst, weil er so ein Weichei war. Doch als er
zum Auto zurückging, merkte er, dass er insgesamt ein bisschen

positiver gestimmt war. Ein Teil der Last schien von ihm abgefallen zu sein. Hatte Shocks das bewirkt?

Er steckte kurz den Kopf in die Reithalle, um sich zu verabschieden.

»Richte Amber liebe Grüße von uns aus!« Andy und die große Amber legten die Hände trichterförmig vor den Mund und brüllten quer durch die Halle.

Julian nickte und machte ein Daumen-hoch-Zeichen. Er hatte seinen Besuch mehr genossen, als er erwartet hatte. Er war nicht nur für eine Weile dem Druck der Intensivstation entronnen, sondern fragte sich auch, ob er einen Freund gewonnen hatte.

»Hast du sie?«, fragte Tracy dringlich, sobald sie Julian im Krankenhaus auf sich zukommen sah.

»Ich hab sie!« Lachend hielt er sein Handy in die Luft wie eine olympische Goldmedaille.

»Gott sei Dank.« Erleichtert fasste Tracy sich ans Herz. »Als du weg warst, hat mich ein bisschen das schlechte Gewissen geplagt, weil ich dich losgeschickt habe«, gestand sie. »Ich dachte, du hättest sowieso keine Chance, Shocks dazu zu bringen, für dich zu posieren.«

Als Tracy die Fotos durchblätterte, konnte sie sehen, dass Shocks sich besonders angestrengt hatte.

»Fang bloß nicht an zu heulen«, scherzte Julian. Er konnte sehen, welche Wirkung der Esel auf sie hatte.

Er wechselte das Thema. »Wie ging's ihr, als ich weg war?« Julian griff nach Ambers schlaffer Hand.

»Alles unverändert.« Tracy presste erschöpft die Lippen aufeinander.

Obwohl Amber unter Beruhigungsmitteln stand und aussah, als würde sie schlafen, dachten Julian und Tracy, dass es ihr vielleicht helfen würde, wenn sie mit ihr sprachen; vielleicht bekam sie doch etwas von ihren Worten mit.

»Ich hab heute Shocks gesehen. Er vermisst dich und kann es kaum erwarten, dass es dir wieder besser geht.« Julian schnitt Ambers Lieblingsthema an.

»Das stimmt, Amber, sobald es dir besser geht, können wir ihn besuchen«, stimmte Tracy ein. Sie hoffte, dass der Gedanke an ein Wiedersehen mit Shocks Ambers Genesungsprozess beschleunigen würde.

Für den Rest des Nachmittags unterhielten sich die beiden über Ambers Bett hinweg. Julian ging zwischendurch nach draußen, um frische Luft zu tanken. Er stellte sich dorthin, wo die Rettungswagen im Reißverschlussverfahren hielten und abfuhren, bis eine kalte Februarböe ihn in die überheizten Krankenhausflure zurücktrieb. Unwillkürlich kehrte die Erinnerung daran zurück, was für ein Albtraum die Geburt der Zwillinge gewesen war.

Zurück an Ambers Bett tauchte allerdings immer wieder Shocks in den Gedanken und Worten von Julian und Tracy auf, und irgendwie sorgte Ambers spezieller Freund dafür, dass sie weitermachten. Der Gedanke an ihn hatte etwas Positives, auf das die beiden zurückgreifen konnten, wenn sie darum rangen, den Mut nicht zu verlieren.

Am frühen Abend tauchte Shocks erneut in ihren Gedanken auf, als überraschender Besuch eintraf.

Nach den Besucherregeln der Intensivstation durften jeweils nur zwei Verwandte am Bett eines Patienten sein. Julian ging nach draußen, um zu sehen, wer gekommen war.

Es war die große Amber.

»Tut mir leid. Ich hoffe, ich komme nicht ungelegen. Ich konnte einfach den Gedanken nicht ertragen, dass sie hier liegt, und wollte mal vorbeischauen«, sagte sie lächelnd. »Sie ist inzwischen so was wie ein Familienmitglied für uns«, fügte sie hinzu, eine Tüte voller Geschenke umklammernd.

Julian war zu gerührt, um etwas zu sagen.

»Julian, bist du okay?« Amber versuchte, seinen Blick einzufangen.

Julian riss sich aus seinen Gedanken. »Ja, geh durch. Ich warte hier.« Er deutete auf die Doppeltüren, um ihr die Richtung zu zeigen.

Die große Amber drückte sanft seinen Arm. Dann machte sie sich auf den Weg in die Intensivstation und schwang dabei ihre Tüte mit den Mitbringseln hin und her.

Tracy war überglücklich, ihre Freundin zu sehen. Die große Amber breitete die Arme aus wie Adlerschwingen und zog sie für eine dicke Umarmung an sich. Wie hatte Tracy das vermisst – den Kontakt zum *Donkey Sanctuary*, zu Shocks und all ihren Freunden!

»Wie geht's der Kleinen?« Die große Amber renkte sich fast den Hals aus, um einen Blick auf die winzige Gestalt im Bett zu erhaschen.

»Sie ist stabil«, seufzte Tracy hilflos.

Die große Amber tauchte die Hand tief in ihre Plastiktüte und zog ein Geschenk heraus. »Alle in der Reitschule dachten, dass sie Shocks bestimmt vermisst. Wenn sie ihn also schon nicht sehen kann, haben wir hier das Zweitbeste.« Amber Brennan überreichte ihr einen kleinen gehäkelten Esel.

»Oh, wie süß!« Tracy fächelte die Tränen fort. Die geringste Kleinigkeit brachte sie zum Heulen.

Es war das beste Geschenk, das sie Amber bringen konnte, weil es den Gedanken an Shocks lebendig hielt. Tracy glaubte fest daran, dass Shocks der Schlüssel zu Ambers Genesung war.

Die große Amber wühlte wieder in ihrer Tüte und zog ein Geschenk für Tracy heraus – eine Schachtel Pralinen.

»Um deinen Energielevel hochzuhalten«, sagte sie augenzwinkernd.

Die große Amber durfte nicht lange bleiben, weil sie keine direkte Verwandte war, aber ihr Besuch hatte alle Austwicks aufgebaut. Auch wenn sie natürlich wieder eine schlaflose Nacht verbrachten, waren die Ängste und Sorgen nicht ganz so erdrückend wie vorher. Tracy konnte nicht erklären, wie oder warum, aber sie spürte, dass es aufwärtsging.

Sie sollte recht behalten. Am nächsten Morgen verkündete der rothaarige Arzt die gute Nachricht – Ambers Fieber war in der Nacht so drastisch gefallen, dass man sie vom Beatmungsgerät nehmen wollte.

»Sie kommt wieder auf die Beine«, sagte er und strahlte über sein ganzes sommersprossiges Gesicht.

»Oh, Gott sei Dank«, flüsterten Julian und Tracy.

Trotzdem stand ihnen jetzt natürlich der Horror bevor, dass sie mit ansehen mussten, wie das Beatmungsgerät abgeschaltet wurde … und Amber wieder eigenständig atmen musste. Es war eine Wiederholung der Erfahrung, die sie vor 48 Stunden gemacht hatten, nur in umgekehrter Reihenfolge. Doch wenigstens wussten sie, dass Amber sich auf dem Weg der Besserung befand. An diese Hoffnung konnten sie sich klammern.

Tracy nahm den kleinen Häkelesel von Ambers Bett. Sie drückte ihn fest mit beiden Händen, als sie am Kopfende des Bettes mit Julian wartete.

»Alles wird gut«, sagte die Schwester und lächelte ihnen beruhigend zu.

Die Situation war schrecklich vertraut. Es war, als litten sie unter einem Déjà-vu.

Oder vielleicht besser gesagt unter einem wiederkehrenden Albtraum.

Das klackende und zischende Geräusch des Beatmungsgeräts brach ab.

Julian nahm Tracys Hand.

Die Stille hielt an.

Julian drückte die Finger seiner Frau hart zusammen.

Und dann hob sich die Brust der kleinen Amber.

Das krächzende, rasselnde Atemgeräusch war immer noch da, aber überhaupt nicht damit zu vergleichen, wie es vorher gewesen war.

»Oh, Gott sei Dank«, murmelten sie abermals.

Es dauerte eine Weile, bis die Wirkung der Beruhigungsmittel nachließ. Draußen war es dunkel und bitterkalt, als Amber allmählich zu sich kam.

Beide Eltern kauerten über ihrem Bett, beugten sich von beiden Seiten zu ihr herunter.

»Amber, kannst du uns hören?«, fragte Julian, als er sah, wie sie sich bewegte.

Amber schmatzte mit den Lippen, als hätte sie gerade etwas Bitteres geschmeckt.

»Amber, wir haben dich lieb.« Tracy musste schon wieder die Tränen unterdrücken.

Amber konnte definitiv hören, was ihre Eltern sagten, denn ihre kleinen Mundwinkel kräuselten sich zu einem Lächeln.

»Du hast uns einen ganz schönen Schrecken eingejagt«, plapperte Julian weiter. Er hatte viel nachzuholen.

Während Amber schwer atmend in ihrem Bett lag, erzählten Julian und Tracy, wie sie ihren Vater zu Shocks entsandt hatten. Dass ihr bester Freund sogar zu ihm gekommen war, um Hallo zu sagen.

»Er wartet auf dich«, sagte Julian und zeigte ihr das Foto.

Amber hatte kaum die Kraft, die Augen zu öffnen, aber die kostbaren Sekunden, in denen ihr Blick auf Shocks fiel, zauberten ein Lächeln auf ihr Gesicht.

Wieder auf den Beinen

Kinderkrankenhaus Birmingham, Februar 2014

Amber war eine kleine Kämpferin.

So schnell, wie es bergab gegangen war, so schnell ging es wieder bergauf. Nachdem sie ihren Kampfgeist einmal wiedergefunden hatte, konnte nichts ihre Genesung stoppen.

Als Julian und Tracy am nächsten Morgen ins Krankenhaus kamen, saß Amber aufrecht im Bett. Eine Tüte Monster-Munch-Chips knabbernd verfolgte sie einen Film auf dem Fernseher, den die Schwestern am Fußende ihres Bettes installiert hatten.

»Da geht's wohl jemandem besser«, gluckste Julian.

Amber strahlte ihre Eltern an. Sie hatte sie eindeutig vermisst.

Sie streckte die kleine Handfläche hoch, um ihre Eltern abzuklatschen.

»Wie fühlst du dich?« Tracy fing an, ihr kleines Mädchen zu betütern.

Das Sprechventil würde Amber erst wieder benutzen können, wenn die Lungenentzündung völlig ausgeheilt war, aber das hielt sie nicht vom Kommunizieren ab.

Sie legte die Hände an den Kopf und ahmte Eselsohren nach.

»Hast du gehört, wie ich dir von Shocks erzählt habe?«, fragte Julian.

Begeistertes Nicken.

Julian und Tracy zogen sich einen Stuhl heran und machten sich daran, ihr die Geschichte noch einmal zu erzählen.

»Also, ich war gestern bei Shocks«, fing Julian an. Er wusste, Amber würde jedes kleine Detail über ihren Freund hören wollen. »Ich habe ihm erzählt, dass es dir nicht besonders gut geht.«

Amber machte ein trauriges Gesicht.

»Aber sobald du wieder zu Kräften kommst, kannst du ihn besuchen«, versprach Tracy.

Amber schlug die Fäuste gegeneinander, wie sie es immer tat, wenn sie wusste, dass es zum Eselhof ging.

Stolz zeigte Julian ihr noch einmal die Fotos, die er gemacht hatte.

Ambers Augen weiteten sich vor Freude. Sie griff nach dem Handy, um die Bilder noch genauer in Augenschein zu nehmen.

»Hab dich lieb, Shocks«, formte sie lautlos mit den Lippen und gab dem Handy einen kleinen Kuss.

»Ahhhh«, gurrten Julian und Tracy beide.

Amber ging es stündlich besser. Die Antibiotika in Verbindung mit ihrer schieren Entschlossenheit, nach Hause zu kommen und Shocks zu sehen, trieben ihre wundersame Genesung an.

Die Schwestern hatten einen Narren an Amber gefressen und machten viel Wirbel um sie. Sie bastelten ihr sogar eine Krone aus pinkfarbenem Papier, die zu ihrem pinkfarbenen T-Shirt mit der Aufschrift »I LOVE NY« und den Luftballons an ihrem Bett passte.

Prinzessin Amber hatten sie vorn auf die Krone geschrieben.

Amber strahlte ununterbrochen.

Gegen Abend hatte sie sich so gut erholt, dass die Ärzte entschieden, sie wieder auf eine normale Station zu verlegen, um Platz für dringendere Fälle auf der Intensivstation zu schaffen.

Sie wurde gebührend verabschiedet.

Einige der Ärzte und Schwestern versammelten sich an der Tür, um Auf Wiedersehen zu sagen. Amber trug ihre pinkfarbene Krone und winkte majestätisch von ihrem Bett aus, während die Schwestern sie herausrollten. Sie drehte sich noch einmal um, und die ganze Intensivstation winkte ihr nach.

Es war, als wäre sie die Queen.

Julian und Tracy war das Ganze so peinlich, dass sie die Hände vors Gesicht hielten und verlegen durch die Finger schielten.

Es tat ihnen auch leid um all die kranken Kinder, die zurückbleiben mussten.

»Bye, Amber, hoffentlich sehen wir dich *nicht* so bald wieder!«, sagten die Schwestern.

Die Austwicks hielten diesen Abschiedssatz für sehr gelungen.

Und obwohl sie den Moment oberpeinlich fanden, war er auch sehr lustig. Julian musste seine Kamera herausholen und Fotos von Prinzessin Amber machen.

Bepackt mit den ganzen Geschenken für ihre Tochter folgten Julian und Tracy der »königlichen Karosse«.

Amber musste noch eine Weile auf der Station bleiben, bis die Ärzte überzeugt waren, dass einer Entlassung nichts mehr im Wege stand. Als sie schließlich Entwarnung gaben, war Amber insgesamt zehn Tage im Krankenhaus gewesen.

Es war auch fast zwei Wochen her, seit Amber ihre Schwester zuletzt gesehen hatte. Als Julian am Entlassungstag ins Krankenhaus fuhr, um Amber abzuholen, sammelte er unterwegs Hope im Kindergarten ein.

Hope war sehr aufgeregt wegen des bevorstehenden Wiedersehens. Während der ganzen Autofahrt fragte sie immer wieder, ob es Amber besser gehe.

»Sie kann es kaum erwarten, dich zu sehen, Hopey«, sagte Julian ihr.

Als Vater und Tochter eintrafen, wuselte Amber gerade mit einem breiten, verschmitzten Grinsen im Gesicht auf der Station hin und her. Tracy versuchte, mit ihr Schritt zu halten.

»Schau, wer gekommen ist, um dich zu sehen!«, verkündete Julian.

Hope ließ die Hand ihres Vaters los und rannte auf ihre Schwester zu.

»Amber! Amber!«, rief sie mit ausgestreckten Armen.

Amber freute sich riesig, ihre Schwester zu sehen. Auch sie streckte die Arme aus. Es war wie eine Szene aus einem Film, in dem zwei lang verloren geglaubte Freunde endlich wieder zusammenfinden.

Sie umarmten einander und legten sich gegenseitig die Köpfe auf die Schultern. Julian machte einige Bilder fürs Familienalbum.

»Vermiss dich, vermiss dich«, sagte Hope immer wieder. »Kommst du jetzt nach Hause?«

Amber nickte. Sie hielt Hopes Hand, während sie zu ihren Eltern taperten, beide mit demselben fragenden Blick: »Können wir jetzt bitte nach Hause?«

Julian hatte natürlich zig Tücher und Decken mitgebracht, um Amber einzumummeln wie einen Eskimo. Er würde nicht riskieren, dass sie sich gleich wieder erkältete.

»Man kann sie gar nicht mehr sehen«, gluckste Tracy. Der Schal bedeckte die Hälfte des Gesichts, nur ihre großen blauen Augen guckten noch heraus.

»Los jetzt, es ist an der Zeit, nach Hause zu gehen«, verkündete Julian. Er hatte lange darauf gewartet, diese Worte sagen zu können.

Zu Hause angekommen nahmen Julian und Tracy es mit der Hygiene sehr genau. Man könnte auch sagen, sie taten etwas zu viel des Guten. Tracy sprühte den Boden immer wieder mit Desinfektionsmittel ein. Sie wusch sich vor jedem Absaugen die Hände. Sie scheuerte sogar die Türklinken.

Sie wollten um jeden Preis vermeiden, diese Erfahrung noch einmal zu erleben. Natürlich ließ sich nicht ausschließen, dass Amber erneut erkrankte, aber sie brauchten einfach das Gefühl, wieder ein bisschen Kontrolle zu haben.

Erst als sie alle zusammen vor dem Fernseher saßen und entspannten, wurde ihnen plötzlich die enorme Tragweite des erlebten Geschehens bewusst.

»Du denkst, alles wird besser, und dann nimmt dir eine Sache wie diese allen Wind aus den Segeln«, seufzte Julian.

Tracy war entschlossen, sich durch die Erfahrung nicht entmutigen zu lassen. »Ich weiß, aber denk mal dran, wie schnell sie sich erholt hat. Wir dürfen uns dadurch nicht unterkriegen lassen«, sagte sie mit sanftem Ansporn.

Julian nickte. Er wusste, seine Frau hatte recht. Sie wären nie so weit gekommen, wenn Tracy nicht immer wieder darauf gedrängt hätte, Neues auszuprobieren. Aber heute Abend wollte er einfach nur auf dem Sofa kuscheln und alle Sorgen vergessen.

Es vergingen einige Monate, bevor Julian und Tracy in Erwägung zogen, Amber zurück in den Kindergarten zu schicken. Sie wollten, dass ihr Immunsystem stark wie eine Festung war, bevor sie wieder den laufenden Nasen und Ansteckungsgefahren der anderen Kinder ausgesetzt war.

Trotzdem wussten sie natürlich sehr genau, dass sie Amber nicht für immer in Watte packen konnten. Theoretisch waren sie sich einig, dass viele Kontakte im Grunde das Beste waren, um Ambers Immunsystem zu mobilisieren.

Nur dass es Julian natürlich wie immer schwererfiel als Tracy, seine Tochter gehen zu lassen.

Tracy entschied, dass ein Ausflug zum Sanctuary in Ordnung sei – um Amber wieder behutsam mit der Außenwelt in Kontakt zu bringen.

Julian sah sie stirnrunzelnd an. »Ich weiß nicht, Trace. Draußen ist es ziemlich kalt.« Er deutete auf den grauen Himmel mit den drohenden Regenwolken.

»Sei nicht albern, wir werden die Mädchen warm anziehen«, sagte sie und sprang vom Sofa hoch.

Shocks vermisst Amber bestimmt genauso wie sie ihn, dachte sie. Es war volle zwei Monate her, seit die beiden zusammen gewesen waren. Sie hatten Amber mit Fotos von ihrem Freund bei Laune gehalten, und gelegentlich hatten sie ihr eine Postkarte vom *Donkey Sanctuary* gegeben. Auf den Karten stand: »Liebe Grüße von Shocks«. Die Postkarten hatten einen Ehrenplatz auf Ambers Nachttisch erhalten.

Tracy konnte es kaum erwarten, Amber die Neuigkeit mitzuteilen.

Amber, die inzwischen wieder ihr Sprechventil trug, galoppierte freudestrahlend um den Couchtisch.

»Ich will ein Kleid tragen«, verkündete sie.

»Selbstverständlich.« Tracy hätte es wissen müssen. Julian griff ein. Es kam überhaupt nicht in Frage, dass Amber, die gerade erst eine Lungenentzündung auskuriert hatte, an einem kalten Apriltag mit einem dünnen Kleidchen zum Eselreiten aufmarschierte.

»Nein.« Er drohte mit dem Finger.

Doch Amber war bereits die Treppe hochgeflitzt und wählte ein passendes Outfit aus ihrer riesigen Sammlung.

Tracy versicherte Julian, dass sie Amber warm einpacken

würde, aber sie brachte es nicht übers Herz, ihr zu verbieten, ein Kleid anzuziehen. Abgesehen davon, dass es zu ihrem kleinen Ritual gehörte, hatte sie ihren Freund seit Monaten nicht gesehen und wäre todunglücklich, wenn sie nicht in ihrem besten Sonntagsstaat zum Treffen erscheinen dürfte.

Amber wählte ein blaues Kleid, das mit einem Bild von Prinzessin Elsa aus Disneys *Eiskönigin* verziert war. Tracy sorgte für die Accessoires in Form von lilafarbenen Leggings, pinken Gummistiefeln, einer Fleecejacke und zwei Schals.

»Da kommt keine Bakterie durch«, sagte sie, als sie Julian das Outfit präsentierte.

»Okay, okay«, stimmte er lächelnd zu. Er trieb die Zwillinge zum Auto.

Er musste zugeben, dass es schön war, einmal wieder einen Familienausflug zu machen.

Amber erkannte die vertrauten Anblicke und Geräusche, als sie die Vororte hinter sich ließen und in das grüne Paradies von Sutton Park abbogen. Als sie über die Viehgitter ruckelten, war Amber kurz davor, aus ihrem Kindersitz auszubrechen.

»Shocks, Shocks, Shocks!«, skandierte sie.

Das Mädchen, das früher nicht sprechen konnte, rief jetzt so laut sie konnte in die Welt hinaus, wie glücklich sie war, zum *Donkey Sanctuary* zurückzukehren.

Sobald sie geparkt und die Mädchen aus den Sitzen gehoben hatten, war Amber nicht mehr zu halten.

Sie steuerte schnurstracks auf die Koppel zu. Sie hielt kein einziges Mal inne, um der Gang Hallo zu sagen oder den anderen Eseln zuzuwinken. Amber wollte Shocks sehen und nur Shocks.

Julian machte seine Kamera startklar.

Obwohl Tracy und Julian schon oft mit eigenen Augen gesehen hatten, wie Shocks auf Amber reagierte, erstaunte es sie immer wieder aufs Neue.

Er sah sie auf sich zukommen und machte sich sofort auf den Weg zum Zaun.

Andy sah sie ebenfalls kommen und winkte ihnen begeistert zu.

»Hallo, Fremde«, rief er.

Und dann passierte etwas Erstaunliches.

Shocks war so glücklich, Amber zu sehen, dass er seinen allerersten Eselsschrei ausstieß.

Andy schüttelte den Kopf, als ob er nicht wirklich glauben könnte, was er da gerade gehört hatte. Dann spurtete er über das Gras und sprang praktisch in einem Satz über den Zaun, um die anderen zu holen.

Unterdessen hatte Julian Amber hochgehoben, sodass sie auf Augenhöhe mit Shocks war. Tracy blieb mit Hope an der Hand ein paar Schritte zurück.

Shocks stieß ein weiteres gewaltiges *Iii-Aaah!* aus. Amber legte die Hände auf die Ohren, weil es so laut war. Shocks wartete geduldig auf seine Streicheleinheiten. Sie tätschelte das igelige Haar zwischen seinen Ohren und streichelte dann mit beiden Händen über seine Nase.

Es war nicht zu übersehen, wie sehr sie einander gefehlt hatten.

»Ich hab dich lieb, Shocky«, sagte sie, als Julian sie herunterließ.

Dann drehte sie sich schwungvoll um und umklammerte das Bein ihres Vaters. »Ich hab dich lieb, Daddy«, strahlte sie.

»Wir haben dich auch lieb, Amber«, antwortete Julian, der ziemlich gerührt war. Er wandte sich zu dem Esel um, der geduldig am Zaun stand. »Und dich haben wir auch lieb, Shocks, für alles, was du für Amber getan hast«, sagte er. Shocks sah die Austwicks alle an und stieß dann einen lauten anerkennenden Nieser aus.

Die drei Musketiere – Zebedee, Mackenzie und King – schlichen ganz in der Nähe herum und fragten sich zweifellos, was es mit dieser ganzen Aufregung auf sich hatte. Zebedee trottete provokativ zu der Stelle, wo Amber sich am Zaun festhielt.

Früher wäre Shocks erstarrt, wenn der Gangleader näher gekommen wäre, aber das war Geschichte. Um Amber zu beschützen, würde er es mit jedem aufnehmen. Er richtete den Blick auf Zebedee, als der weiße Esel näher rückte, und blitzte ihn dann kurz an, als wolle er sagen: »Mach 'ne Fliege!«

Zebedee ignorierte Shocks' warnenden Blick und machte frech weiter. Als er nur noch einen kurzen Schritt von Amber entfernt war, drehte Shocks sich um. Er zog die Lippen hoch, fletschte die Zähne und zwickte Zebedee in den Hals.

»Nimm das!«, schien er zu sagen und unterstrich seine Eselworte mit einem kräftigen Schwanzschlagen.

Zebedee war so verdattert über Shocks' selbstbewusstes Auftreten, dass er rückwärtstaumelte und fast gestolpert wäre.

Er warf Shocks einen bösen Blick zu und legte die Ohren an.

»Okay, Jungs, Schluss jetzt!«, schritt Andy ein. Er hatte die ganze Auseinandersetzung auf seinem Rückweg beobachtet. Jemand musste mal wieder die raufenden Jungs auf dem Schulhof trennen!

Amber war durch die Kabbelei nicht im Geringsten beunruhigt, sondern fand das Ganze eher aufregend.

»Du kleiner Hooligan«, neckte Andy sie, als er sich neben ihr hinkniete, um sie zur Begrüßung in den Arm zu nehmen.

»Ich auch«, kreischte Hope und rannte zu ihnen, um sich dem Wiedersehenstreffen anzuschließen.

Der arme Andy musste die Mädchen praktisch von sich ab-
pflücken, so glücklich waren sie, ihn wiederzusehen. Sie klam-
merten sich um seine Beine wie Radkrallen, während er Julian
und Tracy erklärte, dass Shocks' Verhalten gegenüber Zebedee
durchaus keine einmalige Angelegenheit gewesen sei.

Shocks' neu entdecktes Selbstvertrauen hatte eine massive Um-
strukturierung in der Hackordnung der Esel zur Folge gehabt.

»Er ist von Platz einundzwanzig auf ungefähr Platz neun
hochgestiegen«, sagte Andy stolz. »Er wartet nicht mehr, bis
man ihm eine Möhre hinwirft, er ist morgens einer der Ersten
an den Heunetzen und zwickt die anderen Esel, damit sie warten, bis sie dran sind.«

Aber Andy versicherte den Austwicks eilig, dass Shocks sich
deshalb keinesfalls in einen Rowdy verwandelt hätte. Tatsächlich
stehe er treu zu seiner ursprünglichen Freundesgruppe – Jacko
und Rambo. Er sei nur ein bisschen mutiger geworden. Das sei
alles, was das Team im Sanctuary sich für Shocks erhofft und
ersehnt habe.

Und damit schlug Andy vor, dass sie einen kleinen Spaziergang machten, weil er jemanden kenne, der sich ein Loch in den
Bauch freuen würde, weil Amber wieder auf dem Damm war.

Die große Amber arbeitete sich im Büro durch einen Riesen-
aktenberg. Das war das Problem mit den Eseln; sie verbrauchten
so viel Zeit und Energie, dass den Mitarbeitern kaum Zeit für
den Verwaltungskram blieb.

Sie sah hinter einem Papier- und Aktenstapel hoch, als die
Bürotür sich öffnete. Und dann …

»Amber«, kreischte sie und sprang von ihrem Stuhl hoch, der
quietschend nach hinten rutschte.

Die große Amber schloss die kleine Amber in die Arme und
sagte ihr, wie sehr sie sie alle vermisst hätten.

»Wie heißt du?«, fragte die kleine Amber verschmitzt.

»Oh nein, nicht das schon wieder …« Julian verdrehte lachend die Augen.

Die große Amber schlug vor, dass sie sich eine Tasse Tee und einen Teller Pommes holten und es sich auf den Picknickbänken auf dem Spielplatz bequem machten.

Amber und Hope tollten sofort los, um zu untersuchen, was für Spielsachen auf sie warteten.

Während die Erwachsenen sich auf die Bank setzten, sah die große Amber aus, als hätte sie etwas auf dem Herzen. Nachdenklich trommelte sie mit den Fingern auf den hölzernen Tisch.

Julian und Tracy sahen sie erwartungsvoll an.

»Ihr ratet nicht, was ich gemacht habe«, platzte es schließlich aus ihr heraus.

Julian und Tracy sahen sich an und dann wieder zu Amber – sie hatten keine Ahnung.

»Ich habe Shocks für die Animal Hero Awards angemeldet«, sagte sie.

Und dann redete sie, ohne Atem zu holen, drauflos. »Es ist das erste Mal, dass das Sanctuary an so etwas teilnimmt, aber wir dachten, Shocks' Verwandlung ist etwas so Wunderbares, dass das ganze Land davon erfahren sollte. Ich habe keine Ahnung, ob wir eine Chance haben, aber …«, sie hielt inne, um Luft zu holen, »… das werden wir ja bald herausfinden.«

Julian und Tracy waren sprachlos. Sie hatten nicht gewusst, dass es solche Preisverleihungen überhaupt gab. Aber sie hatten ein gutes Gefühl. Seit Shocks' Rettung war allen möglichen Leuten aufgefallen, dass er ein Funkeln in den Augen hatte, dass er etwas ganz Besonderes war. Von daher gab es keinen Grund, warum es nicht so weitergehen sollte.

Held des Tages

London, Sommer 2014

Die große Amber hatte noch nie die hellen Lichter von London gesehen.

Von daher war es fast ein bisschen viel, dass ihr erster Besuch auch noch ein Champagner-Dinner im prestigereichen Langham Hotel umfasste, an dem Berühmtheiten wie die Schauspielerin Amanda Holden, der Leadgitarrist der Gruppe Queen, Brian May, und die Boygroup McFly teilnahmen.

Shocks war in der Kategorie Rescue Animal of the Year für die feierliche Hero-Awards-Veranstaltung, die vom *Daily Mirror* und der RSPCA ausgerichtet wurde, nominiert worden.

Die große Amber konnte es nicht fassen.

»Ich wünschte, ich könnte dich mitnehmen, mein Junge«, hatte sie zu dem Esel gesagt, als sie einen Moment mit Shocks allein war, bevor sie den Bus in die Stadt bestieg.

Aber Amber sagte Shocks, dass ihm London wahrscheinlich sowieso nicht besonders gefallen würde, weil es laut und schmutzig war und weil es kaum saftiges grünes Gras für ihn gab.

Stattdessen würde sie mit Suzi Cretney und Dawn Vincent von der Presseabteilung des *Donkey Sanctuary* zu der Feier fahren.

Amber hatte Shocks ausgiebig hinter den Ohren gekrault und sich entschuldigt, weil sie in Eile war, aber sie musste noch ein

Kleid für das große Ereignis auswählen und erledigte mal wieder alles in letzter Minute.

»Viel Glück!«, hatten Andy und das Team sie angespornt, als sie zu ihrem Auto eilte, um zur Bushaltestelle zu fahren.

Sie hatten sich alle in einem kleinen Halbkreis auf dem Parkplatz aufgestellt, um sie zu verabschieden.

Amber hatte noch einmal den Kopf aus dem Fenster gestreckt und dann den ganzen Weg die Auffahrt hoch gewinkt, bis die Mitarbeiter nur noch kleine Punkte in der Ferne waren.

Jetzt war Showtime!

In der Empfangshalle des Hotels traf sie später am Tag auf Suzi und Dawn, die genauso aufgeregt und nervös waren wie sie selbst. Auch sie konnten immer noch nicht wirklich glauben, dass Shocks in der engeren Auswahl für die Auszeichnung war, dass sie in wenigen Stunden an der ganz besonderen Feier teilnehmen würden, auf der die wunderbare Arbeit, die Tiere und ihre Besitzer leisten, gewürdigt wird.

Nachdem Amber eingecheckt hatte, ließ sie den Fahrstuhl kommen, um zu ihrem Zimmer hochzufahren. Mit blauem *Donkey-Sanctuary*-Fleece, Jeans und Stiefeln trat sie in den Lift und tauchte eineinhalb Stunden später in einem wunderschönen schwarz und weiß gemusterten, figurbetonten Kleid und schwarzen Stilettos wieder auf.

Suzi und Dawn sagten ihr, dass sie umwerfend aussehe. Als Pressesprecherinnen waren die beiden ein bisschen mehr daran gewöhnt, sich in Schale zu werfen, aber für die große Amber war es etwas ganz Besonderes. Schließlich verbrachte sie die meiste Zeit in schmutzigen Overalls.

Auf der ganzen Taxifahrt zum Langham Hotel in der Londoner Innenstadt war Amber ganz kribbelig vor Aufregung. Sie war nervös wegen der vielen fremden Leute, die sie treffen würde, aber vor allem, weil sie sich fragte, ob Shocks die Auszeichnung gewinnen würde. Amber wusste, dass es harte Konkurrenz gab.

Das Taxi hielt vor dem imposanten Gebäude, das eines der ältesten Hotels in London beherbergt. Die Polizei hatte den Eingangsbereich abgesperrt. Schwarze Limousinen manövrierten durch den sich stauenden Verkehr. Ein Heer von Schaulustigen versuchte, einen Blick auf die eintreffenden Berühmtheiten zu erhaschen.

Sogar die große Amber fühlte sich unter dem achtstöckigen Gebäude mit den hoch aufragenden weißen Säulen wie ein Zwerg. Über dem bogenförmigen Eingang wehten Union-Jack-Flaggen im Wind. Die Tür wurde von einem halben Dutzend Männer bewacht, alle elegant gekleidet mit maßgeschneiderten grauen Anzügen und Zylindern.

»Boah ey!«, keuchte Amber und bekam leuchtende Augen.

Auf der Rechten stand eine Gruppe Paparazzi-Fotografen, die ein Blitzlichtgewitter abschossen, als eine Gruppe Prominenter über den roten Teppich schritt, der zum Eingang des Hotels führte.

Als Amber eintraf, wurde gerade Deborah Meaden, eine der Richterinnen aus der Fernsehsendung *Dragons' Den,* von den Fotografen ins Visier genommen. Doch als Tierfreundin war Amber mehr daran interessiert, wer außer ihr noch aufs Bild kam – nämlich zwei riesige Polizeipferde. Ihr Fell war perfekt geschoren und der Schweif zur Feier des Tages geflochten.

»Mann, sind die schön«, murmelte sie bewundernd. Und dann wanderten ihre Gedanken natürlich zu den Eseln.

Zeit, dass ein paar der Jungs einen Haarschnitt verpasst kriegen, dachte sie und notierte im Geiste, dass sie bei ihrer Rückkehr einen Schertermin abmachen wollte.

Amber, Suzi und Dawn wurden durch die perfekt renovierten Flure geleitet, die alle mit weißen Lilien und riesigen Blumenbuketts geschmückt waren. Alle drei Frauen rangen gleichzeitig nach Luft, als sie den großen Ballsaal betraten.

Es war ein unvergesslicher Anblick – ein riesiger, blütenweißer Raum umsäumt von langen Reihen vergoldeter Säulen. An der Decke hingen so viele Kronleuchter, dass man von dem hellen funkelnden Licht, das sie versprühten, regelrecht geblendet wurde.

Die große Amber fragte sich, ob es Zeit war, ihrem Büro einen Frühjahrsputz zu gönnen.

»Wie die andere Hälfte lebt«, sagte sie kichernd zu ihren Kolleginnen.

Glücklicherweise teilten die Damen ihren Tisch nicht mit irgendwelchen Mitbewerbern aus ihrer Kategorie – das hätte wahrscheinlich für Verlegenheit gesorgt. Es gab viele andere Awards, die in dieser Nacht verliehen wurden, zum Beispiel Hero Animal of the Year, Caring Animal of the Year und Public Service Animal of the Year, für Tiere, die unter extremen Bedingungen im Dienst und zum Schutz des Menschen arbeiten.

»Oh, seht mal!« Amber deutete auf die Hundenäpfe, die man diskret an den Seiten des Raums platziert hatte. Bei all der Pracht und dem Glamour hatte Amber sie zuerst gar nicht bemerkt, aber es war offenkundig, warum sie da waren. Der Saal füllte sich mit Hunden und kleineren Tieren, die von ihren Besitzern in Transportkäfigen getragen werden konnten.

Es war ein Bild für die Götter, wie sich eines von Londons feinsten Hotels in eine Tierfarm verwandelte.

Sie nahmen ihre Plätze ein. Amber unterhielt sich gerade angeregt mit ihrem Tischnachbarn über seine Tätigkeit als Trainer von Polizeipferden, als die Moderatorin Amanda Holden auf die

Bühne schwebte und der Saal verstummte. Die Schauspielerin trug ein bodenlanges weißes Kleid, das mit funkelnden Steinen besetzt war. Ihr Haar war hochgesteckt, sodass ihr nur die blonden Ponyfransen ins Gesicht fielen. Das Outfit wurde vervollständigt durch ein Paar sehr großer Diamantohrringe.

Amber blickte durch den Saal. Sie konnte nicht glauben, wie viele Prominente da waren – die Schauspielerin Anita Dobson; Ashley und ihr Hund Pudsey, die Gewinner von *Britain's Got Talent*; die Band McFly; die Sängerin Sarah Harding; das Allroundtalent Bill Oddie; die Schauspielerin Helen Worth; der Abenteurer Ben Fogle und der Schauspieler Peter Egan waren nur einige der bekannten Gesichter, die ihr ins Auge fielen.

Unversehens schlug ihr Magen Purzelbäume vor Nervosität. Plötzlich schien doch sehr viel auf dem Spiel zu stehen. Glücklicherweise war der Award für das *Rescue Animal of the Year*, Rettungstier des Jahres, die zweite Auszeichnung, die verkündet wurde. Suzi, Dawn und Amber waren sich einig, dass es eine enorme Erleichterung war, nicht die ganze Nacht vor Aufregung auf den Nägeln kauen zu müssen.

Amanda Holden las eine kleine Beschreibung des Awards vor und eine Biografie der anderen Rescue Animals, die in dieser Kategorie nominiert waren. Als sie anfing, Shocks zu beschreiben, kamen Amber prompt die Tränen.

Bilder von Shocks flimmerten über die große Leinwand, während Amanda von seinen schlimmen Erfahrungen berichtete. »Als man Shocks fand, hatte er grauenvolle Wunden am Hals, weil sein Besitzer ihn absichtlich mit einem starken Bleichmittel übergossen hatte. Wie irgendjemand so etwas tun kann, übersteigt mein Fassungsvermögen«, erklärte sie.

Aus allen Richtungen war ein entsetztes Aufstöhnen im Publikum zu hören.

»Das Team in Birmingham brauchte über ein Jahr, um Shocks' Vertrauen zu gewinnen und ihm seinen Glauben an die Menschen zurückzugeben. Seine Wiederherstellung war ein langwieriges Unterfangen – er brauchte eine umfangreiche tierärztliche Behandlung, um sich von seinen körperlichen und seelischen Wunden zu erholen.« Die Moderatorin hatte einen Kloß im Hals, als sie fortfuhr. »Umso erstaunlicher ist, dass Shocks nach diesem ganzen Martyrium jetzt im eselgestützten Therapiezentrum als Reitesel für behinderte Kinder im Einsatz ist. Shocks hat gelernt, Menschen wieder zu vertrauen und bringt die Kinder nicht nur zum Lachen, sondern hilft ihnen, ihre motorischen und kommunikativen Fähigkeiten zu verbessern.«

Im Saal wurde es ganz still. Amber liefen die Tränen übers Gesicht. Sie hatte nicht erkannt, wie emotional die Reise gewesen war, bis jemand anderes es auf diese Weise in Worte gefasst hatte.

»And the winner is …« Anmutig zog Amanda die weiße Karte aus dem Umschlag.

Ambers Magen zog sich zusammen. Suzi und Dawn saßen angespannt wie Flitzebögen auf ihren Stühlen. Amber hörte einen Trommelwirbel in ihrem Kopf.

»Und der Gewinner ist – Shocks!«

Amber stieß einen gläsersprengenden Jubelschrei aus. »Ja!« Sie sprang hoch und warf die Arme in die Luft.

Der Saal brach in begeisterten Beifall aus.

Plötzlich fühlte Amber sich ein wenig befangen. *Benimm dich, Amber, du bist in einem piekfeinen Hotel*, schalt sie sich selbst, während sie wieder auf ihren Stuhl rutschte, aber das breite Grinsen, das sich über ihr ganzes Gesicht zog, konnte sie nicht unterdrücken.

Dawn, als Enkelin von Dr. Elisabeth Svendsen (der Gründerin des Sanctuary), war diejenige, die die Auszeichnung offiziell entgegennahm. Sie zupfte ihr Kleid zurecht und machte sich auf den Weg zur Bühne. Der Award wurde ihr von Ashley Roberts und Kimberly Wyatt, den ehemaligen Sängerinnen der Gruppe *Pussycat Dolls*, übergeben.

Die Leiterin des Kommunikationszentrums steckte ihre blonden Haarsträhnen hinters Ohr, als sie sich an das Publikum wandte. Sie sprach davon, wie stolz sie auf Shocks sei und wie das *Donkey Sanctuary* als Team zusammengearbeitet habe, um sein Leben zu retten.

Sie beendete ihre Ausführungen mit einem schlichten »Danke« und streckte dann unter donnerndem Applaus die gravierte blau-weiße Plakette in die Luft.

Mitten im Applaus zog Amber heimlich ihr Handy aus der Handtasche. Sie gab die unglaubliche Neuigkeit per Twitter und Facebook weiter, sodass alle, die in Birmingham wie auf Kohlen saßen, Bescheid wussten.

Piep piep. Piep piep. Ihr Handy explodierte vor Textnachrichten von Andy und Sara und allen anderen Mitarbeitern und freiwilligen Helfern, die ihre Freude und Überraschung kundtaten.

Anschließend war der Tisch des *Donkey Sanctuary* möglicherweise der lauteste in dieser Nacht, weil einige der anderen Organisationen, deren Vertreter bei ihnen saßen, ebenfalls Auszeichnungen gewannen.

Und als ob der Abend nicht schon wunderbar genug gewesen wäre, wurde das Team auch noch von der Boyband McFly angefeuert.

»Juhu, Langohr-Ladys«, riefen sie im Sprechchor, als sie auf ihrem Weg zur Bühne am Tisch vorbeikamen.

Amber spürte, wie sie rot wurde – die Welt der Stars ließ sie nicht kalt.

Der perfekte Abend wurde mit einem Pressefoto abgerundet. Anita Dobson, die Ehefrau von Brian May, nahm sich einen Augenblick Zeit, um ihnen zu gratulieren. Der Star der Fernsehserie *Eastenders* fragte die Frauen, was sie als Nächstes vorhätten.

»Morgen geht's wieder zur Arbeit, Ställe ausmisten«, lachte Amber.

»Sie leisten großartige Arbeit. Ich beneide Sie darum, dass Sie den ganzen Tag mit Eseln arbeiten können«, sagte Anita aufrichtig.

Und damit verabschiedete sich der Soap-Star und trat ins grelle Blitzlichtgewitter der Paparazzi.

Auf dem Weg zu ihren Zimmern witzelten die Frauen vom Eselasyl, dass ihr Konterfei einen Hauch weniger begehrt gewesen sei als das von Anita. Die große Amber konnte es kaum erwarten, die High Heels auszuziehen – ihre Füße waren an stahlkappenverstärkte Stiefel gewöhnt. Als sie sich wie ein Seestern aufs Bett fallen ließ, drehte die Decke sich ein bisschen vom Champagner. Sie konnte sich nicht erinnern, wann sie das letzte Mal so gut geschlafen hatte.

Der nächste Morgen stand auf einem anderen Blatt – Amber war dankbar für die ruhige Busfahrt nach Birmingham! Obwohl es in ihrem Kopf ein bisschen puckerte, musste sie noch einen sehr wichtigen Anruf erledigen. Sie scrollte ihr Handy nach dem Namen ab.

Aber Tracy war ihr bereits zwei Schritte voraus.

»Wir haben gewonnen!«, meldete sie sich juchzend.

Die große Amber konnte hören, wie die kleine Amber im Hintergrund ihre Mutter nachahmte.

»Gewonnen! Gewonnen! Gewonnen!«, jubelte auch sie.

Tracy berichtete, dass sie zusammen mit Julian die ganze Nacht die Meldungen in den sozialen Medien verfolgt hatte.

»Ohne Amber, ohne eure ganze Familie hätten wir das nie geschafft«, erklärte die große Amber gerührt.

Sie erzählte Tracy, dass die Lokalpresse – die *Birmingham Post* – ein Feature über den Award schreiben wollte und sie sich sehr freuen würde, wenn die kleine Amber bei dem geplanten Interview und Fotoshooting dabei sein würde.

Keine zehn Pferde hätten Amber von diesem Fest abgehalten.

»Wir holen sofort ihr Partykleid heraus«, sagte Tracy und strahlte übers ganze Gesicht bei dem Gedanken, dass ihre Tochter und Shocks groß in die Zeitung kommen sollten.

Vor Amber lag eine lange Busfahrt von mehreren Stunden, bevor sie wieder im Sanctuary eintreffen würde. Die Aufregung über den gestrigen Abend ebbte allmählich ab, und Ambers Gedanken wandten sich nach innen.

Das Busfenster war von der morgendlichen Feuchtigkeit beschlagen, und Amber rieb mit dem Ärmel ein Guckloch nach draußen frei. Während sie das Treiben auf der anderen Seite beobachtete, dachte sie über Shocks' Entwicklung nach. Sie erinnerte sich an die schreckliche Gewitternacht, in der er angekommen war – ein verängstigtes Wrack, zitternd vor Furcht und Kälte. *Und seht ihn euch jetzt an!* Sie musste lächeln.

Dass ein Esel, den man dem Tod überlassen hatte, sich in ein selbstbewusstes, fürsorgliches Wesen verwandeln konnte – in den beliebtesten Reitesel des Sanctuary –, war nichts Geringeres als ein Wunder.

Und alles, was dazu nötig gewesen war, war jemand, der an ihn glaubte. Alles, was er gebraucht hatte, war jemand, dem er vertrauen konnte. Und dieser Jemand war ein ganz besonderes kleines Mädchen namens Amber gewesen.

Von jedem verfügbaren Haken in der Reithalle hingen Luftballons und Papierschlangen, als Amber eintraf.

Die Mitarbeiter und freiwilligen Helfer klatschten und jubelten, als sie Einzug hielt und den Award dabei über den Kopf hielt wie einen Fußballpokal. Sie durchlebte noch einmal die Feier des vergangenen Abends, nur dass sie diesmal von all den Menschen umringt war, die sehr viel Zeit und massenweise Liebe in Shocks' Wiederherstellung investiert hatten.

Julian und Tracy hätten kein besseres Timing für ihre Ankunft wählen können. Sie hatten die Mädchen vom Kindergarten abgeholt und noch einen kleinen Abstecher beim Supermarkt gemacht. Die kleine Amber kletterte mit einer Tüte voller Äpfel aus dem Auto.

Sie trug ein langärmeliges cremefarbenes Fleece und darüber ein weißes Kleid mit hellem Blumendruck. Dazu hatte sie eine passende cremefarbene Leggings und natürlich ihre pinkfarbenen Gummistiefel angezogen – das perfekte Outfit für ein Fotoshooting.

Hope betrachtete sie voller Stolz, als ob sie wüsste, dass dies der krönende Moment für ihre Schwester war. Sie gönnte ihr aus vollem Herzen, dass sie im Mittelpunkt der Aufmerksamkeit stand, und wackelte über den Parkplatz, um sie zu umarmen. Amber erwiderte die Umarmung, indem sie Hope kurz drückte – und dann war sie wieder weg. Amber konnte keinen Augenblick still sitzen, sie war immer auf der Suche nach dem nächsten Abenteuer, das in diesem Fall darin bestand, die Leckerlis an Shocks zu verfüttern.

»Amber, warte!«, rief Hope bekümmert, weil sie zurückgelassen wurde. Amber wirbelte herum und schob ihre pinkfarbene Brille die Nase hoch. Sie nahm Hopes Hand, und die Zwillinge marschierten gemeinsam zur Koppel. Für Julian und Tracy war es schön zu sehen, dass Amber schließlich bereit war, ihre Eselwelt mit ihrer Schwester zu teilen.

Andy und die große Amber hatten bereits einen Eimer mit Leckerlis vorbereitet. Er enthielt eine Extraportion Pfefferminzkringel und Ingwerkekse als Belohnung für den Award. Amber ließ ein paar ihrer Äpfel in die Mischung fallen.

Andy rüttelte laut mit dem Eimer. Amber hüpfte auf und ab. Sie brannte darauf, beim Tragen des Eimers zu helfen.

Der Fotograf und die Reporterin von der *Birmingham Post* warteten an den Koppeltoren. Amber strahlte, als der helle Schein des Blitzlichts auf ihr Gesicht fiel. Sie war Welten entfernt von dem schüchternen Mädchen, das sich hinterm Sofa versteckte. Amber liebte die Kamera! Hätte sie nicht den Eimer getragen, wäre sie wahrscheinlich wie ein Model in die verschiedensten Posen geschlüpft.

Shocks war hocherfreut über seine Leckereien. In weniger als zehn Sekunden hatte er den Inhalt des Eimers verputzt. Julian und Tracy fragten sich, ob er die ganzen Sachen tatsächlich kaute oder einfach nur herunterschluckte.

Am Zaun drängte sich ein ziemlich großes Publikum, aber das schien Shocks nicht im Mindesten zu stören. Er blickte gelassen durch seine langen Wimpern, wie um zu sagen: »Was soll der ganze Zirkus?«

Der Fotograf machte einige Aufnahmen von der großen Amber mit dem Award und rundete das Ganze mit Bildern von der kleinen Amber beim Reiten auf Shocks ab. Amber ließ sich profimäßig nach vorn fallen und schlang die Arme um Shocks' Hals.

Klick. Klick. Klick – das war das Siegerbild.

Dann wandte sich die Reporterin an die Austwicks und stellte einige Fragen. Sie war Mitte zwanzig und wirkte, als wäre sie ganz neu in der Branche. Sie war sehr freundlich und ein bisschen nervös.

Julian und Tracy erzählten, dass Shocks Amber geholfen hatte, laufen und sprechen zu lernen. Dass Amber zu beidem nicht in der Lage wäre, wenn es Shocks nicht gegeben hätte.

»Amber hat alle Menschen gehasst. Alles hätte auch ganz anders kommen können. Wenn sie Shocks nicht begegnet wäre, hätte sie sich vielleicht zu einem sehr verschlossenen und einsamen Kind entwickelt«, fügte Tracy mit Glückstränen in den Augen hinzu.

»Shocks hat Ihre Tochter also gerettet?«, fragte die Reporterin.

Julian hielt einen Moment inne, um die richtigen Worte zu finden. »Ich würde sagen, sie haben sich gegenseitig geheilt.«

Wie Sie helfen können

The Donkey Sanctuary hat in den letzten fünfundvierzig Jahren viel Positives im Leben von Eseln und Menschen auf der ganzen Welt bewirkt. Möglich wurde das alles durch die Überzeugung und Tatkraft der Gründerin Dr. Elisabeth Svendsen, MBE (ein britischer Verdienstorden, Abkürzung für *Most Excellent Order of the British Empire*), durch die Mitarbeiter und freiwilligen Helfer und natürlich durch die großartigen Unterstützer und Partner der Organisation auf der ganzen Welt.

Dennoch gibt es immer noch viel zu tun. Bis 2018 will *The Donkey Sanctuary* in der Lage sein, jährlich zwei Millionen Eseln in vierzig Ländern Hilfe zu gewähren, die Zahl der Esel auf Pflegestellen auf 3000 zu verdoppeln und das eselgestützte Therapieprogramm in Großbritannien und auf internationaler Ebene noch weiter auszubauen.

Es gibt vielfältige Möglichkeiten, wie Sie helfen können – angefangen bei einer Spende von drei Pfund (damit lässt sich ein halber Tag Pflege für einen geretteten Esel finanzieren) über steuerlich bezuschusste Spenden bis hin zur Pflege- oder Patenschaft für einen Esel.

Die Patenschaft ist eine perfekte Methode, um eine tägliche Dosis Eselkapriolen zu bekommen und um für immer zu einem Teil der Eselwelt zu werden. Die Esel kommen aus vielen verschiedenen Gründen ins Eselasyl – sei es, weil sie vernachlässigt oder ausgesetzt werden oder einfach, weil ihre Besitzer nicht mehr für sie sorgen können. Wenn Sie eine Patenschaft für einen Esel übernehmen, sorgen Sie dafür, dass der Esel eine Zukunft hat, in der es ihm nie wieder an Zuwendung, Fürsorge oder Nahrung mangeln wird. Ihr Patenschaftspaket umfasst ein gerahmtes Foto, vier wundervolle Postkarten, eine Urkunde und die Geschichte Ihres Esels, außerdem erhalten Sie regelmäßig die neuesten Informationen über Ihr Patenkind. Sie können die Possen der Langohren auch auf Facebook oder Twitter verfolgen (@AdoptADonkey). Weitere Informationen finden Sie auf unserer Website www.thedonkeysanctuary.org.uk oder telefonisch unter 0044-1395-578222.

Danksagung

Dieses Buch wäre unmöglich gewesen ohne die Hilfe und Unterstützung zahlloser wunderbarer Menschen.

Unser herzlicher Dank geht zunächst an die Mitarbeiter der Neonatalstation des Heartlands Hospital, die unsere Kinder über viele Monate gewissenhaft gepflegt und am Leben erhalten haben.

Wir danken den unglaublichen Schwestern, Ärzten und Beratern des Birmingham Children's Hospital und dem fantastischen Team auf der Intensivstation. Ein Extra-Dankeschön auch an den besten HNO-Chirurgen Mr. Kuo und den Kinderarzt Dr. Vin Diwakar.

Dank auch an Barbara Tumulty (Frühförderung), Jo Matthews (Sprech- und Sprachförderung), Sam Ridley (Krankenpflege der Sozialstation), Ros Blackmore (Ernährungsberatung).

Ein großes Dankeschön an die Physiotherapie-Abteilung der Wilson Stuart School – Lucy Weardon und Pauline Christmas.

Wir danken den Betreuerinnen von Complex Care, insbesondere Jade, Jess, Aga und Amina.

Dank an die Twickenham Primary School, Kingstanding, insbesondere an die Rektorin Mrs. Mortiboy.

Ein großes Dankeschön auch an die wundervolle Kinderkrankenschwester Michelle Snipe (inzwischen O'Neill) für ihre umfassende Hilfe und Unterstützung in den letzten fünf Jahren.

Danke, *Donkey Sanctuary*! Danke an all die wunderbaren Mitarbeiter und Freiwilligen, die zu einem wichtigen Teil unseres Lebens im Birminghamer Eselasyl im Sutton Park geworden sind. Ein Riesendankeschön an Andy Perry, Amber Brennan, Sara Gee, Sue und Phil Brennan, Jessica O'Grady, Gill Warner, Jo Jo, an alle Esel und vor allem an Shocks!

Wir danken Susan Smith beim MBA, die den Ball ins Rollen brachte.

Ein großes Dankeschön geht an unsere Ghostwriterin Ruth Kelly, die hart daran gearbeitet hat, unsere Geschichte mit Leben zu erfüllen.

Herzlichen Dank auch an den Verlag Ebury Press für die Möglichkeit, unsere Geschichte dort zu veröffentlichen. Wir hoffen, sie wird andere inspirieren und ihnen Glück und Hoffnung bringen.

Wir danken unserer Familie. Ganz besonders Lee, Debbie, Nat Nat und Yar Yar, Nanny Di und Nanny Rene. Und Dank auch an unsere alten und neuen Freunde, insbesondere Sam, Liz und Abbie Hardman: Danke, dass ihr einfach da seid!